U0602061

"十三五"国家重点出版物出版规划项目

诺贝尔经济学奖获得者丛书
Library of Nobel Laureates in Economic Sciences

美国的不平等
人力资本政策的角色

Inequality in America
What Role for Human Capital Policies?

詹姆斯·J．赫克曼（James J. Heckman）
艾伦·B．克鲁格（Alan B. Krueger） 著
本杰明·M．弗里德曼（Benjamin M. Friedman） 作序
奚秀岩 译

中国人民大学出版社
·北京·

序　言[①]

本杰明·M. 弗里德曼（Benjamin M. Friedman）

20 世纪末期，美国收入和财富的不平等增长已经成为很多人关注的焦点。这吸引了美国绝大多数经济学家和公众的目光，这是始料未及的。纵观整个 20 世纪，美国公民的收入分配水平随着时间的推移变得日趋平等，这不仅给高收入阶层带来了收入的增长，而且给中低水平收入者带来了同样可观的经济收益。19 世纪被看作美国公民收入差距扩大的典型时代，而这在今天看来越来越像一段历史插曲，其主要原因为美国向工业化经济的转变。此外，根据经济学家的研究，英国早期也走了一条与美国相似的道路：早期工业化经济急速发展期间，国民收入差距日益扩大，但随着工业化经济日益成熟，国民的贫富差距不断缩小。的确，第二次世界大战结束后没多久，以西蒙·库兹涅茨（Simon Kuznets）为代表的经济学家就在此经验基础上猜测，这种经济发展与国民收入的反作用模式将更具有经济发展的普遍性特征。因此，在我们这个时代，尽管新发展起来的国家可能会注意到它们的国民收入分配正变得越来越不平等，但只要其平均国民收入水平持续增长，这种现象就会自己逆转过来。不管怎样，随着工业革命日渐成为一个遥远的回忆，国民收入分配越来越平等的趋势将会持续。

应该看到，问题没有因这种模式的存在而得以解决。与 1974 年相比，当前（本书英文版出版时间为 2005 年）美国国民收入分配水平位

① 阿尔文·汉森的第一次学术研讨会在 1995 年举办，是以“通货膨胀、失业和货币政策”为题的。原理篇由罗伯特·索洛（Robert Solow）和约翰·泰勒（John Taylor）所作。第二次学术研讨会在 1998 年举办，解决的问题是：美国应该使社会保障变为私有化吗？原理篇由亨利·亚伦（Henry Aaron）和约翰·索文（John Shoven）所作。前两次学术研讨会上的论文和讨论也已经被麻省理工学院出版社（MIT Press）刊登。

于前五分之一的家庭的税前收入份额从40.6%增长到47.7%，而位于美国国民收入分配后五分之一的家庭的税前收入份额从5.7%下降到4.2%，尽管战前的国民收入分配数据不一定是可靠的，但显而易见，至少从20世纪70年代中期开始，国民收入分配不平等的激增抵消了所有战后前几十年间为实现国民收入平等所做出的努力。在1947年，美国国民税前收入的份额位于前五分之一和后五分之一的家庭所占的比重分别为43.0%和5.0%。

此外，在20世纪末期，美国国民收入分配不均在小范围内呈现扩大趋势，这不仅表现为收入水平位于前五分之一的家庭收入份额不断增长，而且这前五分之一家庭中的前五分之一家庭收入份额也在不断增长。相比于20世纪70年代中期，现在美国国民税前收入增加7.1%的部分家庭排在国民收入前20%，其中，国民税前收入增加6.2%（换而言之，占总增量的比例为八分之七）的美国家庭正进入前5%的排名中。不断拓宽的技能和教育基础所导致的薪酬差距恰好揭示出在此期间国民收入差距增大的原因，也显示出了与以往类似的模式。具有更高技能和更高学历的工人比技能低、学历低的人发展更快，在那些更优秀的群体中，能力最强、受过最好教育的个体的发展速度更快。

正如人们所预期的，一旦某个备受社会关注又十分重要且敏感的领域有了惊人的发展，必然会吸引学术界去大力探寻其中的原因。如何正确认识不断扩大的国民收入差距，以及能够对此做些什么，这类问题同样激起了公众和学术界的激烈辩论，当然，这两个问题无疑是彼此相关的。

詹姆斯·赫克曼（James Heckman）和佩德罗·卡内罗（Pedro Carnerio）把注意力集中在总体讨论之间的关联上，并围绕着一个非常统一的观点，将其作为具体的科学论证依据，以解释哪些政策可能起作用、哪些不能起作用，以及原因是什么。尽管针对国家政策实际关注的对象是国民收入分配不均还是处于分配底层的低收入群体，当前已经有（并且将持续下去）许多争论（即真正的问题是分配不均还是贫穷），但只要能提高最低收入工人的工资，则任何一个观点得出的结论都是好的。对于日益严重的收入分配不均问题和顽固的贫困问题，到底哪个更重要的辩论目前还存在很大的争议。劳动力市场工人的技能水平和受教育程度（广义上）几乎在每个人的履历上都起着非常重要的作用。因此，就提供给潜在低收入群体更多类型的“人力资本”这一点而言，劳动力市场是一个能从各方建议中为国家决策汇集支持的有效途径，无论这个建议是针对经济问题还是政策问题。实际上，像这样的人力资本计划应该是有效的，并且如果开始实施，美国的政治机构将为其准备好资金支持。

进一步地说，关键问题不是整个人力资本政策能否有效解决问题，而是哪些具体的政策方针更能提供有效的服务，哪些政策达到了预期的目的，而哪些没有达到。提供给低收入家庭的孩子更充足、更优质的教育来增加总体资源量，致力于国家公立学校体系的建设，以及改革公立学校教师和管理层所面临的激励机制等措施就是最好的方式吗？或者像黑德·斯塔特（Head Start）所主张的，依靠针对性更强的目标计划难道是一个更好的建议吗？放宽那些阻止有能力的学生上大学的信贷约束难道不是重要的吗？职业培训计划对于成年人就真的有效果吗？怎么做才能使国营部门和私营部门达到最佳平衡？在合理预期下，公众能获益多少？同时又会付出怎样的代价？

本书的最初构想是阿尔文· 汉森（Alvin Hansen）在 2002 年 4 月 25 日于哈佛大学举办的关于公共政策的第三次学术研讨会上提出的。在介绍此次学术研讨会的日程之前，我想对哈佛大学经济学系，以及勒罗伊·索罗森·梅里菲尔德（Leroy Sorenson Merrifield）、玛丽安·汉森（Marian Hansen）和阿尔文· 汉森以前的许多学生表达我个人诚挚的谢意。是他们的慷慨相助，才能促成哈佛大学经济学系这一系列的以阿尔文·汉森的名义主办的公共政策学术研讨会。他们热情地参与其中，他们为此所做的努力见证了汉森教授对许多年轻的经济学家积极又意义深远的影响。就在第三次学术研讨会开办的前几天，我和我的同事们听到了玛丽安（Marian）去世的消息，我们陷入了极大的悲痛中（正如她之前出席的两次会议，玛丽安对此次会议同样期待已久）。她是一个难能可贵的朋友，一个忠于自己的使命和团队的支持者，这本书同样也是献给玛丽安的。

我同样也对詹姆斯·杜森伯里（James Duesenberry）和理查德·马斯格雷夫（Richard Musgrave）表示感谢。他们为学术研讨会做出了贡献，如组织了委员会，并且安排了三次研讨会的全部内容。对擅长开展组织研讨会工作的海伦·迪斯（Helen Deas）表示感谢；对向出版社提交会议日程的约翰·科维尔（John Covell）表示感谢；特别感谢詹姆斯·赫克曼、佩德罗·卡内罗、艾伦·克鲁格（Alan Krueger），以及为我们奉献论文和观点的五位研讨者。

1967 年，阿尔文·汉森在他 80 岁的时候，被授予了美国经济学协会弗朗西斯沃克奖。詹姆斯·托宾（James Tobin）在颁奖词中是这样描述他的：

> 阿尔文·汉森，一位崇高的革命者，在他有生之年看到了自己的工作成果所带来的广泛影响。一位不知疲倦的学者，其榜样和影响的力量已经卓有成效地改变了他所在的学科方向。一位给本国政治和机构带来巨大变革的政治经济学家。从在南达科他州的孩童时代起，阿尔文·汉森就相信知识能改善人们的生活条件。在该正直信念的驱动下，他获得了勇气，并且从不停止思考，不断探寻，说出真相，不论会导致什么后果。汉森教授被一代又一代的后人尊敬，汉森教授的研讨会和他的研究带给学生们的不仅是一种启发，而且是一种激励。人们被他的“经济学是一门为人类服务的科学”的热切信念所激励。

目 录

1 收入不平等——一本万利的事情[①]

艾伦·B. 克鲁格（Alan B. Krueger）

正如本章的标题所暗示的，我相信收入不平等有消极的影响，也有积极的影响。从积极的一面来看，工资差别奖励能够激励工人更努力地工作、投资和创新。从消极的一面来看，差别奖励与生产力无关，而是由种族歧视引起的。举个例子来说，差别奖励对社会是有害的，会导致资源分配不当。即使歧视不存在，但那些享有特权的人在政治舞台卖弄经济特权，从而获得垄断租金或者其他好处，收入不平等在民主社会也是一个问题。此外，贫困和收入不平等导致了消极的外部性。因此，提高穷人的收入，尤其通过教育和培训作为一种再分配的手段，不仅对穷人有好处，而且对富人有好处。

对于收入不平等这一专业术语的使用并没有严格的统一规定，而这往往可以避免很多敏感性问题。[②] 有人认为，只有极端的贫困才会引起人们的关注。也有人认为，富人与穷人之间的收入或财富差距才是一个更值得关注的问题。还有一些人认为，富人和其他收入阶层之间的收入

---

① 我从以下各位有帮助性的讨论中获益匪浅：罗兰·班纳博（Roland Benabou）、安德斯·比约克隆（Anders Björklund）、戴维·卡德（David Card）、B. J. 凯西（B. J. Casey）、约翰·多诺修（John Donohue）、肯·福特森（Ken Fortson）、维克多·福克斯（Victor Fuchs）、汤姆·凯恩（Tom Kane）、杰夫·克林（Jeff Kling）、迈克·罗斯柴尔德（Mike Rothschild）、彼得·肖切特（Peter Schochet）、杰弗里·史密斯（Jeffrey Smith）。肯·福特森和戴安娜·惠特莫尔（Diane Whitmore）提供了有价值的研究援助。在事实上或判断上的所有错误都归咎于我自己。本文是为 2002 年 4 月 25 日哈佛大学第三届阿尔文·汉森学术研讨会而准备的。

② 其实我于 1995 年 1 月 24 日在《华尔街日报》（*Wall Street Journal*）上公开发表的文章中更喜欢用“分配散布”，而不是“分配不均”。但本着这场辩论的精神，我会使用“分配不均”。阿特金森（Atkinson）于 1983 年就“分配不均”一词的可替代意义进行过认真的讨论。

差距快速增长是一个值得重视的问题。我对此表示异议，基于种种原因，特做如下阐述：所有这些不平等的形式都是当下美国社会值得关注的。美国已经达到贫富差距的临界点，有效地将收入从富人向穷人进行再分配才是美国的国家利益所在。

我为这场辩论奉献出的主题是：社会必须在不平等分配所带来的良性刺激效应与福利减少的不利影响之间保持一个平衡。在不同的社会和不同的时代，人们对最佳平衡的理解也是不尽相同的，但是过度的不平等分配对任何一个国家都是有害的，就像过度平均分配会阻碍整个社会的创新和发展一样。以下提出的证据表明，对低技能工人不断普及教育和培训可能是制定更好的平衡策略的有效举措。

收入不平等的趋势

为帮助我们正确了解美国的收入差距，图 1.1 显示出平均小时工资占工资分配的最低 10％、30％、50％、70％和 90％五种情况。在该图中，通过使用最近提出的研究序列消费者价格指数，工人工资已经转变为恒定值 2 000 美元。在工资分配的最低 10％中，工人的实际收入在 1973—1979 年间增长了 8.6％，又在 1979—1989 年间下降了 14％，而在 1989—1995 年稳定不变。在经济好转的时候，工人的实际收入增长了 14％，这一幅度令人印象深刻。并且在 20 世纪 90 年代的后半段，工人的最低工资也有所增长。尽管有所增长，但在工资分配中位居最低 10％的工人在 2001 年每小时赚取的收入比 1979 年减少了 4 美分。

在 20 世纪 80 年代，收入分配水平处于中等的工人虽然没有经历工资的大幅增长，但至少他们避免了同一时期工资收入处于最低水平的工人遭受收入急剧下降的命运。伴随着 20 世纪 90 年代中期以后大范围的收入增长，1979—2001 年，中等收入水平的工人工资增长了 7％。

相比之下，高收入水平的工人从 20 世纪 70 年代早期就经历了连续的工资增长。2001 年，在工资分配中位居 90％的高收入水平的工人工资比 1979 年高出了 23％。

接受教育程度和经验的差异导致了劳动力人口之间大约三分之一的工资差异。图 1.2 显示了按教育程度划分的男性平均时薪。20 世纪 80 年代，具有大学及以上学历的男性劳动力表现出色，而高中毕业的或者学历更低的男性劳动力则表现较差。实际上，具有高中学历或者更低学

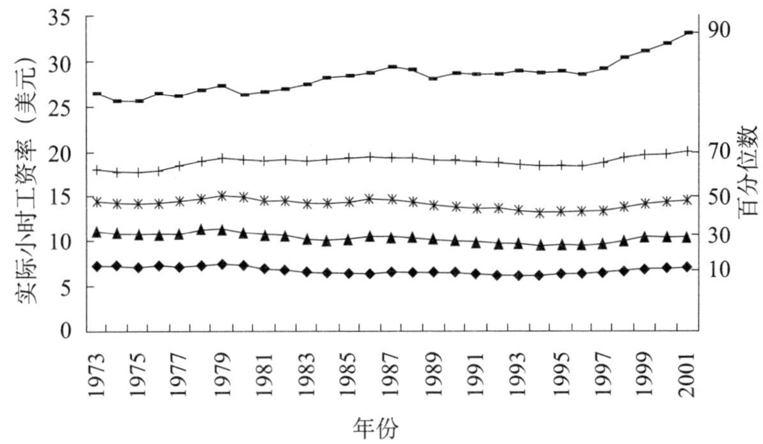

图 1.1　实际小时工资率（以 2 000 美元为等分）

资料来源：经济政策研究所（Economic Policy Institude）针对当前人口调查数据的分析。消费者指数研究系列可以用于缩减工资。

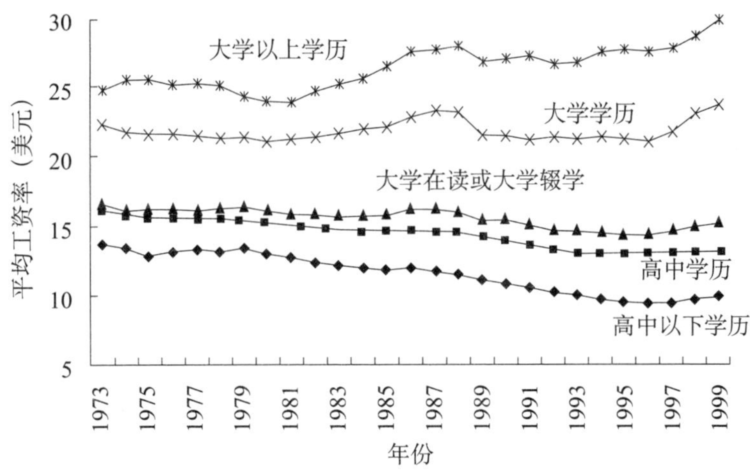

图 1.2　按教育程度划分的男性平均时薪（1999 年美元不变价格）

资料来源：经济政策研究所针对当前人口调查数据的分析。

历的工人自 20 世纪 70 年代早期就已经显示出其赚钱能力近乎连续下滑。高中辍学的男性平均时薪在 1973 年为 13.61 美元，在 1999 年为 9.78 美元，下降了 28%。高中毕业的男性劳动力平均时薪从 1973 年的 16.14 美元下降到 1999 年的 13.61 美元，下降了 16%。相比之下，具有大学以上学历的工人在 1999 年的时薪比 1973 年高出了 20%多。

女性的工资水平变化也显示出一个相似的模式，对于缺乏教育的工人来说，工作经验的增长在一定程度上抵消了他们获利能力的不足，其工资下降的幅度并不是很大。图 1.3 显示了大学学历的工人与高中学历的工人的时薪比率，以及高中学历的工人与低于高中学历的工人的时薪比率。作为有据可查的一个事实，工资比率在 20 世纪 70 年代有所下降，在 20 世纪 80 年代又大幅上涨。但鲜为人知的是，相比之下，那些受过高等教育的工人的收入优势在 20 世纪 90 年代持续上涨，即使是处于收入底层的工人，其工资水平也恢复了很多。这个发现以及在本章后面总结的事实证据表明，在该时期通过提高劳动力技能所获得的社会回报达到了历史最高水平。

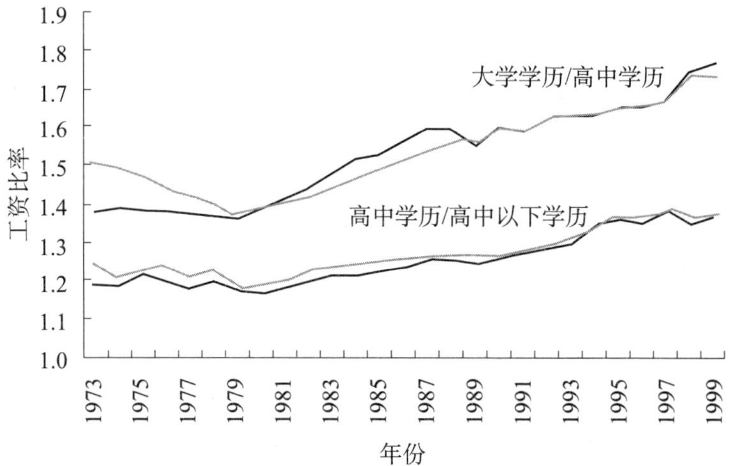

图 1.3　1973—1999 年，按性别划分大学学历/高中学历工资比率、高中学历/高中以下学历工资比率，灰色显示的是女性比率，黑色显示的是男性比率

资料来源：经济政策研究所针对当前人口调查数据的分析。

当然，一份工资单并不能显示出非劳动收入的差距，一个人的幸福感在很大程度上取决于其自身的家庭经济状况。① 图 1.4 显示在第二次世界大战结束后的 1947—1973 年和美国家庭实际年收入的增长情况。1947—1973 年，家庭实际收入的增长变得更加分散和快速。1973—2000 年，除了收入水平最高的 20%的家庭以外，其他所有家庭的实际收入增速都减慢了。根据家庭生活标准，自 20 世纪 70 年代以来，美国就一直处于持续发展中。

在 1973 年和 2000 年之间，收入水平最高的 20%的家庭的收入累计

① 哈莫米斯（Hamermesh，1999）和皮尔斯（Pierce，2001）发现非货币性福利和工作保险账目已经加剧了底层工人实际工资的衰减。

增长了62%，超过了收入水平最高的5%的家庭收入增长的一半，而收入水平最低的20%的家庭累计总收入仅增长了2%。位于第二低分位数的家庭累计总收入只增长了5%。虽然收入这块“蛋糕”越来越大，但是底层收入群体几乎没有从中分到一杯羹。

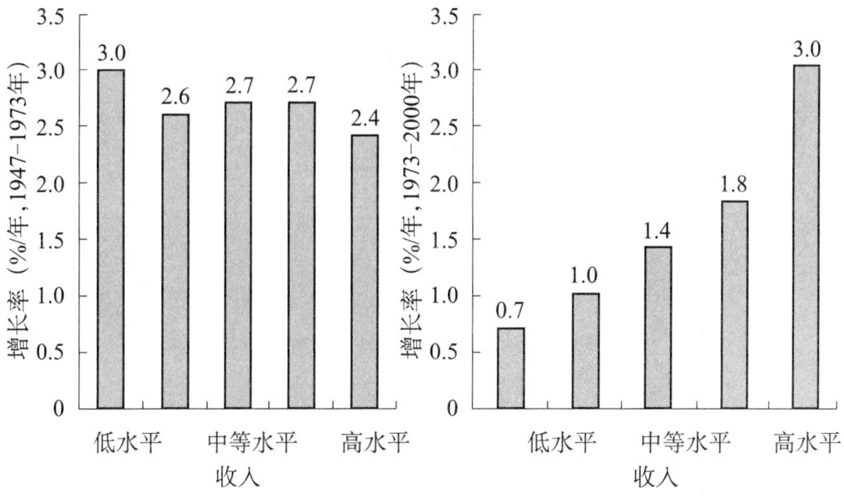

图 1.4 战后时期依据分位数划分的家庭实际年收入增长

资料来源：美国人口普查局（Census Bureau）。

此外，这些家庭收入调查数据很可能严重低估了最富裕家庭的收入份额。皮凯蒂和塞茨（Piketty，Saez，2003）通过所得税数据来测算收入最高的一小部分家庭从1913年到1998年的收入份额。他们反复研究，不断更新数据，拓展了库兹涅茨（Kuznets，1955）的成果。他们的研究数据表明：从1973年到1998年，位居前5%的纳税人的收入增长幅度超过了总体国民收入增长幅度33%（保持纳税单位数不变）。即尽管在此期间整体上国民平均收入都增长了，但是位居前5%以后的纳税人的人均收入都下降了。在人均收入的增长份额中，有94%的部分完全集中在前1%的人口身上。这些数字表明，研究早期所用的家庭收入调查数据中疏漏了大量最高收入家庭的收入信息。图1.5再现了皮凯蒂和塞茨所描述的纳税人收入的一小部分，该图针对的是20世纪以后收入最高的1%的纳税人阶层。与库兹涅茨假设相反，该图中的数据并没有反映出收入不平等在其发展过程中将遵循一个倒置的U形模式，反而显示出一个正向的U形模式，也就是说，皮凯蒂和塞茨的结论掉转了库兹涅茨曲线的方向。

瑟罗（Thurow，1975），威廉森、林德特（Williamson，Lindert，

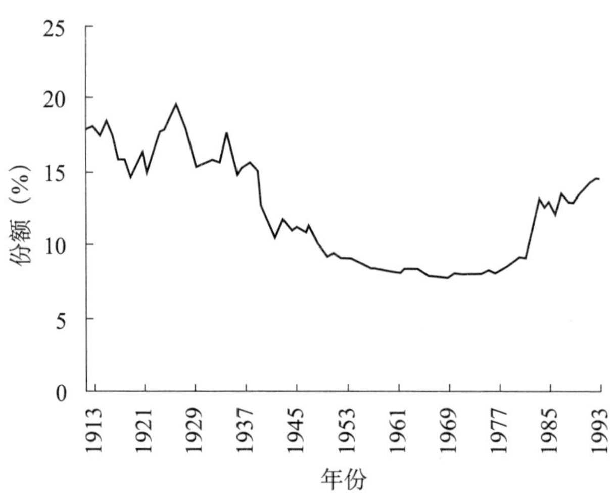

图 1.5　1913—1998 年收入最高的美国家庭所占的份额

资料来源：皮凯蒂和塞茨（Piketty，Saez，2001，表 3）。

1980），以及戈尔丁、马戈（Goldin，Margo，1992）等人也注意到在第二次世界大战期间实行工资和物价管制时，收入分配不平等在 20 世纪 40 年代早期出现大幅下降，但问题是如何解释以下事实，即直到管制解除大约 30 年后，高收入群体才开始恢复工资水平。皮凯蒂和塞茨（Piketty，Saez，1998，34）对此的解释是：这种收入不平等的演化模式像劳动力市场机制和关于收入不平等的社会规范等非市场机制，可能在高收入群体的薪酬管理中起一定作用。那些带给我们高管薪酬管理启示的公司，如安然（Enron）公司、世通（WorldCom）公司、阿德尔菲亚电话电报（Adelphia）公司，以及伯特兰和穆兰纳森（Bertrand，Mullainathan，2001）关于高管薪酬的学术研究都支持了这个结论。

关于收入分配低端化的证据虽然存在数据报告问题，但其指出了在过去的 30 年里几乎没有进展或恶化的情况，尤其对于孩子来说。举一个贫困率的例子，尽管美国贫困率连续 6 年下降，但 2000 年的美国贫困率仍高于 20 世纪 70 年代早期水平。在整个 20 世纪 90 年代，儿童群体分摊了贫困率的 20%，而黑人儿童又分摊了其中的 42%。在 20 世纪 60 年代中期，黑人儿童的贫困率超过 50%是一个不容置疑的事实，虽然已经取得了一些进展，但几乎没有人会质疑这个比率将会进一步扩大。当然，许多低收入家庭会有隐瞒其真实收入的行为，以使他们的境况看起来不那么悲惨。另外，埃伦赖希（Ehrenreich，2001）提供了大量证据，揭示出了那些由穷人来承担的潜在费用。他的研究对象包括那些因负担不起公寓月租押金而住在自己车里或者破旧旅馆里的低收入工人，以及因没有可用来准备或储存食物的厨房而不得不花费更高食物成本的人群。

通过把美国贫困线作为通用标准（依据每美元的购买力）在所有国家进行比较，斯米丁、雷恩沃特和波特里斯（Smeeding，Rainwater，Burtless，2001）发现，在1994年和1995年间，美国贫困人口数量占美国总人口数的15.7%，而同时段的法国为9.9%，加拿大为7.4%，德国为7.3%，瑞典为6.3%，挪威为4.3%。这些国家的人均国内生产总值波动范围均为68%～82%，这种变化幅度与美国一样大。斯米丁和他的同事推断："高度分配不均的效率优势并不能归咎于美国的低收入居民，至少目前为止不是。"这种推断比我对这种分配不平等的批判更为深刻。

简·佩恩（Jan Pen，1971）曾做出这样的著名描述：把收入分配比作游行队伍，队伍中每个人每经过一小时将会增加其身高，而游行者的身高是与他们的收入相对应的。经济学中的平均收入将等于游行者的平均身高。佩恩解释道，那些在队伍末端的游行者将会被夸大到"他们的头已经消失在云端了"。而在今天看来，游行队伍最末端的人们的脑袋已经比佩恩推测的最高层还要高。

图1.6源自沃尔夫（Wolff，2002）的研究成果，它表明财富比收入更加失衡。该图表明，在20世纪90年代早期的美国，前1%的财富拥有者占有了国家34%的财富，但在瑞典和英国，同类人群只拥有该国20%的财富。此外，如图所示，在20世纪40年代，美国的财富分配曾比瑞典和英国更加平等。

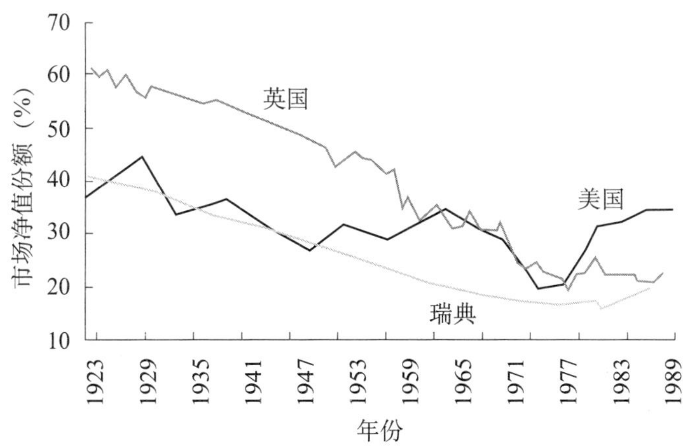

图1.6　1923—1989年，瑞典、英国和美国前1%的财富拥有者所占有的市场净值份额

资料来源：沃尔夫（Wolff，2002，表5-1）。

同时，收入的代际关系也揭露出美国的代际收入流动性要低于其他绝大多数国家。举个例子来说，梭伦（Solon，2002）认为，在美国，父子之间收入的相关性是 0.40 或者更高；在加拿大，父子之间收入的相关性是 0.23；在德国，父子之间收入的相关性是 0.34；在瑞典，父子之间收入的相关性是 0.28。只有南非仍旧被种族隔离制度所累，英国的代际收入稳定性已经接近美国。

很可能是由于收入和受教育质量大不相同，美国民众在认知能力上比其他高收入国家显示出更多方面的不同。根据国际成人扫盲调查（International Adult Literacy Survey）的数据，在 21 个高收入国家中，测试成绩位于第 10 百分位的美国人排名第 19。美国这项测试的平均得分在 21 个国家中排名第 8，而测试成绩位于第 85 和第 90 百分位的美国人都排名第 3［详见《2002 年教育考试服务》（Educational Testing Service 2002)］。相同的模式在其他测试中也同样存在。

这些统计数据绘制了这样一幅画面：美国已经变成一个更加分级化和停滞不前的国家，儿童群体已经变得更加弱势。对于坚持主流观点的人们来说，这些事实是没有争议的。正如詹姆斯·赫克曼引用的斯蒂尔（Stille，2001，A17）的观点：一个人的出身比任何事情都重要，如果我出生于一个受过教育的家庭，拥有支持我的父母，那么我发展得好的机会将比我出生于单亲家庭或者虐待孩子的家庭大很多。问题是：整个美国社会是否觉得应该对这种不平等做些什么？教育和培训是否应该成为解决方案的一部分？这些都是在下一节讨论的问题。

为什么要关心日益严重的分配不均?

学者们关于收入分配不均和社会正义的争辩已经延续了好几个世纪，我会避开那些争论。以下是关于我的观点的一个简短阐述，即致力于恢复一个更加平衡的收入分配的国家政策是符合美国民众利益的。因为这样一个结论从根本上依赖于人们的价值观以及世界观的实证，我会慢慢研究这些原因。① 这里有足够的观点能够说服读者，将教育和培训

---

① 詹克斯（Jencks，2002）回顾了分配不均造成了不利影响的一部分证据，这是我在撰写本章时没有注意到的。詹克斯总结道："经济分配不均对社会的影响有时是消极的，偶尔会呈现中性，但很少会是积极的。在不平等的情况下，似乎能够完全依靠它来促进效率，可这种说法的证据支持又少得可怜。"

的手段作为整体策略的一部分来减轻美国的收入分配不均问题是值得考虑的。

哲学

正如阿特金森（Atkinson，1983，5）指出：不同的公正原则会导致对于分配不均的见解大相径庭。公正原则为社会福利指数提供指导方针，任何一个特定社会都对应一种社会福利指数。经济学家们可以通过某一社会分配不均的最高水平判断其分布规律。毫无疑问，这里存在一个问题，那就是社会福利指数是无形的，并且取决于不可测试的哲学参数。此外，阿罗（Arrow）的“不可能性理论”也使社会福利指数理论存在争议。总之，一味地关注哲学参数是永远不能体现普遍性的。

公正原则可以被划分为两部分：一部分注重于公平交易；另一部分注重于劳动成果的平等。[①] 罗尔斯（Rawls）曾邀请读者们一起做一道选择题，在读者被无知之幕遮住、不知道他们的社会地位或最初的天赋、只处于最初状态下，他们要选择自己渴望的公正原则，以确定会得到何种原则。罗尔斯在这次案例中发现，人们渴望的公正原则包括两方面：一个是保护他们的自由，另一个是提供给他们机遇和实质性物质上的平等分配。这引导他探寻到一种最大化最小福利函数：社会的最低福利应尽可能地大。[②] 有趣的是，亚当·斯密（Adam Smith）在大约200年前就得出了相似的结论：没有任何社会能够保障所有人的繁荣与幸福快乐，其中更大一部分成员是贫穷和痛苦的。但除此之外，它又是公平的，需要为自己的食物、衣物，以及住处奋斗的人们，应该有权享受其自身的劳动成果，以便他们至少能够吃好、穿好、住好（Smith，1776，110－111）。

诺齐克（Nozick，1974，163）质疑公正原则是否能够以劳动成果分配为基础。好比球迷们乐意支出费用去观看威尔特·张伯伦（Wilt Chamberlain）打篮球——一个可能替代沙奎尔·奥尼尔（Shaquille O'Neal）的新竞争对手——诺齐克提出：在不持续干涉人们生活的情况下，很难维持公正的最终分配原则。在主观理性支配下，谁会去抱怨威

① 森（Sen，1973）对按照需求分布而评估的实际收入分配和按照奖赏分布而评估的实际收入分配进行了区分。

② 其他人已经得出预期效用最大化福利函数作为相同反射的结果。

尔特·张伯伦超高的工资呢?[①] 诺齐克同时指出这样一个问题：在人才招纳中，罗尔斯的公正理论会起到负激励效果。

宗教

我认为，与被无知之幕笼罩的哲学思考一样，宗教信仰也对社会隐性福利指数提供了强有力（或很微弱）的辩护。事实上，我想要更深刻地探究宗教信仰是否反映了公众对平等分配的需求。如果人们不坚持他们的宗教原则，他们就不会付诸行动甚至最终会改变信仰。因此，一直以来，宗教观对于分配不均提供了某种趋势性论点。关于财富不平等的问题，世界上主要的宗教都达成一致，即均偏向于将财富分配给穷人。例如，罗伯特·尼尔森（Robert Nelson，1991，326）观察到罗马天主教一直秉持着对穷人给予强烈关心的传统；在中世纪，教会本身就会给穷人提供大量的关照。今天的福利国家在许多富裕捐赠者的许可下，同样实现了大量的内部再分配。犹太祈祷书建议追随者们只面向穷人和孤儿，与困苦和灾难公平交易，那些想他人所想、体贴穷人的人才能获得真的快乐，在患难的时候愿主耶和华使他们免受伤害。《古兰经》批判麦加居民的利己主义，并力劝伊斯兰信徒帮助穷人、孤儿、战俘。伊斯兰教要求追随者遵守五项义务，其中一项是天课——一项对穷人的义务捐助（如今以税收的形式实施）。

来自自身利益的启发

另一条实现和保持最低限度平等的争论取决于自身利益。如果收入或教育的广泛差距对大多数人引起了消极的外部效应，那么缩小这些差距显然关系到社会成员的自身利益。根据个人的喜好，每个人都不会把这些外部效应藏在自己内心。这种外部效应可能演变成什么？以下内容将展示一个不完整的列表。

● 受过更多良好教育的选民会积极推动民主进程的发展。首先，文化水平更高的人更有可能得知并参与民主政治中。其次，更具理性的公民有可能会做出更好的决策。最后，就算米尔顿·弗里德曼（Milton Friedman，1982）这样虔诚的市场捍卫者也支持最低义务教育水平。

---

① 在这种观点下会出现一个问题，如果威尔特的高薪很大一部分是因为篮球队老板通过游说，使得他们可用公共补贴建造豪华的运动场馆，那么确实会增加威尔特的边际产品。但是与今天相比，这种情况在1974年还是很少见的。

● 现有证据表明，犯罪和收入不平等之间存在着某种联系［参见欧利希（Ehrlich，1973）；弗里曼（Freeman，1983；1995）；艾姆洛欧格洛、梅洛和鲁珀特（Imrohoroglu，Merlo，Rupert，2001）］。假设其他条件不变，随着收入分配的日益不平等，那些市场机遇有限的人实施财产犯罪的诱因也会上升。从罪犯的角度，随着不平等收入分配的提升，犯罪的潜在收益也随之升高，机会成本随之减少。社会可以投入更多的资源来进行犯罪预防和罪犯监禁，也可以通过减少收入不平等的手段来减少犯罪。

● 当涉及食品或卫生保健的时候，任何国家都不希望本国公民缺乏上述保障，以及跌破消费量的最底线（Pauly，1971）。为那些可能成为低收入群体的人们提供技能培训，可以提高他们的未来收入，以便在不久的将来，国家能够削减用于转移支付的费用开支。布鲁斯和瓦尔德曼（Bruce，Waldman，1991）展示了"撒玛利亚人的困境"的案例——将财富通过实物而非现金的形式转移，以避免给受援国带来某些道德风险问题，这可能是符合国家利益的做法。

● 纳尔逊、费尔普斯（Nelson，Phelps，1966）和罗默（Romer，1990）把国家的教育水平作为一个为经济增长产生积极外部效应的模型，尽管这个模型的实证支持是混淆的［参见克鲁格和林达尔（Krueger，Lindahl，2001）］。

低工资、不完善监控，以及公共安全

在一个先进的经济体系中，人们通过各种各样的方式与市场建立联系。只有表现不好的员工才会被监测。如果雇员是因为对薪资报酬不满而表现不佳，那么这种表现不佳所带来的后果可能会转嫁到其他人身上。例如，"9・11"事件就说明了支付给行李安检人员更合理的薪酬是非常重要的。

市场失灵

通常来说，市场失灵可能会导致一个国家的收入分配无法达到最理想的效果。例如信贷约束可能会阻碍贫困家庭对孩子教育的充分投资。[1] 一部分雇主的垄断势力会促使企业支付给工人的工资低于他们的

---

① 班纳博（Benabou，2002）分析了信贷约束的最优投资模型。不足为奇的是，在这种模型下，教育补贴促进了经济增长。班纳博校准模拟研究表明，放宽信贷约束的有利影响超过了相应的税收引起的扭曲。关于信贷约束的证据接下来再讨论。

边际产品价值。带有歧视色彩的统计数据可能会导致那些受到歧视的团体降低对教育的投资［见伦德伯格、斯塔茨（Lundberg，Startz，1983)］。

高效的政策改革

如果我们认为一个国家的收入不平等呈现出过度趋势，那么另一种类型的外部效应可能出现在这个国家的政治舞台上。用于减少国际贸易壁垒的条约就提供了很好的佐证，一个国家的国民收入会因制定了减少贸易壁垒的政策而得到增加。然而，这样的政策有赢家也有输家。如果社会的某些群体认为他们并没有从经济的发展中获益，那么他们对于减少贸易壁垒也不会做出努力。我不是专门在这里谈论贸易壁垒减少政策所带来的那些屈指可数并集中在少数行业的输家。相反，自由贸易的观点似乎是与阶级有关的。举例来说，布伦登等（Blendon 等，1997）发现，72%的大学学历以下的人群认为美国经济并不是很好的一个原因是公司正向海外派遣工人。只有 53%的大学毕业生同意相同的观点，其中，只有 6%的人是美国经济协会（American Economic Association）会员。相比受过更多教育的人，受教育程度低的人更少在调查中做出回应：贸易协议对经济有好处。我推测其中一个原因是，布什（Bush）和克林顿（Clinton）难以确保贸易协定通道的快速跟踪权限。大部分人意识到他们将会从自由贸易中失利。他们做出这样的推断是因为他们已经看到了在过去的 20 年间，虽然贸易范围扩大了，但是他们的实际收入停滞不前或者下降了。尽管我怀疑，在美国，贸易对于工资分配不均几乎没起到什么正面作用，但仍然可以理解为什么会有这么多人做出这样一种推断。

除非公众意识到只有更有效的政策才会使他们从中受益，不然没有理由去怀疑他们会支持这样的政策。从 1973 年开始，美国 94%的收入增长集中到前 1%的人口身上，从这一情况可以理解为什么美国公众可能对它从过去的变化，如扩大贸易中获益持怀疑态度。

用金钱买来的影响

从亚当·斯密开始，令很多经济学家苦恼的是，受利己主义的诱引，富有的销售商和制造商常常寻求政府的监管和特权，以保护他们的垄断地位，从而阻止了那只“看不见的手”发挥魔力。需要注意的是，布什政府所颁布的能源法案将会带来一系列相关问题。金钱能在政治中买来捷径和影响力，同样能通过智囊团买来影响力。在美国，曲解收入分配所引致的一个消极结果是，某些人比其他人具有更强大的政治影响力。

班纳博（Benabou，2000）建立了一个正式的模型，假设教育拨款和税收的累进性是内生的。富人的政治影响与收入不平等相互作用，这会阻止有效的进步政策或强化低效的倒退政策。他发现，当收入分配不均指数处于较高水平的时候，富人更有可能去阻止那些改善家庭不太富裕的孩子的教育机会的提案。

经济增长与收入不平等

佩尔松和泰布尔里尼（Persson，Tabellini，1994）建立了一个经济增长模型，说明了政治进程会带来收入不平等的负增长。在他们的模型中，收入不平等会使得国家政策对财产权不予保护，因此不允许私人独吞所有的投资回报。已有越来越多的跨国和跨州研究机构评估了初始收入不平等和随后的 GDP 增长之间的关系。[①] 尽管在这些调查中，将其视为因果关系是困难的，但收入不平等与经济增长是负相关的，如初始人均 GDP 和平均受教育程度这两个条件变量。利用二阶最小二乘法估算，以初始文化水平和婴儿死亡率这两个变量为例，模型同样显示了 GDP 的增长和收入不平等之间的反比关系。

健康与收入不平等

我不会像威尔肯森（Wilkenson，1996）一样，通过研究健康和收入不平等之间的关系来吸引人们的注意力，该学者认为，平均健康水平受社会收入分配不均水平的负影响。尽管艾勃和埃文斯（Eibner，Evans，2002）认为，相对于剥削对健康的影响，还有大量的证据表明一个人的收入水平与其健康息息相关。然而，支持这一观点的证据是远远缺乏说服力的［参见史密斯（Smith，1999）；迪顿（Deaton，2001）］。

超级明星市场下胜者为王引起的低效

弗兰克和库克（Frank，Cook，1996）认为，在许多高薪职业中，

① 早期的论文是由佩尔森（Persson）、塔贝里尼（Tabellini）、阿莱西纳（Alesina）和洛迪克（Rodrik）在 1994 年完成的。参见 1996 年班纳博（Benabou）对实证和理论文献的综述。

技术的变化促进了超级明星市场的转变。先完成任务的人收到的奖励比失败者获得的奖励要多得多。他们感叹，这种转变是低效率和不公平的，会造成太多的学生从事法律和金融行业，以牺牲更具有社会效益的领域为代价，如土木工程、制造业、公务员和教学事业。为这种转变所造就的胜者为王的社会有可能导致同一类型的人才配置不当，就像墨菲、施莱弗、维什尼（Murphy，Shleifer，Vishny，1991）所提出的归因于寻租。在某种程度上，收入不平等可能导致大批的税务律师和那些找门路的说客帮助富商逃税。弗兰克和库克相信超级明星市场已经导致了投资无效和竞争浪费。虽然我认为我们沦为一个依靠不正当竞争手段来取胜的国家的风险很小，但这里可能有一些事情需要讨论，即超级明星的薪资提供了一些行业不正当的奖励，引起了部门间不必要的竞争，促使工人们追求那些社会回报更多的职业。

公众偏好

我推断，大多数人要求一定数量上的平等，特别要求通过支持教育和培训的方法来实现更加平等的效果。莱克、斯奈尔、佩里 & 协会（Lake，Snell，Perry & Associates）在 2000 年 7 月做了一项关于 1 001 位成年人的调查，他们向被调查者提出以下要求："我将要读到一些不同的措施，这些措施能够使政府帮助穷人找到一份好工作。请各位告诉我，对于这些措施你们所持有的态度是强烈支持、一般支持、强烈反对还是一般反对。" 90%的人完全支持"政府支付教育和就业培训费用，帮助人们不依赖于福利救济"的措施。类似的是，由通用汽车（General Motors）公司于 1998 年 5 月举办的盖洛普民意调查向人们询问了如下开放式问题："依你看来，政府应该通过什么方法来帮助穷人？"到目前为止，排名前两位的回答是提供更好的教育或更普及的教育（38%）以及提供就业培训或技能培训（29%），其次是提供更多的就业机会（16%），只有 5%的受访者认为政府降低税收能够帮助穷人。

即使在面临一个明确低税收选择的时候，公众也更偏向于教育和职业培训。例如，加拿大广播公司（CBC）在 1999 年 9 月的一次民意调查中向 1 376 名受访者提问："哪一项措施更接近你的观点？是政府提供教育和就业技能培训等手段来帮助个体家庭更好地生活，还是政府应该削减赋税并允许个体家庭有权支配它们自己的钱从而为家庭谋取最好的福利？" 55%的受访者回答第一项措施更能反映出他们的诉求，只有 42%的受访者回复说第二个措施与他们所期望的更接近。

总结

在支持最低限度学校教育的诸多观点中，米尔顿·弗里德曼(Milton Friedman，1982）认为：处于稳定与民主社会中的大多数公民是不可能缺乏最基本素养和知识的，是不可能没有某些被广泛接受的共同价值观的。对此我的不同观点是，收入不平等会达到一个非常严重的极端程度，最终可能会危及我们建立起来的任何“广泛接受”民主的社会。这种观点促使我赞同维克多·福斯（Victor Fuchs，1979）的说法：“对于我来说，问题的关键是如何达到平衡，不管在我们设立的目标中，还是在我们怀抱希望实现目标的机构中，我看重的是自由、公正和效率的价值，经济学告诉我，我可能不得不牺牲局部利益来换取整体利益。”

有针对性的教育与培训：解决方案的一部分

在一个完美的世界中，所有家庭都会为孩子投资教育资源，一直投资到他们的边际收益等于其贴现率，同时所有的家庭都有平等的机会以现行汇率获得贷款和贴现投资。然而，有证据表明，教育决定并不是在完美世界里做出的。来自贫困家庭的孩子们呈现出似乎更高的贴现率。对于这种现象最合理的解释是，贫困家庭的信贷约束（即不能以和他人相同的利率借款），或者说他们对于人力资本投资的未来收益贴现率高于市场利率，造成这一现象的原因是他们缺乏耐心或未能领会教育的益处，这对教育有着极大的负面作用。在这些可能的解释中，信贷约束在文献中已经获得了最广泛的关注，因为学生不能很容易地将他们未来的人力资本作为抵押品向人力资本投资进行抵押。这可能是造成贴现率变化的原因。贫困家庭与富裕家庭相比，会面临着不同的借贷成本。

当谈到教育时，以下五种观点是一致的，即低收入家庭会遭遇信贷约束事件。第一，埃尔伍德和凯恩（Ellwood，Kane，2000）发现，20世纪 80 年代大学教育开始复苏的时候（见图 1.2)，四年制大学对家庭经济收入位于分布前列的孩子实行扩招。第二，贝尔曼和陶布曼(Behrman，Taubman，1990）发现，在孩子处于不同成长期时，其父母的收入对孩子的教育程度有重大影响。利用帕内尔·斯塔迪（Parnell

Studdy）的收入动态分析数据（PSID），贝尔曼和陶布曼发现当孩子们处于青少年时期时，父亲的收入会比以后对孩子的教育程度有更大的影响。第三，谢伊（Shea，2000）注意到由非竞争因素所产生的父母收入差异也会对孩子的人力资本产生影响，如父母在高工资收入的工会工作或行业就业，其中造成工资差异的原因往往与这些父母的能力高低无关。谢伊发现，家庭收入对于低收入家庭儿童的人力资本投资有着重要作用，但除此之外再没有其他方面的影响了。他总结道：由于流动性的限制，贫困样本中的父亲积累的显性技能可能是次优的，这个发现与他的观点一致。第四，比约克伦和简蒂（Björklund，Jantti，1997）发现，相对于瑞典，美国的家庭收入对孩子成就的影响更大，虽然瑞典提供了比美国更为可观的教育补贴。第五，人们对高校扩招，尤其是近两年对大学阶段的扩招所带来的学费变化的反应，实质上大于对高校招生人数的反应，以及对教育回报的现值变化的反应［参见凯恩（Kane，1999）］。[①]

虽然上述发现可能引发更为复杂的解释，但这些发现与所有家庭应该拥有平等的信贷渠道的观点是一致的。我怀疑子女教育和父母收入之间的关联性反映了两代人的能力和学习动机的传承。卡梅伦和赫克曼（Cameron，Heckman，2001）认为不同的家庭具有不同的信用形式（即奥卡姆剃刀原理）。例如，一些家庭以高昂的利率通过信用卡向大学支付其子女的教育费用，这使得其家庭债务不断积累，其他人则利用其家庭财产或以享有税收优惠待遇的房屋产权贷款来向大学支付其子女的教育费用。

然而，通过有针对性的教育和培训来实现财富重新分配是一种可取的观点，应该获得支持，该观点不需要借助理论假设或间接测试的信贷约束。很明显，处于收入分配底层的人们所获得的教育和培训回报至少要与收入分配顶级阶层的人们保持相同水平。我会提出一些证据来表明，贫困儿童从婴儿期到成年早期通过教育和培训投资所获得的社会回报，至少与一般公众的教育和培训投资所获得的社会回报是一样的。

从我的实证调查中体现出来的一个主题就是，各种教育和培训计划对于弱势群体的实际回报率是6%～11%。此范围适用于不同的人

① 事实上，学费补贴和政府贷款对很多人来说都是可以获得的，但是获得这种援助的机会比上大学的机会成本要小很多，并且可能不足以克服信贷约束。此外，这种补贴对上大学前的信贷约束没什么帮助。

群——从就业工作团体到传统的K-12（即从幼儿园到12年级）公众学校。如果用这个数字对未来进行预期，我们会发现股市的历史真实回报率为6.3%［见波特里斯（Burtless，1999）］[①]，所以对于弱势群体的人力资本投资似乎产生了和在公平市场投资同等水平的回报。此外，这里所考虑的诸多教育培训项目还没有一个普遍适用的实施途径，而且这些项目中的很多自愿参与者都因此被拒之门外，所以我认为，如果这些项目能够尽可能地吸纳更多的参与者，那么下文提到的来自各种教育形式的回报估算将大体相似。

本章的其余部分对按年龄顺序参加的各种针对弱势群体的教育和培训计划进行了最有说服力的实证回顾。我试图把关注的重点放在从随机实验或自然实验得到的证据上，因此，我们有理由确信，总体而言，参加者和未参加者之间的差异主要体现在那些正在研究的项目上，而不是已经存在的并不可控的差异。[②]

学前教育

经济学家和其他社会科学家就早期教育计划对儿童生活的影响进行了广泛研究。巴尼特（Barnett，1992）和柯里（Currie，2001）对相关的文献资料进行了全面的调查。

在美国密歇根州伊普西兰蒂地区，由联邦政府资助开展的佩里学前教育计划的影响力在众多的文献资料中可能是最大的，虽然我怀疑该计划的支持者夸大了其最终效果。佩里学前教育计划的目标为提高佩里学区中低收入黑人家庭的孩子的教育质量。该计划的“治疗”措施包括：让孩子们一周5天，每天参加半天的学前项目，此外还有每周一次历时90分钟的家访，这两个项目每年都要持续8个月。学生与教师的比例是6∶1，并且所有参加该计划的老师都具有儿童教育专业的硕士学位。适合参加这个项目的学生包括那些3岁～4岁的儿童，这些孩子的智商往往低于平均智商水平一个或一个以上标准差，并表现有精神障碍或身体残疾的迹象。佩里设计了一个随机评价机制：将被允许进入佩里学前

① 波特里斯计算了1885—1998年期间，每15年的平均实际回报率。在计算中，斯坦德（Standard）和普尔（Poor）做了如下假设：假设将1 000美元投资于综合指数，每季度的股息再投资于综合指数。从财富500强公司调查了95个首席财务官后，萨默斯（Summers，1987）估计：中性企业应用了一种非常高的贴现率去折旧免税额（15%），并且大多数公司不贴现于不同流速的现金流。首席财务官们说他们用了高贴现率，这反映了对未来现金流量的预期膨胀。

② 参见赫克曼（Heckman）和史密斯（Smith）针对社会实验的局限性进行的一次讨论。

教育机构学习的58名学生分配到治疗组（又称实验组），将65名被拒绝入学的学生分配到对照组（又称控制组）。① 从1962年到1965年，已经有5批评估参与者在佩里学区就读学习了。除了随机设计，该研究的一个绝对优势是样本在很长时间内被跟踪调查，而且参与者的流失量很低。②

表1.1为巴内特（Barnett，1992）所发布的研究内容，它总结了佩里学前教育研究的主要发现。尽管这个项目对于参与者的智商发展只起到了短暂的影响，但是对于他们的考试成绩（至少到19岁）、受教育程度、就业、犯罪和青少年怀孕等社会问题的影响是持久的。举个例子，治疗组中67%的成员高中毕业，然而在对照组只有49%的人高中毕业。对照组中52%的人曾被逮捕过，相对来说，治疗组只有31%的成员曾被逮捕过。

巴内特（Barnett，1992）在发布的研究内容中提供了一份佩里学前教育计划的成本-效益（又译为成本-收益）分析报告。据他估算，佩里学前教育计划达到的实际社会内部收益率为8%，意思是：如果将这个项目的社会成本现值等同于社会福利现值，则人力资本投资的贴现率将高达8%。借助于表1.1，他预测了青少年群体在19岁以后的福利。通过对27岁调查群体的结果数据以及之后的预期收益进行研究，巴内特（Barnett，1996）延伸了成本-效益分析。由犯罪数量和相关成本的减少带来的估算效益比在随后分析中的估算效益大得多，这主要是因为对犯罪成本的假设不同，以及每次逮捕罪犯的数量不定。巴内特估计，即使贴现收益和成本的利率高达11%，佩里学前教育计划带来的社会效益也超过了其所花费的成本。在利率为5%的情况下，尽管参与者的人均收益略低于成本，但社会收益是成本的5.5倍。根据巴内特的解释，由于犯罪数量和相关费用的减少，佩里学前教育计划可以带来三分之二的显著社会效益，即使因犯罪数量减少而节约下来的费用被设置为零，贴现过的社会净效益仍然是正值。

---

① 随机化有两个例外。第一，孩子们与比他们年长的兄弟姐妹们被分配到同一组实验中。第二，更为重要的，巴内特（Barnett，1992，295）指出：一些要工作的母亲不能参加下午的家访，这些家庭的孩子们就会被转换到对照组。这就能解释为什么33%的对照组的母亲们工作在社会底层，然而只有13%的实验组的母亲们在这个时间段工作。这是对照组和实验组在统计上表现出具有显著差异的基线特征的唯一报告。

② 需要注意的是，分配到对照组的5个学生并没有完成佩里学前教育计划，因为他们死亡或者搬走了。他们似乎已经被排除在样本外。

表 1.1　佩里学前教育计划发现摘要

结果	治疗组	对照组	P^a
智商测试分数			
研究年	79.6	78.5	—
一年后	95.5	83.3	0.001
6 岁	91.3	86.3	0.024
7 岁	91.7	87.1	0.040
8 岁	88.1	86.9	—
9 岁	87.7	86.8	—
10 岁	85.0	84.6	—
14 岁	81.0	80.7	—
成绩测试分数			
7 岁	97.1	84.4	0.216
8 岁	142.6	126.5	0.079
9 岁	172.8	145.5	0.042
10 岁	225.5	199.3	0.040
14 岁	122.2	94.5	0.003
19 岁	24.6	21.8	0.059
学校成就（到 19 岁）			
特殊教育年份	16%	28%	0.004
低智商等级	15%	35%	<0.05
高中毕业	67%	49%	<0.05
接受高等教育	38%	21%	<0.05
经济成就（19 岁）			
就业	50%	32%	<0.05
收入中位数[b]	3 860 美元	1 490 美元	0.061
自给	45%	25%	<0.05
社会救济	18%	32%	<0.05
社会评判（到 19 岁）			
被逮捕率	31%	51%	0.021
平均被逮捕人数	1.3 人	2.3 人	0.001
青少年怀孕平均指数	0.7	1.2	0.076

资料来源：巴内特（Barnett，1992，表 8）。

注：样本量是 123 份或更少。

a. 针对智商测试分数、成绩测试分数以及特殊教育年份进行的统计分析属于协方差分析，其中，不同的性别和家庭背景（包括母亲的就业情况）为变量，初始智商为协变量。本研究对二分类变量进行了可比较概率分析，对每个小组犯罪数量和未成年怀孕数量的差异均使用了卡方检验，对收入使用中位数检验。

b. 以 1988 年美元不变价格计算，收入差异主要是由就业的差异而不是工资导致的。

尽管佩里学前教育计划的研究结果表明，学前教育具有非常高的社会效益回报率——这一点足以说服某些人：对于弱势群体而言，学前教育是一项最具成效（或唯一）的教育干预举措——但我们仍然要记住的关键一点就是，成本-效益分析也有其局限性。最重要的是，许多假设出来的效益估值要在未来几年后才能得以证实，而且这些估算往往具有极大的不确定性。①

相比其他针对贫困儿童的学前教育计划，佩里学前教育计划花费的时间和金钱要更多。此外，佩里学前教育计划的社会效益估算是建立在有限地理范围的小样本空间基础上的，而且这些估算所依据的数据并没有对其他研究者们公开。事实上也有这样的可能性：正因为大家认为佩里学前教育计划是如此成功，才促使学者们对它进行了长期的研究。此外，我们还要考虑的一点是选择偏见：如果开始我们发现佩里学前教育计划只是一个半成品，那么该计划很可能会就此沉寂下去。

令人欣慰的是：如果佩里学前教育计划所证实的数据无法与人们对该计划的预期相吻合，那么佩里学前教育计划的影响力也不会一直那么强劲。② 接下来我们关注的是卡罗来纳的初学者项目。如佩里学前教育计划那样，初学者项目采用随机分配设计，然而初学者项目的样本空间比佩里学前教育计划更具有密集性。初学者项目随机选择了 57 名婴儿，让他们在基础儿童护理服务中心接受每天 8 小时的语言强化训练，每周 5 天，每年 15 周，总计 5 年，另外 54 名婴儿被随机分配到对照组。幼儿园的师生比例为3∶1 到 6∶1，该比例的大小取决于分配给教师的孩子的年龄。这个项目涉及的孩子的年龄段是 0～5 岁。每年的花费是 11 000 美元（以 1999 年美元不变价格计算）。符合条件的参与者仅限于那些身体健康、无精神发育迟滞、出生于低收入家庭并且未来几年之内都有可能留在该地区的婴儿。该项研究中的 4 组婴儿都是在 1972—1977 年出生的，其中只有四分之一的婴儿从一出生就和父母生活在一起，婴儿母亲的平均受教育年限为 10 年，出生时母亲的平均年龄为 20 岁，98%的婴儿参与者是黑人。

接受研究的儿童年龄范围为婴儿期到 21 岁。在一项对 15 岁孩子组别的跟踪调查中我们发现：相比对照组，学前教育组的学生在数学和阅读测试中明显表现得更好，他们的留级率和安置在特殊教育班的比率也更低一些。最新跟踪调查的时间段是从 1993 年到 1999 年。原本 111 个学生样本中有 104 名参加了 21 岁组别的跟踪调查。调查的结果与佩里

① 置信区间估计参见卡洛里等（Karoly 等，1998，图 3.5）。

② 参见卡洛里等（Karoly 等，1998）对佩里学前教育计划的概述。

学前教育计划的结论相似：相比于对照组 20%的就读率，学前教育组在 21 岁时的就读率达到了 40%。学前教育组中有 35%的学生参加了四年制大学，而对照组只有 14%。在有孩子的学前教育组成员中，其生第一个孩子的年龄也明显更大一些。但令人遗憾的是，对初学者项目并没有（至少到目前为止）进行成本-效益分析。

领先计划是美国政府主导的最大的一项学前教育项目。领先计划虽然并未进行随机分配评估，但早在 1995 年的随机分配评估的中间阶段就已经开始启动了数理政策研究，该项研究旨在把领先计划的概念推广到有低收入孕妇和有婴幼儿的家庭中。领先计划的目标人群是 0～3 岁的儿童以及他们的家庭。该项研究涉及 17 个社区，共计 3 000 个家庭，大家对从中得到的阶段性发现的前景是看好的。① 参与了领先计划的儿童在认知、语言和社会情绪发展等方面的评估结果都比那些没参与该项目的同龄人要好一些。贝利心理发展指数和麦克阿瑟沟通发展指标对两岁儿童效应的标准差为 0.10～0.15。正如我们所预期的，这个项目同样对家庭环境产生了影响，包括父母行为、父母对婴幼儿发展所具备的常识、父母出席学校活动的情况和职业培训情况。

柯里（Currie，2001，234）通过短期和中期的成本和效益评估，对领先计划进行了成本-效益分析。据她推断：只要领先计划产生的长期效益能够达到佩里学前教育计划所产生效益的四分之一，它就能够自行偿付。

过去我们对于学前教育项目的评估仅限于特定的贫困人口，因此这些评估可能展现出学前教育项目的不同效果。然而，把柯里的评估结果拓展到更为广泛的群体的做法有可能存在一些风险，因为目前仅有半数以下符合标准的儿童参加了该项目。增加领先计划的预算有助于以更多形式来实施这类学前教育项目，但实质上这种做法并不会改变参加项目的儿童构成。

中小学

夏季淡出　对一个完整学年和一个暑期学习的研究表明，公立小学为低收入家庭的学生提供的服务比一般人所期望的更好。表 1.2 总结了

① 材料来自洛夫等（Love 等，2001）。

恩特威斯尔、亚历山大和奥尔森（Entwisle，Alexander，Olson，1997）的发现。这三位社会学家于 1982 年选择了 20 所巴尔的摩公立学校中的一所，并对其中一年级的 800 名学生进行随机抽样并展开持续研究。在每个学年开始和结束的时候，学生们都会参加加利福尼亚州成绩测试。研究人员检查了一个完整学年和一个暑期学习的测验分数的增减情况。学生们根据其父母的社会经济地位被分成若干小组，这里所说的社会经济地位一般是由受教育程度、职业和收入决定的。正如在其他研究中所发现的，随着时间的推移，来自高社会经济地位家庭的孩子和来自低社会经济地位家庭的孩子之间的成绩差距将越来越大。

表 1.2　加利福尼亚州成绩测试，在不同家庭社会经济地位水平下，学生在小学生涯中阅读和数学方面的情况

	阅读		数学	
	社会经济地位低	社会经济地位高	社会经济地位低	社会经济地位高
一个学年				
第一年	56.7	60.8	49.0	45.0
第二年	48.0	40.1	42.9	42.2
第三年	31.2	33.7	36.0	35.6
第四年	33.1	31.7	33.2	35.7
第五年	24.3	24.6	24.7	27.8
总计	193.3	190.9	185.8	186.3
一个暑期				
第一年	−3.7	15.0	−4.8	8.8
第二年	−3.5	8.5	−5.2	3.3
第三年	1.6	14.9	−1.9	1.3
第四年	4.5	10.4	4.8	5.6
第五年	1.9	−2.2	−0.9	5.9
总计	0.8	46.6	−8.0	24.9

资料来源：恩特威斯尔、亚历山大和奥尔森（Entwisle，Alexander，Olson，1997）。

注：样本包括 1982 年进入巴尔的摩公立学校一年级的学生。本研究对测试分数进行校准，以衡量一个学生在为期 12 年的学校生涯中的成长。

很明显，来自高社会经济地位家庭的孩子和来自低社会经济地位家庭的孩子在小学期间，数学和阅读考试的成绩是相当的。但是在暑假阶段，高收入家庭的孩子的成绩持续提高，而来自低收入家庭的孩子的成绩下降或停滞了。

相比于高收入家庭的孩子，贫困家庭的孩子往往在入学成绩上存在着一定的差距，但是随后差距的扩大是在学校放假期间导致的。这个研究模式表明，在帮助贫困家庭的孩子克服家庭和地区的障碍方面，公立学校所付出的努力远比我们想象的要多，这一观点同样受到其他数据库的支持［参见库伯（Cooper）于 1996 年的文献评论］。

这些发现对老师而言不足为奇，每学年开学时老师们都会按部就班地回顾学生上一年度学习过的内容。就暑期增加的学习内容来说，贫困家庭的孩子要比有条件家庭的孩子增加得少。的确，一份 2000 年 7 月的盖洛普民意调查甚至发现（通过我对盖洛普民意调查的数据的计算），相比于同龄的中等收入或者更高收入家庭的孩子，低收入家庭的孩子几乎没有在暑假期间读过《哈利·波特》（*Harry Potter*）。低收入家庭的孩子不太可能在暑假期间阅读《哈利·波特》或者别的书，导致在学校放假期间他们的技能退化了。

我怀疑是美国相对较短的只有为期 180 天的学年制耽误了来自贫困家庭的学生，导致他们在学校放假的时候只能获得很少的新知识。为了解决这个问题，之前我建议，向低收入家庭的父母提供奖学金或者代金券，以便他们把孩子送到某种类型的暑期学校。在美国，只有 9%的学生参加暑期学校。与其他代金券项目不同，暑期学校的代金券是对公立学校教学体系的一种有益补充，而不是取代。

值得注意的是，美国为期 180 天的学年制是按国际标准制定的。举个例子，日本的一学年一般要占据一年中的大约 240 天。到高中结束时，日本的孩子要比美国的孩子多接受 4 年的学校教育。

尽管为期 180 天的学年制运行起来更具建设性及可行性，但有一件事我们要明确：较长的学年时间将有助于学生学习。几乎所有人都认为，获得更长时间的学校教育会提高大多数人的收入水平和生产力。这种做法是合理的，即每年增加 30 天的学校教育会提高学生的收入水平，增加的学习时间累积起来大约相当于返还一个高中毕业生 2（=30×12/180）年的学校教育。

尽管不是所有的暑期学校项目都是成功的，但库伯（Cooper，2000）通过对 93 个不同的暑期学校项目进行评估分析，据此来推断：参加暑期学校项目的学生无论是和他们上个暑期的学习成绩相比，还是和一个随机选择的未参加该项目的对照组相比，其结果表明暑期学校项目对学生成绩均有积极的影响。

学校的资源问题及其根本性问题　哈努谢克（Hanushek，1997，141）认为：一项针对大约 400 份学生成绩的研究表明，即使把家庭投入子女教育后的变化纳入考虑范围内，学生表现和学校资源之间也没有强烈的正相关关系。这个推断引起了一些疑问：更多地进行教育投资是不是一个帮助低收入家庭孩子的有效策略？在其他地方，我批评了这一观点。在这里，我强调一下我的批判意见。①

哈努谢克最新的制表结果基于下面两类文献：一类是有关班级规模的研究，共 59 篇论文；另一类是关于每个学生耗费精力的研究，共 41 篇论文。其中，同时包括这两类内容的有 22 篇论文。从 59 篇论文中，哈努谢克得出了 277 个关于班级规模效应的估计，并据此提取所需要的研究信息（每个估计简称为哈努谢克的一个研究成果）。从每一个研究成果中提取的估计数变化范围很大。平均每两篇论文能提取出的估计数多达 24 个，只有一个估计数是从 17 篇论文研究中提取出来的。

图 1.7 把哈努谢克测试的 59 项研究内容分成三组，这三组所依据的是哈努谢克从每个研究中提取的估计数，并且只展现了 3 组中关于班级规模的正面影响、负面影响、未知影响的一小部分。哈努谢克将少量估算的结果推广到绝大部分的研究中，就此判断，较小班级规模和学生成绩之间有一个明确的正相关关系。举个例子，哈努谢克将一项估计的结果应用到 17 项研究中，其中超过 70%的估计表明：在相对较小规模的班级里，学生们倾向于表现得更好。只有 23%的估计表明，班级规模对学生表现起到了负面影响。相比之下，从总数为 123 个估计样本中提取的 9 项研究（每项研究应用 8 个或者更多的样本）则表现出相反的模式：学生较差的表现与小班型有关。克鲁格（Krueger）在其 2002 年发表的论文中对这 9 项研究进行了严谨的审核，其中许多研究被发现存在统计问题，这使人们对班级规模的有关研究结论产生了质疑。举例来说，其中 3 个研究（三分之一的统计问题存在于这一组）在同一回归分析中都对学生表现及班级规模进行了控制，致使结论令人难以理解。

哈努谢克通过把估计数总量作为观察单位，间接地对提取过的估计数进行了权重研究。很难说在他的方法中接受最大权重的研究比平均研究更有分量。举例来说，哈努谢克通过分析萨默斯和沃尔夫（Summers，Wolfe，1977）在《美国经济评论》（*American Economic Review*）上刊登的文章得到了一个权重，通过林克和马利根（Link，Mulligan，1986）在《教育经济评论》（*Economics of Education Review*）上刊登的文章却得到了 24 个权重。

当分配给哈努谢克调查中的所有研究以相同的权重时，文献却显示

① 关于这一点的争论在 2002 年克鲁格（Krueger）的文献和 2002 年哈努谢克（Hanushek）的文献中有所展开。

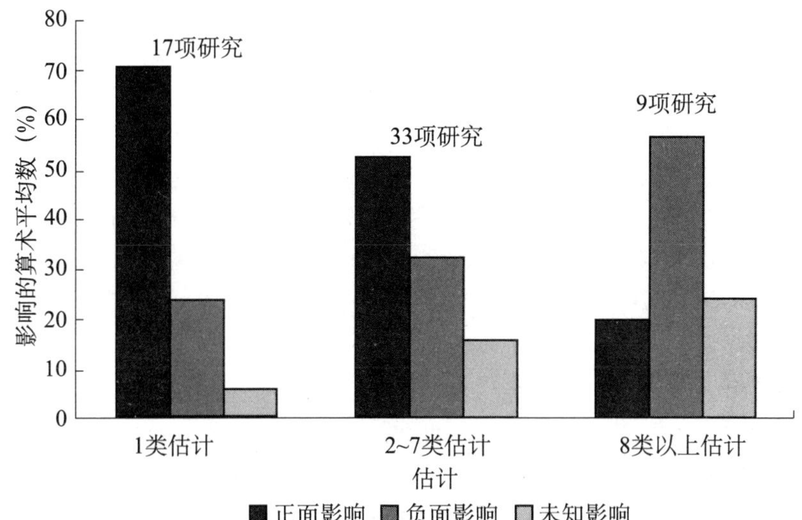

图 1.7 哈努谢克从每项研究中提取估计数，将针对较小规模班级产生的估计影响分为正面的、负面的和未知的。对每一类研究的正面影响、负面影响、未知影响都计算了算术平均数。详见克鲁格（Krueger，2003）

资料来源：哈努谢克（Hanushek，1997）。

了班级规模和学生成绩、学生的精力消耗与学生成绩之间正相关关系的系统证据。通过使用他的研究代码，我们发现对每个学生耗资产生正面影响的研究数量多于那些发现负面影响的研究数量，比例几乎是 4∶1。发现较小规模班级起到正面影响的研究数量超过发现负面影响的研究数量 57%。这些量值的差异不可能是偶然发生的。

哈努谢克众多估算的代码逻辑也有令人质疑的地方。例如，如果一项研究得出了两个结论，一个是黑人学生样本，另一个是白人学生样本，哈努谢克则会分别计算这两个结论。但是，如果同一项研究相互作用的虚拟变量表明利用学校资源的学生不一定为黑人，同时包括一种在统计回归中的学校资源的主要影响——一种允许种族对资源分配有着不同作用的影响，那么哈努谢克只从这项研究中提取一种估计：主要影响只属于白人学生。这是相当令人遗憾的，因为学者们在对穷人和未成年学生的研究推论中常常借鉴于哈努谢克的研究成果。

大家正在形成一种共识：较小规模的班级会提高学生的成绩。一般而言，对于低收入家庭的孩子和未成年的孩子尤其如此。这一结论来源于元分析［例如，赫奇斯、莱恩、格林沃尔德（Hedges，Laine，Greenwald，1994）］和只对班级规模进行的实验评价，也就是田纳西学生-教师成绩比率实验（简称明星实验）。

明星实验被莫斯特勒（Mosteller，1995，113）描述为“有史以来最重要的教育研究之一”，莫斯特勒还指出：“这个实验说明应该加强学校教育领域所需要的研究种类和数量。”在明星实验中，主要涉及1986年为就读田纳西州学校而进入幼儿园的那批学生潮。参与入学浪潮的学生们被列入明星实验中。在田纳西州的79所学校中，共有11 600名从幼儿园到三年级的学生被随机分配到小班（13～17名学生）、常规班（22～25名学生）或一个有全职教师助手的常规班中。[①] 尽管学生们在一年级被随机分配到常规班和有教师助手的常规班中，但最初的设计要求学生必须从幼儿园到三年级保持在同一班级类型中学习。虽然在许多情况下，部分学生会离开入学学校或者留级，但其随后表现的数据在三年级之后还是会被添回样本中，和其他被使用的数据一样，在实验过程中这部分学生同样被跟踪检测。在四年级，所有的学生都会返回常规班中。

实验结束后，每年幼儿园到三年级的6 200名学生和四年级到八年级的大约7 700名学生的数据均可使用。在实验中，被分配到小班的普通学生需要花费2.3年时间完成在小班的学习。实验的一个重要特征是，老师也被随机分配到不同规模的班级中。克鲁格（Krueger，1999）评估了明星实验的设计和实施中的一些问题，包括年级之间的高损耗率和可能的非随机转换，并且得出结论：这些因素并没有实质性地改变实验的主要结果。

需要重点强调的是：小规模班级的影响是通过比较同一学校不同班级的学生得到的。原因为学生在学校里被随机分配到不同的班级规模中，学生的特点——包括免费午餐状态等可测量指标，及家长对学生教育的参与程度等不可测量指标——在班级类型之间一般来说应该是相同的。就观察到的特征来说，治疗组和对照组没有表现出显著差异。

表1.3总结了明星实验的主要发现，分别显示出全部学生、黑人学生和参加免费午餐项目学生的测试结果。被分配到小班的学生和被分配到常规班级（有助教或没有助教）的学生的报告系数是有差异的。[②] 这是因为大约10%的学生并没有加入本应被分配到的班级类型中。报告

① 关于实验的细节参见沃德（Word，1990）、奈（Nye，1994）、克鲁格（Krueger，1999）。

② 大多数情况下，普通规模的班级有没有助手的差别是很小的，无统计学意义。然而，在普通规模的班级里增加一个助手会增加黑人学生参加入学考试的概率。

系数低估了加入小班对学生的影响。尽管如此，当学生在幼儿园到三年级的时候，分配到小班似乎提高了学生测试成绩大约 0.2 个标准偏差，而当学生进入四年级至八年级的时候，大约有 0.1 个标准偏差来自被分配至小班这个因素。此外，加入小班似乎提高了学生参加大学入学考试的可能性，无论是美国大学入学考试（ACT）还是学术能力评估测试（SAT）。正如对班级规模进行研究的一般文献所发现的，班级规模实质上对黑人学生和参加免费午餐项目的学生影响更大。克鲁格和惠特莫尔（Krueger，Whitmore，2001）同时发现：那些被随机分配到小班的学生在犯罪率和青少年怀孕率等指标上也表现更低。

表 1.3 明星实验减少班级规模干预的发现总结：意向治疗效果估计

	全部学生	黑人学生	参加免费午餐项目学生
成绩测试分数（标准偏差）			
幼儿园	0.200**	0.272**	0.229**
一年级	0.229**	0.378**	0.255**
二年级	0.209**	0.390**	0.272**
三年级	0.200**	0.369**	0.251**
四年级	0.092**	0.181**	0.102**
五年级	0.085**	0.207**	0.105**
六年级	0.098**	0.187**	0.133**
七年级	0.091**	0.170**	0.119**
八年级	0.089**	0.168**	0.133**
是否参加美国大学入学考试或学术能力评估测试	0.070*	0.204**	0.113*
大学考试分数（美国大学入学考试或学术能力评估测试）	0.109**	0.238**	0.203**

注：该表显示了在学生入学的前提下，一开始就被分配到小班和一开始被分配到常规班或者带有教师助手的常规班的学生在平均结果上表现出一定差异。该实验对幼儿园到三年级的学生采用斯坦福成就测试评估表现，对四年级到八年级的学生采用基础技能综合测试。克鲁格和惠特莫尔在 2001 年的文章通过运用两步正态选择校正法，使用美国大学入学考试和学术能力评估测试分数来调整参与差异。在所有情况下，测试分数用标准偏差表示。美国大学入学考试和学术能力评估测试的概率差异表示常规班中参加过美国大学入学考试或学术能力评估测试的学生的比例。

* 表示在 5%的水平上显著。

** 表示在 1%的水平上显著。

在克鲁格于 2002 年发表的文章中，他通过使用明星实验关于班级规模影响效果测试分数的全体样本结果，进行了一项有关每个班级减少 7 名学生所带来的成本-效益分析研究。该研究考虑的唯一有利因素是从测试分数中预测出学生的未来收入，并且假设在未来每一年实际工资会增长 1%。我得出结论：所有学生组合的内部实际回报率为 6%。① 类似计算得出黑人学生的内部实际回报率为 8%。②

教育回报的证据 卡德（Card）在其 1999 年的研究中，通过使用义务教育或地理位置靠近某所大学等学校教育变化因素，依据更高收入估计了额外的教育年限所带来的更高回报。该文献的结果和信贷约束致使一些学生比其他学生更早离开学校的解释是一致的。

举例来说，在 20 世纪 30 年代和 20 世纪 40 年代，通常学校都会要求只有在本学年一月之前满 6 岁的孩子才能在该学年上学，否则要再等一年才能开始上学，安格里斯特和克鲁格（Angrist，Krueger，1991）通过这种寻常事实就义务教育对收入的影响进行了评估研究。因为大多数州都要求学生直到年满 16 岁或者 17 岁才可以上学。* 这些规则被组合起来以建立一种自然实验：学生的出生日期决定了他们的入学年龄。义务教育法允许于某年年初出生的孩子在较低年级退学。假设出生日期与个人的其他属性是不相关的（一个不太难接受的假设，除非你相信星象学），出生日期将会带来教育程度的外生变异性。

由出生日期差异所确定的工具变量（IV）表明：由于义务教育法的实施，1970 年和 1980 年的工人每多接受一年学校教育，其收入就会增加 6%～8%。这些估计比明瑟收入函数估计得略高。实际上在 2002 年，义务教育的回报更高，因为自 1980 年以来，学校教育的回报就大幅增加。

其他研究都殊途同归。奥诺雷和胡（Honore，Hu，2001，19）提供了第四代分位数估计，这一估计利用了安格里斯特和克鲁格（Angrist，Krueger，1991）的识别策略，并包含了 302 596 个白人样本的研究。他们发现，多年的义务教育回报率比低分位数的回报率更高，并做出总结：这暗示着，教育的影响在低收入分配群体中表现更显著。哈

① 通过卡德（Card）和克鲁格（Krueger）于 1996 年的参数，佩尔兹曼（Peltzman，1997，225）在粗略计算后认为削减班级规模将会是很糟糕的投资。然而，佩尔兹曼在计算中猜测未来 50 年中真正的工资水平都不会有所增长；参见卡德和克鲁格在 1997 年的文献。

② 这一计算推测黑人工作者的年收入是整体平均水平的 80%。

* 原书数据如此，疑为 6 岁或者 7 岁。——译者注

蒙和沃克（Harmon，Walker，1995）研究了年龄变化对英国义务教育的影响，以更直接地考察义务教育的效果。他们发现义务教育的回报大大高于明瑟估计。卡德（Card，1995）深入研究了美国因家庭到学校距离不同而引起的教育水平的变化，发现使用此资源的教育回报率比使用所有变异性来源的教育回报率要高。凯恩和劳斯（Kane，Rouse，1999）发现，每年就读一所社区大学的教育回报率至少和四年制大学的教育回报率一样大。

阿申费尔特、哈蒙和奥斯特贝克（Ashenfelter，Harmon，Oosterbeek，1999）搜集了 9 个国家 27 项研究的预测数据。他们发现，传统的明瑟教育回报率平均为 0.066，而在这之前所描述的自然实验中，利用变异性来源的第四代估计的教育回报率平均为 0.093。

这篇关于教育回报率的文献暗示，那些最有可能较早辍学的人，如处于学校边缘的学生——没有人被迫完成更多年限的教育或被诱导这样做，只是因为他们住在某所大学附近——会从教育中获得最大的回报。如果不考虑成因，同样的结论也可以印证，由信贷约束或缺乏耐心而导致成绩低的学生所获得的教育投资更少。如果一个人上学的费用等同于其因学习而放弃工作所获得的收入，那么这篇文献建议，就弱势群体而言，完成额外的学校教育而获得的个人回报率应该达到 6%～9%。

教育的社会回报有可能更高，因为已有研究发现，监禁率下降与教育程度有关。举个例子，洛克纳（Lochner，1999，25）发现：如果一个年轻人打算通过犯罪而获得报酬的平均概率为 0.09，那么相比没有完成高中学业的人而言，高中毕业降低了约 30%的概率。但前提是保持武装部队资格考试（AFQT）成绩、父母的教育程度、种族和许多其他可变因素恒定的影响。

二次教育和技能培训

这个项目的目的在于帮助高中之前就辍学或者在 20 岁出头就陷入困境的青年们通过二次教育和技能培训的手段来实现其人生目标。这个群体给社会带来了巨大的损失。但是，如果仔细想想，就会意识到这一群体得到的社会支持也是最少的。如果这类年轻人早早辍学，他们就没有接受公共高中教育补贴。如果他们未能上大学，他们就没有接受政府或私人学费补助。效率和公平这两方面都表明，应该通过有效的培训给他们提供第二次机会。

在过去的20年里，联邦政府就业培训资助已经大大缩减。由于联邦政府的预算削减，联邦政府就业培训［《职业培训合作法》（JTPA）、《综合就业训练法》（CETA）、就业团队计划］的参与者总数从1979年每年130万人左右下降到1998年每年45万人左右［财务立法委员会(Ways and Means Committee，2000)］。[①] 布什政府提议在2003年进一步削减约5亿美元的成本。

就业团队计划 就业团队计划是助力于弱势青年们的强度最大、花费最多的政府项目。在2001年，如果在每名参与者身上花费成本2万美元，则总成本相当于14亿美元。批评家们错误地认为，就业团队计划一年的花费与哈佛大学一年的花费一样高——忽视了那些抬高了哈佛真实花费的每名学生大约每年5万美元的政府补助和附加捐赠，这笔花费与大多数二次创业项目的花费相比也是高的。

由于这个计划受到的干预非常多，而且缺乏其他同类资助项目，所以跟那些密集程度低的计划，如《职业培训合作法》等相比，该计划提供了一个更好的平台来测试联邦培训对青少年的影响。

就业团队计划每年为超过6万名高中辍学者提供服务，这些辍学者年龄为16岁～24岁。三分之一的男性参与者在参加该计划之前至少被逮捕过一次，三分之二的参与者从来没有过一份全职工作。平均参与者的阅读能力在八级水平。造成就业团队计划费用昂贵的首要原因是：来自46个州的116个住宅校区的90%的参与者被社区送到了同一个地方，在那里他们接受长达8个月的学术教育、职业培训、心理咨询、健康教育和就业援助。

伯格哈特等（Burghardt等，2001）总结了为期四年的就业团队计划的研究结果。数学逻辑研究人员在1994年11月到1995年12月期间，跟踪检测了为项目随机挑选的9 409个符合条件的申请者，在同一时期，另外5 977个符合条件的申请者被排除在三年就业服务之外，这些人被随机分配到了一个对照组。除了初步调查，这些申请者在他们申请后的12个月、30个月和48个月也接受了调查，80%的人都对最后一次调查进行了回复。[②] 在这次研究中所使用的样本比以前使用的青年培训项目的随机评估样本更大。

伯格哈特等的报告比较了参与者和对照组的报告，包括这些人在申

---

① 这些数据可能低估了这种下降，因为1979年的数据统计的是新参与者，而1998年的数据统计了全部参与者。

② 实验组的回应率是81.5%，对照组的回应率是77.8%。

请参与就业团队计划后 48 个月内的就业情况、收入情况和犯罪情况。最后一次调查显示，参与者都已经离开了就业团队计划，他们通常自己谋生或和他们的家庭一起谋生，这种情况持续了大概 3 年。这项发现验证了并且在许多方面补充了马拉美等（Mallar 等，1982）关于就业团队计划的非随机评价。

表 1.4 总结了就业团队计划最终报告［伯格哈特等（Burghardt 等，2001）］的关键发现。该表第一列表示被分配到实验组的年轻人，第二列表示被分配到对照组的年轻人。在参与者们被确认有资格参与就业团队计划后会被随机分配到两组中的一个，但是在他们被招收之前，那些被分配到实验组里的人只有 73％被就业团队计划实际录取。因此，第三列所展示出的实验组和对照组的差异低估了参与计划对参与者成果的影响。通过实验组和对照组之间参与率的差异来扩大实验组和对照组的差异，从而得到第四列对参与者的影响。

表 1.4　1996—1999 年就业团队计划的估计影响

指标	实验组	对照组	估计的项目对每个合格申请人的影响	估计的项目对每个参与者的影响
1. 平均公共援助金额（美元）	3 696	4 156	−460*	−639*
2. 被逮捕或控告百分比（％）	28.8	32.6	−3.7*	−5.2*
3. 服刑时间百分比（％）	15.8	17.9	−2.1*	−2.9*
4. 接受一般教育发展考试（GED）百分比（％）	42	27	15*	21*
5. 高中毕业百分比（％）	5	8	−3*	−4*
6. 获取职业证书百分比（％）	38	15	23*	32*
7. 每周收益（美元）	217.5	199.4	18.1*	25.2*
8. 雇用百分比（％）	71.1	68.7	2.4*	3.3*

资料来源：伯格哈特等（Burghardt 等，2001）。

注：1～6 行是随机分配后 48 个月内的结果。7～8 行是随机分配后第 16 个季度的结果，最新的季度数据是可获取的。

* 表示在 5％的水平上显著，双侧检验。

就业团队计划似乎对对照组的参与者产生了实质性影响。在参与者申请就业团队计划之后的 48 个月内，政府对他们的福利支出减少了 16％。逮捕率下降了 16％，参与者在监狱服刑的比率也下降了 17％。

图 1.8 展示了参与者在每个季度的平均每周收入分配状况。据估计，参与就业团队计划使得参与者在被随机分配后的 4 年里的平均每周收入提高了 12%（$P<0.01$）。[①] 大约三分之一的收入来源于更高的小时工资率，大约三分之二的收入来源于每周更多的工作时间。如果按照年龄分配样本，具有统计学意义的收益同样在 16 岁～17 岁的参与者中有所体现。16 岁～17 岁的参与者在随机分配后的第四年的平均每周收入增长了 9.8%，表明就业培训干预措施对于年轻组来说是成功的。[②]

鉴于在 20 世纪 90 年代末就业市场非常强劲，就业团队计划参与者的大额收入增长令人印象深刻。人们期望一个需求更密集的劳动力市场来为技能水平相对较低的人提供帮助，这将有利于对照组。

图 1.8 显示，在随机分配后的一年半中，实验组的收入比对照组低；随机分配两年后，实验组的平均收入比对照组有显著增加。实验组的收益曲线更低且更陡，是因为就业团队计划的参与者的大部分时间都被用于学习技能而不是花在劳动力市场中。因此实验组的参与者花费很少的时间找工作，并且很少有时间获得工作经验。年轻人的工龄收益曲线尤其陡峭。就业团队计划的参与者在刚开始工作的收入比对照组同行的收入低的结果表明：人们应该谨慎地从其他具有短期随访期的青年培训方案中得出推论。

大约 10%的就业团队计划的参与者都参加了一个非居住项目。在该项目中，评估者评估特定申请人是否可能参加居住或非居住项目。研究人员发现，除了男人和带小孩的妇女，对于对照组的成员而言，被随访的参加非居住项目的学生在统计学意义上有显著改善。这个结果表明：将没有孩子的青年人送到可以专心学习，从而不受帮派、毒品和邻里关系贫困问题干扰的住宿学校，是非居住项目成功的关键。[③] 然而，如果该项目涉及更多的参与者，则此效果应该能够被非常容易地复制。

依据佩里幼儿园的评价，赫克曼（Heckman，1996）做出了“技能产生技能”的论证。在假定佩里学前教育计划具有高回报，以及针对年轻人的二次机会项目具有低回报的基础上，赫克曼认为：现有证据清楚地表明，如果成年人超过一定年龄却只具备很低的技能水平，这将使社

① 这些数据与表 1.4 的数据不同，因为这些数据涉及随机分配后的 3 年中的每一个月。表 1.4 报告了随机分配后 4 年（16 个季度）的最新季度收益和就业数据。参与就业团队计划的收益在这些季度上升了 13%。

② 对于 16 岁到 17 岁的黑人来说，收益增长率为 6.7%，但是无统计学意义。

③ 然而对于有孩子的参与者来说，这种非居住项目就很有意义。

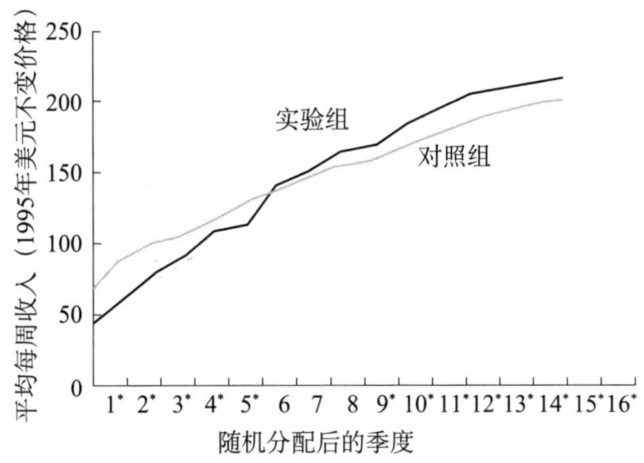

图 1.8 就业团队计划中实验组和对照组的平均每周收入。星号表示差异具有统计学意义

资料来源：伯格哈特等（Burghardt 等，2001）。

会投资不足。就业团队计划的评估结果认为应该重新评估该观点。[①] 研究人员估计就业团队计划的社会内部收益率为 10.5%——在教育界中属于最成功的学前教育计划。

我认为，相对于佩里学前教育计划，应该有理由对就业团队计划的估计回报率抱有更大信心。就业团队计划的样本容量是佩里学前教育计划样本容量的 125 倍，并且就业团队计划的样本来自全国的不同地区，而不是仅仅来自某一个城市中心区的语法学校。

几十年来，即使在美国弱势青年人数已经大量增加的情况下，每年可利用的就业团队计划的数量仍然不足。如果就业团队计划扩大规模，很有可能该方案所服务的更多青年人将以类似于参加国家就业团队研究（National Job Corps Study）的方式从中受益。

为什么《职业培训合作法》不反对青年工作培训？ 曾经的一个共同的观点是，对失学青年的职业培训是无效的。我过去赞同这个观点。然而，就业团队计划的研究结果使我改变了原来的看法。

在就业团队计划开展之前，关于青年培训工作最有说服力的证据很可能来源于《职业培训合作法》研究。布卢姆等（Bloom 等，1997，

① 其他人质疑早期学习重要性的科学依据。例如，可参考布鲁尔（Bruer，1999）的神经学证据综述。大脑高认知功能的一部分——额叶皮质是一个到青春期才能发育完全的、需要最长发育时间的区域。此外，功能磁共振成像研究表明，成人中风影响阅读能力后还可以学习，皮质组织也可以再生［参见斯莫尔、弗洛雷斯、诺尔（Small，Flores，Noll，1998）］。

574）提供了一项关于《职业培训合作法》主要发现的分析报告，这是关于由美国劳工部（U. S. Department of Labor）资助的《职业培训合作法》的随机评价。他们得出结论：从社会的角度看，成年人的就业和培训方案似乎是具有效益的。然而，关于青年人的研究结果就通常不那么令人鼓舞了。举个例子，作者写道："关于如何增进失学青年在劳动力市场上的成功，目前我们还处于一个相当初始的阶段。我们还未发现任何有效的办法来实现这一目标。"这一结论似乎被社会广泛接受。举例来说，赫克曼、拉隆德和史密斯（Heckman，LaLonde，Smith，1999，2050）同样得出结论：成本-效益分析曲线表明《职业培训合作法》服务在面向成年人时将产生巨大的净社会效益，但是在针对青少年时没有产生净社会效益。

在这次辩论中，成年人的结果令人鼓舞。① 实际上，《职业培训合作法》的发现导致美国劳工部将大量《职业培训合作法》资金从青年培训转向成人培训。但是基于以下五点原因，我认为布卢姆等对失学青年的培训方案的效力过于悲观了。

第一，正如上面讨论过的，就业团队计划对于接受了《职业培训合作法》服务的同类人群似乎是高收益的。

第二，赫克曼、霍曼和史密斯（Heckman，Hohmann，Smith，2000）证明了《职业培训合作法》课堂培训和其他培训项目之间具有实质性的替代关系，而这里所说的"其他培训项目"所接受的是被随机拒绝进入《职业培训合作法》项目的青年人。对照组中的许多样本设法获得那些可能与《职业培训合作法》不同的培训。赫克曼、霍曼和史密斯称，在《职业培训合作法》研究中，对照组中35%的男青年享受到了课堂培训服务，实验组中56%的男青年享受到了课堂培训服务。两组只相差21%，所以实验组与对照组的差异应该说被扩大了5倍。

第三，《职业培训合作法》刚开始并不是很深入。该计划通常持续3～5个月，并且每个参与者耗费的成本加起来只占就业团队计划的五分之一。所以实验产生的影响可能较小，因为实验规模本身就很小。在就业团队计划中，实验组比对照组多享受1 000个小时的培训，大约相当于就读一年高中。就《职业培训合作法》而言，实验更具人性化，所

① 阿巴迪（Abadie）、安格里斯特（Angrist）、艾本思（Imbens）于2002年发现《职业培训合作法》项目参与者的收益比例效应在中等收入的成年男人和底层收入的成年女性中最大。

以就不奇怪为什么人们很难重新接受培训。但这并不意味着培训不值得投资。实际上，赫克曼、霍曼和史密斯（Heckman，Hohmann，Smith，2000，669）在考虑替代对他们估计的影响后发现了这一点，在不同的回报指数的假设下（3～5 个月、5 年、10 年），估计的回报率相当大，每年的变化范围为 21%～263%。①

第四，就业团队计划中没有孩子的参与者将被送去住校，他们与那些接受不住校培训的人相比似乎受益更多。《职业培训合作法》是一种非封闭项目。

第五，1998 年，赫克曼、史密斯和布卢姆等开始了《职业培训合作法》项目的随访。1997 年，随机分配后只有 6 或 10 个季度。② 回想一下，图 1.8 表明从就业团队计划中获得的收益直到随机分配两年后才转为正值。如果《职业培训合作法》研究持续 5 个月（并且从随机分配后就立刻开始），那么对照组应该会比实验组在劳动力市场经验和寻找工作方面领先半年。在职业生涯的开始阶段，年龄-收入的分布曲线十分陡峭。可能直到随机分配后至少一年半，实验组的收益才有可能超过对照组的收益。如果是这种情况，《职业培训合作法》研究中的短期随访窗口将使研究人员因计划而错过参与者的其他收益。

这并不是凭空猜测。美国会计总署（GAO）（1996 年）将社会保障收入记录与《职业培训合作法》研究中随机分配前的 3 年和随机分配后的 5 年的观察结果联系起来。美国会计总署报告了实验组和对照组的男性青年和女性青年，以及男性成年人和女性成年人的平均收入差异。按性别分离样本降低了估计的精度，并且美国会计总署每年都发现该项目对男性青年和女性青年的影响并无不同。但如果培训的目的是估计所有青年的平均报酬，那就没有必要按性别分别估计。因此，为提高估计的精度，我计算了实验组和对照组的男性和女性的未加权平均差异。③“青年”被定义为在申请该项目时没有上学的 16 岁～

① 鉴于如此高的回报，对照组明显比实验组接受的培训少这一事实意味着信贷约束是有约束力的。

② 奥尔（Orr）在 1994 年，以及赫克曼（Heckman）、霍曼（Hohmann）、史密斯（Smith）在 2000 年都提供了随机分配后两年半的结果。图 1.9 表明这一时期太短暂了，以致不能捕捉到任何《职业培训合作法》培训对年轻人收益的影响。赫克曼、霍曼、史密斯的数据表明：实验组的收益相对于对照组，在随机分配后的第 18 个月到第 32 个月期间是增加的（尤其对于女性而言），虽然这些月份的差异无统计学意义。

③ 样本中男性和女性的数量是相等的，因此，通过样本容量来设置权重会导致计算中的一些小差异。

21 岁人群。图 1.9 显示了由此对青年产生的“意向性治疗”的平均影响。

有趣的是，随机分配后的第四年，实验组的男性青年和女性青年的平均收入超过了对照组的这两类人群。在随机分配后的第五年，实验组和对照组的差异既有统计学意义（$t=2.1$），又有实质性意义。在第五年，实验组的男性收益比对照组的男性收益高 11%，实验组的女性收益比对照组的女性收益高 4%。把男性和女性放在一起计算，收益率为 8%。[①] 鉴于《职业培训合作法》的低培训成本、低占用率，以及对照组成员的培训知识量，这些收益是值得注意的。

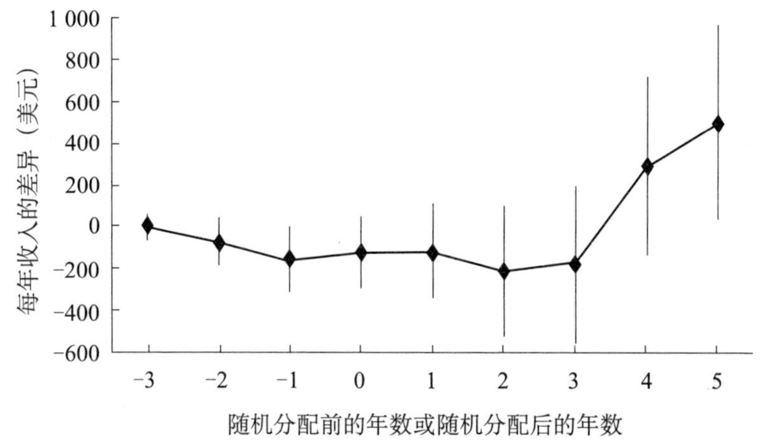

图 1.9 关于《职业培训合作法》研究中实验组与对照组的平均收入差异的 5 年跟踪调查。按年显示男女青年的平均收入水平。菱形表示实验组与对照组的男性和女性的平均收入差异。垂直线表示宽度为 95%的置信区间

资料来源：美国会计总署（1996）。

我并不想解释图 1.9 所示的收益数据如何展示了《职业培训合作法》有效性的结果，也不想解释收入数据的分析结果［例如，布鲁姆等（Bloom 等，1997）］。由美国会计总署汇编的行政社会保障收入数据显示了相同的结果，因为之前的数据不可用于更长的随访期。美国会计总署的数据表明，青年的实验组与对照组的收入差异直到该计划随机分配后的第五年才出现。此外，对随机分配之后 2.25 年以上失业保险制度收入的行政收益记录的分析表明，它们与图 1.9 的结果不

① 美国会计总署强调，当将男女青年分开考虑的时候，这种影响几乎没有统计学意义，但政治评估中对这种考虑是感兴趣的。

一致。实际上，当两个数据重叠时，失业保险数据与社会保障数据中的发现一致。

然而，我不想解释图 1.9 中所表明的《职业培训合作法》项目是否对青年人具有出乎意料的成功效果。因为我不确定真实情况到底是不是这样。对失业保险记录的长期跟踪调查可能会推翻图 1.9 的结果。然而我有一个不确定的结论，即图 1.9 所示的结果和这里所提到的几个注意事项应该让那些认为包括《职业培训合作法》项目在内的其他针对青年人的培训项目必然失败的人放弃这一想法。

大学

研究表明，学生随后的收入与参加高等大学相关，并且就收益而言，贫困家庭的学生比富裕家庭的学生的收益更大。图 1.10 说明了戴尔和克鲁格（Dale，Krueger，2002）发现的结论。戴尔和克鲁格使用大学数据和 1976 年对新生个人的调查，在 1995 年对他们的收入进行了调查。在戴尔和克鲁格的研究中，大学等级是基于每个大学的新生班级的学术能力评估测试平均分数评定的。尽管数据只来源于 30 所中等至高等大学。如果是全国代表性样本，则会获得相似的结果。这一结论借鉴了 1972 年国家高中班级纵向研究（National Longitudinal Study of the High School Class of 1972）的成果。

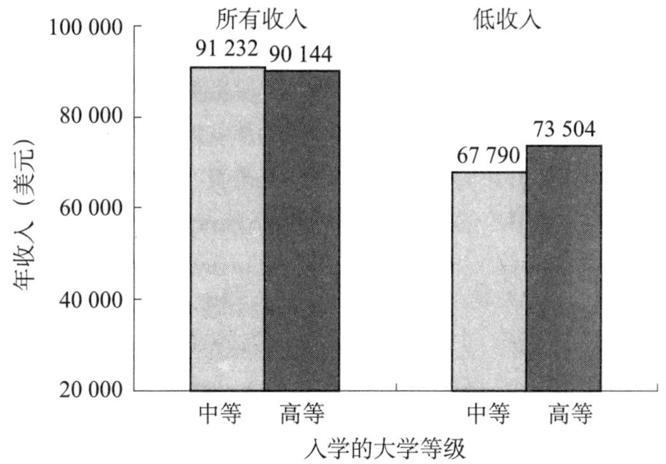

图 1.10　1995 年由入学的大学等级决定的平均收入，研究对象为申请并且同时接到高等大学和中等大学的录取通知的学生

在戴尔和克鲁格的研究中，519 名学生同时接到了中等大学（学术能力评估测试平均分数为 1 000 分～1 099 分）和高等大学（学术能力评估测试平均分数在 1 275 分以上）的录取通知，无论最终他们就读哪种类型的大学，其平均收入的变化幅度都很小。然而，来自低收入家庭的孩子（低收入家庭被定义为收入约在最低 25%分位数的送孩子读大学的家庭）在大学毕业后的 15 年间会获得更高的年收入。从他们的选择来看，他们选择就读一所高等大学。他们在 1995 年的年收入接近 6 000 美元，比他们就读一所中等大学获得的年收入高 8%。对于来自低收入家庭的人来说，即使对于十几岁和二十多岁的人来说，来自质量教育的回报似乎更高。

理论的解释

图 1.11（a）对许多人力资本文献中提出的简单理论进行了解释。图中的下凹曲线表示面向贫困家庭的儿童和非贫困家庭的儿童的结构性收益函数。由于能力的代际传递，贫困家庭的儿童的 y 截距较低。在贝克尔-罗森-本-波拉斯（Becker-Rosen-Ben-Porath）模型中，个人通过找到其资金供给和结构性收益函数之间的切点来选择学校教育水平。然而，基金供给曲线是凸的，因为家庭首先使用低成本源，然后是高成本源。来自贫困家庭的儿童获得信贷的机会较少，因此更加强调基金供给时间表（凸的基金供给曲线反映出随着家庭收入的变化，学校的边际厌恶程度也将不断变化）。这种限制收入最大化的问题将导致贫困家庭的孩子在 H_1 点获得教育投资，而非贫困家庭的孩子在 H_2 点获得教育投资。还要注意，相对于来自非贫困家庭的儿童，投资于贫困家庭儿童的人力资本的额外资金将会获得更大的人力资源边际投资收益。

图 1.11（a）中的模型忽略了因信贷受限，从而部分儿童可能暂时离开学校去工作一段时间，积累足够支付学费和生活费用的资金后，再返回学校的可能性。在没有信贷约束的模式下，孩子永远不会先离开学校去工作，然后回到学校（除非教育的收益意外发生改变了）。由于信贷约束，人力资本投资决策比贝克尔-罗森-本-波拉斯模型的最优停止规则更复杂。不过，我怀疑模型捕捉了行为的一个重要方面。此外，许多公立学校禁止学生在超过一定年龄后入学。

图 1.11（b）扩展了模型，以发挥人力资本积累所产生的外部效应。[①] gg'代表政府的贴现率，假如政府不考虑人力资本投资的当前利率，则其反映了财政部的借款利率和提高税收收入的无谓损失。从社会的角度来看，贫困家庭儿童的人力资本投资的最佳水平为 H_1'，超过当前水平 H_1。

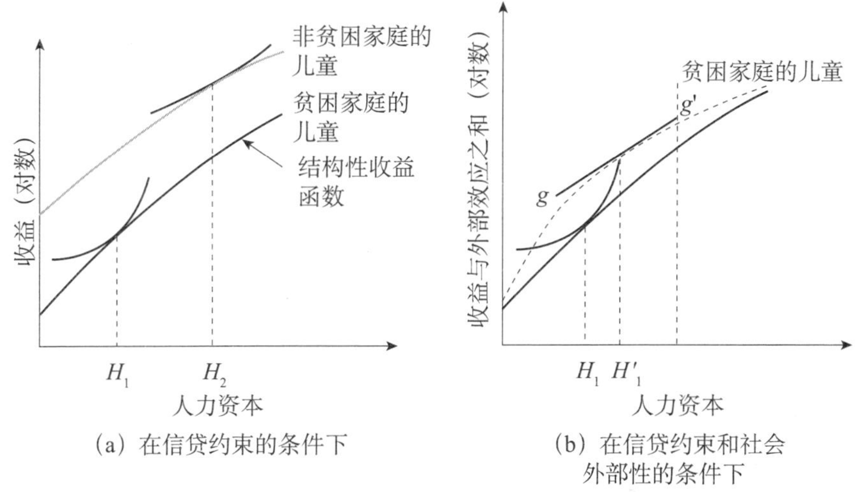

图 1.11 人力资本盈余函数

还要注意的是，提高学校教育质量（例如，增加学年的时间、减少班级规模或招聘更有效的教师）将使结构性收益曲线更加陡峭。这将导致学生教育程度的提高并使其获得更高的收入［参见卡德和克鲁格（Card，Krueger，1996b）的正式模型］。

还应该注意到，即使没有信贷约束，风险厌恶也会导致对低收入家庭儿童的人力资本投资不足，假设风险偏好能够显示出：绝对风险厌恶程度越低，平均回报率越高。与其他投资一样，教育投资的回报是不确定的，在 20 世纪 80 年代和 90 年代，教育回报率的方差可能增加。然而，与其他投资的风险性不同，投资教育的固有风险不容易被个人分散化（例如，由于道德风险问题或无法使用人力资本作为抵押品）。然而，政府可以通过对许多个人进行投资来使风险多样化。在没有多样化风险

① 还有一个相关的模型，参见保利（Pauly，1967）。保利模式教育作为一种正常有用的教育模式，产生了积极的外部效应，尽管外部效应的临界值随着教育程度的降低而降低。结果表明：在没有信贷约束的情形下，如果教育对低收入家庭的孩子提供更高的补贴，那么经济效率就会提高。

的情况下，由于需要保险费来诱导低收入学生接受额外风险，因此对低收入学生所进行的教育和培训投资的预期回报将高于对高收入学生投资的预期回报。

结　论

本文证据使我认识到，为社会地位低下的、贫穷的人分配更多的教育和培训资源可以降低社会分配不均的程度。这些教育和培训项目的资金可以通过拒绝某些财政提议来获得，这些提议，包括取消遗产税和削减资本所得税税率，都会加重收入分配不均问题。此外，如前文所述，教育和培训是转换收入的较普遍方式，也许是由于“慈善的撒玛利亚人”陷入进退两难的窘境。经济学家不应该忽视实际的政治经济制约因素，有关重新分配收入的具体建议可以包含在可行的方法中。

我对教育和培训计划的提议包括以下几点：

● 领先计划以及早期领先计划要有足够的资金以保证每个有资格的孩子能够参与其中。

● 就业团队计划要有足够的资金以保证每个有资格的年轻人能够参与其中。

● 学年长度应增加 30 天～40 天，尤其是在市中心地区，也可以增加学年或者夏令营活动。

● 着重于低收入地区班级规模的削减。

● 将学校义务教育年龄增长至 18 岁。

● 通过将业绩与工资挂钩，或采取其他督促措施来提高教师的质量，尤其在低收入地区。

● 增加目前劳动力投资法结构中的成年人教育培训计划的资金。

● 为正在接受培训计划的人群提供长达两年的（和贸易调整救济中的做法一致）维持收入的津贴。

请注意，这是一个全面的列表，而不是只集中在任何特定的年龄组。鉴于就业团队计划对参加者以及社会的巨大贡献，当谈及政府支持的培训项目时，几乎没有理由能让我忽略大龄青年们。年龄再大也可以学习新内容。即使《职业培训合作法》项目已被证实对青年人没有太大效果（实际情况并非如此），但还存在着一个有效的、可复制的青少年培训模式：就业团队计划。

此外，由于人力资本投资以及参与者转化为劳动力需要一个过程，其中所产生的延迟对于学校外的青少年比对学龄前儿童要短，从而对涉及青少年的项目的未来福利贴现要少于针对学龄前儿童的福利贴现。但比我的愿望清单更重要的是，我会建议采取明智的投资教育和培训收益一般原则。一揽子最优方案可能会在不同需求的领域发挥不同作用。但作为一般规则，对于公共人力资本的投资收益，低收入地区的投资收益似乎高于高收入地区。应将金钱投资于明智的事情。这引导我推荐一种政策：向低收入地区的地方政府提供充足的资源，让他们投资于他们认为最能满足其需求的项目，并让地方政府对结果负责。

赫克曼（Heckman，1994）提出了一个挑衅性的推算，即将教育回报率恢复到1979年的水平，这需要投资1.66万亿美元。这个推算假设教育回报率为10%，根据这里提供的证据，这是合理的。[①] 赫克曼（Heckman，2000，12）写道："考虑到恢复实际收入水平所需投资的规模，以及当前政府预算的严格性，有必要明智地使用资金。"我对这个论点有三种看法。

第一，为什么将应该是公共政策的零和目标的工资结构恢复到1979年的水平，这一点是不明确的。如果项目是为了让人力资本方案，特别是针对低收入家庭儿童的人力资本方案，比其他竞争性政府资金具有更高的回报，那么在我看来，最明智的做法是利用资金向空白领域拓展项目规模。我们并不能因为就业团队计划无法使工资结构恢复到1979年的水平，就断定扩大项目规模是错误地使用了政府资金。[②] 第二，如果有技能的工人和没有技能的工人可能成为生产中的补充投入要素，那么减少没有技能的工人的数量，同时增加有技能的工人的数量将具有减少不平等的附加效果［参见毕肖普（Bishop，1979）］。第三，对于一个重要国家计划而言，1.66万亿美元在2002年听起来要比在1994年少很多。从2001年到2011年，布什（Bush）税的估计成本削减了1.8万亿美元，2012年至2021年预计削减成本4.1万亿美元。[③] 如果减

① 本次计算似乎从投资成本中排除了个人时间的机会成本，这会降低政府投资的成本。

② 我的观点似乎也有着赫克曼（Heckman，1995，1103）的批判精神：钟形曲线的失败是因为"作者没有评估替代性社会政策，以进行提高劳动力市场和社会技能所需的成本-效益分析"。

③ 参见弗里德曼、科根和格林斯坦（Friedman，Kogan，Greenstein，2001）。这些数据忽略了与由于赤字支出而导致的较高利息支付相关的额外成本。

少不平等是整体民众的意愿，那么距离 1.66 万亿美元这一示范性目标似乎也不遥远了。

但是，赫克曼（Heckman）把投资回报率和投资成本视为很重要的因素。投资于教育和培训的好处不应被过度吹嘘。通过更加强调政府培训和教育的作用，能否产生更大的公平性呢？我没有对我前文中提出的愿望清单估算出各部分的花费，但是所需的支出肯定低于 1.66 万亿美元。为了论证这一点，先假设每年需要花费 1 000 亿美元（最昂贵的部分是延长 1 岁～6 岁儿童的学年时间），累积超过 5 年将使低收入家庭儿童的人力资本投资增加 5 000 亿美元。如果忽视可能会增加金额的一般均衡效应，则这项投资 10％的回报率将增加每年 500 亿美元的收入。

这只是很小的一部分吗？一个很好的对比依据就是 1993 年获得的所得税抵免（EITC）的扩大，实施这一举措是政府政策在过去 10 年中最先进的改革之一。所得税抵免项目的扩大致使每年增加 60 亿～70 亿美元的收入，所以我的建议将产生巨大的效果。的确，整个所得税抵免项目在 2000 年收获 310 亿美元，少于可以从投资教育和为残疾人提供培训中所获得的回报。并且，由于工资调整对补贴产生了影响，再考虑到发生率，所得税抵免的再分配净收益应少于 310 亿美元。

然而，我承认，每年 500 亿美元与由极端不平等引起的问题严重性比起来是十分渺小的。我要强调的是，我并不认为人力资本开发投资可以作为解决收入不平等不利后果的唯一方案。这可以解决一部分问题，但不能解决所有问题。原则上，关于收入不平等的最佳政府政策有很多具体手段。每一个措施每增加 1 美元的成本应和每一个措施所带来的社会效益持平。为了恢复社会收入分配更大的平衡，我同时建议应当认真考虑以下政策：

- 增加所得税抵免的投入。
- 提高中等收入水平，现在的中等收入水平比 1979 年的真实水平低了 22％。
- 重新考虑移民政策，目前移民的人力资本和经济的劳动力需求几乎没有受到重视。
- 普及国民健康保险制度。

这些建议比消除遗产税和削减最高所得税税率更为可取。然而，为了下一个阿尔文·汉森学术研讨会，我将暂时不展开这些话题。

参考文献

Abadie, Alberto, Joshua Angrist, and Guido Imbens. 2002. "Instrumental Variables Estimates of the Effect of Subsidized Training on the Quantiles of Trainee Earnings." *Econometrica* 70, no. 1 (January): 91 - 117.

Alesina, Alberto, and Dani Rodrik. 1994. "Distributive Policies and Economic Growth." *Quarterly Journal of Economics* 109 no. 2 (May): 465 - 490.

Angrist, Joshua, and Alan Krueger. 1991. "Does Compulsory School Attendance Affect Schooling and Earnings?" *Quarterly Journal of Economics* 106, no 4 (November): 979 - 1014.

Ashenfelter, Orley, Colm Harmon, and Hessel Oosterbeek. 1999. "A Review of Estimates of the Schooling/ Earnings Relationship, with Tests for Publication Bias." *Labor Economics* 6, no 4 (November): 453 - 470.

Atkinson, Anthony. 1983. *The Economics of Inequality*, 2d ed. Oxford: Oxford University Press.

Barnett, W. Steven. 1992. "Benefits of Compensatory Preschool Education." *Journal of Human Resources* 27, no. 2 (spring): 279 - 312.

Barnett, W. Steven. 1996. *Lives in the Balance: Age-27 Benefit-Cost Analysis of the High/Scope Perry Preschool Program*. High/Scope Educational Research Foundation Monograph no. 11. Ypsilanti, Mich.: High Scope Press.

Behrman, Jere, and Paul Taubman. 1990. "The Intergenerational Correlation between Children's Adult Earnings and Their Parents' Income: Results from the Michigan Panel Survey of Income Dynamics." *Review of Income and Wealth* 36, no. 2: 115 - 127.

Benabou, Roland. 1996. "Inequality and Growth." In *NBER Macroeconomics Annual 1996*, Ben S. Bernanke and Julie Rotenberg, eds. Cambridge: MIT Press.

Benabou, Roland. 2000. "Unequal Societies: Income Distribution and the Social Contract." *American Economic Review* 90, no. 1 (March): 96 - 129.

Benabou, Roland. 2002. "Tax and Education Policy in a Heterogeneous Agent Economy：What Levels of Redistribution Maximize Growth and Efficiency?" *Econometrica* 70，no. 2（March）：481－517.

Bertrand，Marianne，and Sendhil Mullainathan. 2001. "Are CEO's Rewarded for Luck? The Ones without Principals Are." *Quarterly Journal of Economics* 116，no. 3（August）：901－932.

Bishop，John. 1979. "The General Equilibrium Impact of Alternative Antipoverty Strategies." *Industrial and Labor Relations Review* 32，no. 2（January）：205－223.

Björklund，Anders，and Markus Jantti. 1997. "Intergenerational Income Mobility in Sweden Compared to the United States." *American Economic Review* 87，no. 5（December）：1009－1018.

Blendon，Robert，John Benson，Mollyann Brodie，Richard Morin，Drew Altman，Daniel Gitterman，Mario Brossard，and Matt James. 1997. "Bridging the Gap between the Public's and Economists' Views of the Economy." *Journal of Economic Perspectives* 11，no. 3（summer）：105－118.

Bloom，Howard，Larry Orr，Stephen Bell，George Cave，Fred Doolittle，Winston Lin，and Johannes Bos. 1997. "The Benefits and Costs of JTPA Title Ⅱ-A Programs：Key Findings from the National Job Training Partnership Act Study." *Journal of Human Resources* 32，no. 3（summer）：549－576.

Bruce. Neil，and Michael Waldman. 1991. "Transfers in Kind：Why They Can Be Efficient and Nonpaternalistic." *American Economic Review* 81，no. 5（December）：1345－1351.

Bruer，John. 1999. *The Myth of the First Three Years*. New York：Free Press.

Burghardt，John，Peter Schochet，Sneena Mcconnell，Terry Johnson，R. Mark Gritz，Steven Glazerman，John Homrighanser，Robert Jackson. 2001. *Does Job Corps Work? Summary of the National Job Corps Study*. Princeton：Mathematica Policy Research.

Burtless，Gary. 1999. "Risk and Returns of Stock Market Investments Held in Individual Retirement Accounts." Testimony before the House Budget Committee Task Force on Social Security Reform，May 11.

Cameron，Stephen，and James Heckman. 2001. "The Dynamics of Educational Attainment for Black，Hispanic，and White Males." *Jour-*

nal of Political Economy 109，no. 3 (June)：455 - 499.

Card，David. 1995. "Earnings，Schooling，and Ability Revisited." In *Research in Labor Economics*，vol. 14，Solomon Polachek，ed. Greenwich，Conn.：JAI.

Card，David. 1999. "The Causal Effect of Education on Earnings." In *Handbook of Labor Economics*，vol. 3，Orley Ashenfelter and David Card，eds. Amsterdam：Elsevier.

Card，David，and Alan Krueger. 1996a. "School Resources and Student Outcomes：An Overview of the Literature and New Evidence from North and South Carolina." *Journal of Economic Perspectives* 10，no. 4 (fall)：31 - 50.

Card，David，and Alan krueger. 1996b. "Labor Market Effects of School Quality：Theory and Evidence." In *Does Money Matter? The Link between Schools，Student Achievement and Adult Success*，Gary Burtless，ed. Washington，D. C.：Brookings Institution Press.

Card，David，and Alan Krueger. 1997. "Class Size and Earnings：Response to Sam Peltzman." *Journal of Economic Perspectives* 11，no. 4 (fall)：226 - 227.

Cooper，Harris，Kelly Charlton，Jeff Valentine，and Laura Muhlenbruck. 2000. "Making the Most of Summer School：A Meta-analytic and Narrative Review." *Monographs of the Society for Research in Child Development* 65，no. 1 (serial no. 260)：1 - 118.

Cooper，Harris，Barbara Nye，Kelly Charlton，James Lindsay，and Scott Greathouse. 1996. "The Effects of Summer Vacation on Achievement Test Scores：A Narrative and Meta-analytic Review." *Review of Educational Research* 66，no. 3 (fall)：227 - 268.

Currie，Janet. 2001. "Early Childhood Intervention Programs：What Do We Know?" *Journal of Economic Perspectives* 15，no. 2 (spring)：213 - 238.

Dale，Stacy，and Alan Krueger. 2002. "Estimating the Payoff to Attending a More Selective College：An Application of Selection on Observables and Unobservables." *Quarterly Journal of Economics* 117，no. 4 (November)：1491 - 1527.

Deaton，Angus. 2001. "Health，Inequality，and Economic Development." Research Program in Development Studies working paper，

Princeton University.

Educational Testing Service. 2002. "The Twin Challenges of Mediocrity and Inequality: Literacy in the U. S. from an International Perspective." Policy Information Report, Princeton, N. J.

Ehrenreich, Barbara. 2001. *Nickel and Dimed: On (Not) Getting By in America*. New York: Metropolitan.

Ehrlich, Isaac. 1973. "Participation in Illegitimate Activities: A Theoretical and Empirical Investigation." *Journal of Political Economy* 81, no. 3 (May): 521 - 565.

Eibner, Christine, and William Evans. 2002. "Relative Deprivation, Poor Health Habits and Mortality." University of Maryland, College Park, mimeo.

Ellwood, David, and Thomas Kane. 2000. "Who Is Getting a College Education? Family Background and the Growing Gaps in Enrollment." In *Securing the Future: Investing in Children from Birth to College*, Sheldon Danziger and Jane Waldfogel, eds. New York: Russell Sage.

Entwisle, Doris, Karl Alexander, and Linda Olson. 1997. *Children, Schools and Inequality*. Boulder, Colo.: Westview.

Frank, Robert H., and Philip J. Cook. 1996. *The Winner Take All Society*. New York: Free Press.

Freeman, Richard. 1983. "Crime and the Labor Market." In *Crime and Public Policy*, James Wilson, ed. San Francisco: Institute for Contemporary Studies.

Freeman, Richard. 1995. "The Labor Market." In *Crime*, James Wilson and Joan Petersilia, eds. San Francisco: Institute for Contemporary Studies.

Friedman, Joel, Richard Kogan, and Robert Greenstein. 2001. "New Tax-Cut Law Ultimately Costs as Much as Bush Plan." Washington, D. C.: Center on Budget and Policy Priorities.

Friedman, Milton. 1982. *Capitalism and Freedom*. Chicago: University of Chicago Press.

Fuchs, Victor. 1979. "Economics, Health, and Post-Industrial Society." *Health and Society* 57, no. 2 (Spring): 153 - 182.

Goldin, Claudia, and Robert Margo. 1992. "The Great Compression: The U. S. Wage Structure at Mid-century." *Quarterly Journal of Economics* 107, no. 1 (February): 1 - 34.

Hamermesh, Daniel. 1999. "Changing Inequality in Markets for Workplace Amenities." *Quarterly Journal of Economics* 114, no. 4 (November): 1085 - 1123.

Hanushek, Eric. 1997. "Assessing the Effects of School Resources on Student Performance: An Update." *Educational Evaluation and Policy Analysis* 19, no. 2 (summer): 141 - 164.

Hanushek, Eric. 2002. "Evidence, Politics, and the Class Size Debate." In *The Class Size Debate*, Lawrence Mighel and Richard Rothstein, eds. Washington, D. C.: Economic Policy Institute.

Harmon, Colm, and Ian Walker. 1995. "Estimates of the Economic Return to Schooling for the UK." *American Economic Review* 85, no. 5 (December): 1278 - 1286.

Heckman, James. 1994. "Is Job Training Oversold?" *Public Interest* 115 (spring): 91 - 115.

Heckman, James. 1995. "Lessons from the Bell Curve." *Journal of Political Economy* 103, no. 5 (October): 1091 - 1120.

Heckman, James. 1996. "What Should Be Our Human Capital Investment Policy?" In *Of Heart and Mind: Social Policy Essays in Honor of Sar A. Levitan*, Garth Mangum and Stephen Mangum, eds. Kalamazoo, Mich.: Upjohn.

Heckman, James. 2000. "Policies to Foster Human Capital." *Research in Economics* 54: 3 - 56.

Heckman, James, Neil Hohmann, and Jeffrey Smith. 2000. "Substitution and Dropout Bias in Social Experiments: A Study of an Influential Social Experiment." *Quarterly Journal of Economics* 115, no. 2 (May): 651 - 694.

Heckman, James, Robert Lalonde, and Jeffrey Smith. 1999. "The Economics and Econometrics of Active Labor Market Policies." In *Handbook of Labor Economics*, vol. 3, O. Ashenfelter and D. Card, eds. Amsterdam: North-Holland.

Heckman, James, and Jeffrey Smith. 1995. "Assessing the Case for Social Experiments." *Journal of Economic Perspectives* 9, no. 2 (Spring): 85 – 110.

Heckman, James, and Jeffrey Smith. 1998. "Evaluating the Welfare State." In *Econometrics and Economic Theory in the 20th Century: The Ragnar Frisch Centennial*, S. Strom, ed. Cambridge: Cambridge University Press.

Hedges, Larry V., Richard Laine, and Rob Greenwald. 1994. "Does Money Matter? A Meta-analysis of Studies of the Effects of Differential School Inputs on Student Outcomes." *Education Researcher* 23, no. 3: 5 – 14.

Honoré, Bo and Luojia Hu. 2001. "On the Performance of Some Robust Instrumental Variables." Princeton University, mimeo.

Imrohoroglu, Ayse, Antonio Merlo, and Peter Rupert. 2001. "What Accounts for the Decline in Crime?" Penn Institute for Economic Research working paper no. 1 – 12.

Jencks, Christopher. 2002. "Does Inequality Matter?" *Daedalus* 131 (winter): 49 – 65.

Kane, Thomas. 1999. *The Price of Admission Rethinking How Americans Pay for College*. Washington, D. C.: Brookings Institution Press.

Kane, Thomas, and Cecilia Rouse. 1999. "The Community College: Educating Students at the Margin between College and Work." *Journal of Economic Perspectives* 13, no. 1 (winter): 63 – 84.

Karoly, Lynn, Peter Greenwood, Susan Everingham, Jill Houbé, M. Rebecca Kilburn, C. Peter Rydell, Matthew Sanders, and James Chiesa. 1998. *Investing in Our Children*. Santa Monica, Calif.: Rand Institute.

Kornfeld, Robert, and Howard S. Bloom. 1999. "Measuring Program Impacts on Earnings and Employment: Do Unemployment Insurance Wage Reports from Employers Agree with Surveys of Individuals?" *Journal of Labor Economics* 17, no. 1: 168 – 197.

Krueger, Alan. 1999. "Experimental Estimates of Educational Production Functions." *Quarterly Journal of Economics* 114, no. 2 (May): 497 – 532.

Krueger, Alan. 2003. "Economic Considerations and Class Size." *Economic Journal*, forthcoming.

Krueger, Alan, and Mikael Lindahl. 2001. "Education and Growth: Why and for Whom?" *Journal of Economic Literature* 39, no. 4 (December): 1101 – 1136.

Krueger, Alan, and Diane Whitmore. 2001. "Would Smaller Classes Help Close the Black-White Achievement Gap?" Industrial Relations Section working paper no. 451, Princeton University.

Kuznets, Simon. 1955. "Economic Growth and Income Inequality." *American Economic Review* 45, no. 1 (March): 1 – 28.

Link, Charles, and James Mulligan. 1986. "The Merits of a Longer School Day." *Economics of Education Review* 5, no. 4 (1986): 373 – 381.

Lochner, Lance. 1999. "Education, Work, and Crime: Theory and Evidence." Rochester Center for Economic Research working paper no. 465.

Love, John, Ellen Kisker, Christine Ross, Peter Schochet, Jeanne Brooks-Gunn, Kimberly Boller, Diane Paulsell, Allison Fvligni, and Lisa Berlin. 2001. *Building Their Futures: How Early Head Start Programs Are Enhancing the Lives of Infants and Toddlers in Low-Income Families*. Vol. 1, *Technical Report*. Princeton: Mathematica Policy Research.

Lundberg, Shelly, and Richard Startz. 1983. "Private Discrimination and Social Intervention in Competitive Labor Markets." *American Economic Review* 73, no. 3 (June): 340 – 347.

Mallar, Charles, Stuart Kerachsky, Craig Thornton, and David Long. 1982. *Evaluation of the Economic Impact of the Job Corps Program: Third Follow-Up Report*. Princeton: Mathematica Policy Research.

Mosteller, Frederick. 1995. "The Tennessee Study of Class Size in the Early School Grades." *The Future of Children: Critical Issues for Children and Youths* 5 (summer/fall): 113 – 127.

Murphy, Kevin M., Andrei Shleifer, and Robert Vishny. 1991. "The Allocation of Talent: Implications for Growth." *Quarterly Journal of Economics* 106, no. 2 (May): 503 – 530.

Nelson, Richard, and Edmund Phelps. 1966. "Investment in Humans, Technological Diffusion, and Economic Growth." *American Economic Review* 56, no. 2 (March): 69 – 75.

Nelson，Robert. 1991. *Reaching for Heaven on Earth*. Savage，Md.：Rowman & Littlefield.

Nozick，Robert. 1974. *Anarchy，State，and Utopia*. New York：Basic.

Nye，Barbara，Jayne Zaharias，B. Dewayne Fulton，C. M. Achilles，Van Cain，and Dana Tollett. 1994. *The Lasting Benefits Study：A Continuing Analysis of the Effect of Small Class Size in Kindergarten through Third Grade on Student Achievement Test Scores in Subsequent Grade Levels*. Seventh Grade Technical Report. Nashville：Center of Excellence for Research in Basic Skills，Tennessee State University.

Orr，Larry，Howard Bloom，Stephen Bell，Winston Lin，George Cave，and Fred Doolittle. 1994. *The National JTPA Study：Impacts，Benefits，and Costs of Title II-A*. Bethesda，Md.：Abt Associates.

Pauly，Mark V. 1967. "Mixed Public and Private Financing of Education：Efficiency and Feasibility." *American Economic Review* 57，no. 1（March）：120－130.

Pauly，Mark V. 1971. *Medical Care at Public Expense：A Study in Applied Welfare Economics*. New York：Praeger.

Peltzman，Sam. 1997. "Class Size and Earnings." *Journal of Economic Perspectives* 11，no. 4（fall）：225－226.

Pen，Jan. 1971. *Income Distribution：Facts，Theories，Policies*. New York：Praeger.

Persson，Torsten，and Guido Tabellini. 1994. "Is Inequality Harmful for Growth?" *American Economic Review* 84，no. 3（June）：600－621.

Pierce，Brooks. 2001. "Compensation Inequality." *Quarterly Journal of Economics* 116，no. 4（November）：1493－1525.

Piketty，Thomas，and Emmanuel Saez. 1998. "Income Inequality in the United States，1913—1998." *The Quarterly Journal of Economics* 118，no. 1（February）：1－40.

Rawls，John. 1971. *A Theory of Justice*. Cambridge：Belknap Press of Harvard University Press.

Romer，Paul. 1990. "Endogenous Technological Change." *Journal of Political Economy* 98，no. 5（October）：71－102.

Sen，Amartya. 1973. *On Economic Inequality*. Oxford：Clarendon.

Shea, John. 2000. "Does Parents' Money Matter?" *Journal of Public Economics* 77, no. 2 (August): 155 - 184.

Small, Steven L., Diane K. Flores, and Douglas C. Noll. 1998. "Different Neural Circuits Subserve Reading before and after Therapy for Acquired Dyslexia." *Brain and Language* 62, no. 2: 298 - 308.

Smeeding, Timothy, Lee Rainwater, and Gary Burtless. 2001. "United States Poverty in a Cross-National Context." In *Understanding Poverty*, Sheldon Danziger and Robert Maveman, eds. New York: Russell Sage Foundation.

Smith, Adam. 1776. *The Wealth of Nations*. New York: Random House.

Smith, James P. 1999. "Healthy Bodies and Thick Wallets: The Dual Relation between Health and Economic Status." *Journal of Economic Perspectives* 3, no. 2 (spring): 145 - 166.

Solon, Gary. 2002. "Cross-Country Differences in Intergenerational Earnings Mobility." *Journal of Economic Perspectives* 16, no. 3: 59 - 66.

Stille, Alexander. 2001. "Grounded by an Income Gap." *New York Times*, 15 December.

Summers, Anita, and Barbara Wolfe. 1977. "Do School Make a Difference?" *American Economic Review* 67, no. 4 (September): 639 - 652.

Summers, Lawrence. 1987. "Investment Incentives and the Discounting of Depreciation Allowances." In *The Effects of Taxation on Capital Accumulation*, Martin Feldstein, ed. Chicago: University of Chicago Press.

Thurow, Lester. 1975. *Generating Inequality: The Distributional Mechanisms of the Economy*. New York: Basic Books.

United States General Accounting Office. 1996. *Job Training Partnership Act: Long-Term Earnings and Employment Outcomes*. GAO/HEHS-96-40. Washington, D. C.

Ways and Means Committee, U. S. House of Representatives. 2000. *Green Book 2000*. Washington, D. C.

Wilkenson, Richard. 1996. *Unhealthy Societies: The Afflictions of Inequality*. London: Routledge.

Williamson, Jeffrey, and Peter Lindert. 1980. *American Inequality: A Macroeconomic History*. New York: Academic.

Wolff, Edward. 2002. *Top Heavy: The Increasing Inequality of Wealth in America and What Can Be Done about It*. New York: New Press.

Word, Elizabeth, John Johnston, Helen Bain, B. Dewayne Fulton, Jayne Zaharias, Charles M. Achilles, Martha Lintz, John Folger, and Carolyn Breda. 1990. *The State of Tennessee's Student/Teacher Achievement Ratio (STAR) Project: Technical Report 1985—1990*. Nashville: Tennessee State Department of Education.

2 人力资本政策①

佩德罗·卡内罗（Pedro Carneiro）
詹姆斯·J. 赫克曼（James J. Heckman）

引言和诱因

引言

“一个国家的财富源于人民的能力”这句格言对当代美国社会有着

① 詹姆斯·赫克曼是芝加哥大学的亨利·舒尔茨（Henry Schultz）杰出服务教授和美国律师基金会（American Bar Foundation）的高级研究员。佩德罗·卡内罗是伦敦大学学院的讲师。本章得到了美国国家科学基金会（National Science Foundation）的支持及许可（SES-93-21-048、97-30-657和00-99-195）；美国国家儿童健康和人类发育研究所（NICHD）的许可（R01-34598-03）；美国国立卫生研究院（NIH）的许可（R01-HD32058-03）；美国律师基金会的支持。卡内罗得到了科技基金会（Fundacao Ciencia e Tecnologia）和古尔本基安基金会（Fundacao Calouste Gulbenkian）的资助。我们从戴维·布拉沃（David Bravo）、弗拉维奥·库尼亚（Flavio Cunha）、马克·达根（Mark Duggan）、拉尔斯·汉森（Lars Hansen）、巴斯·雅各布（Bas Jacobs）、罗伯特·拉隆德（Robert LaLonde）、史蒂文·莱维特（Steven Levitt）、达亚南德·马诺利（Dayanand Manoli）、迪米特里·V. 马斯特罗夫（Dimitriy V. Masterov）、凯西·莫利根（Casey Mulligan）、德瑞克·尼尔（Derek Neal）和杰夫·史密斯（Jeff Smith）对本章各个方面的评价中收获颇丰。乔治·博尔哈斯（George Borjas）、埃里克·哈努谢克（Eric Hanushek）、拉里·卡茨（Larry Katz）、兰斯·洛克纳（Lance Lochner）、莉萨·林奇（Lisa Lynch）和拉里·萨默斯（Larry Summers）对本章初稿的评价中获益匪浅。弗拉维奥·库尼亚、玛丽亚·伊莎贝尔·拉连那斯（Maria Isabel Larenas）、达亚南德·马诺利、迪米特里·V. 马斯特罗夫、玛丽亚·维多利亚·罗德里格斯（Maria Victoria Rodriguez）和钟惺（Xing Zhong）也为我们提供了宝贵的研究帮助。这项工作吸收了并在本质上延伸了赫克曼（Heckman，2000）以及赫克曼和洛克纳（Heckman，Lochner，2000）的研究成果。

特殊的意义。美国劳动力质量的增长一直是 20 世纪生产力增长和经济繁荣的主要来源。从 1980 年开始，虽然实施了许多措施，但美国劳动力质量的增长要么停滞不前，要么戏剧性地增速减慢［参见埃尔伍德 (Ellwood，2001)；乔根森、胡 (Jorgenson，Ho，1999)；德朗、戈尔丁和卡茨 (DeLong，Goldin，Katz，2003)］。[①] 图 2.1 显示，经过半个世纪的进展，1950 年以后出生的人们在教育程度上完全没有超越他们的各代前辈。这对于所有种族和族裔背景的美国人来说都是如此。但是，教育程度的停滞不仅仅是因为移民。虽然一般而言，移民比剩余劳动力更加缺乏劳动技能，还会导致非技术劳动人口的增长，并增加高中辍学率，但在美国本土出生的美国人中，上大学的人数也不再增加，见图 2.2。

这些数字令人不愉快，因此美国官方绘制了一个过于乐观的统计图，因为它们把那些有考试认证［普通教育水平或一般教育发展考试 (GED)］的高中学生也计为高中毕业生。根据这些统计，高中毕业率是增长的，高中辍学率是下降的，见图 2.3 (a)。卡梅伦和赫克曼 (Cameron，Heckman，1993)，贝泽尔、瓦耳萨姆和史密斯 (Boesel，Alsalam，Smith，1998)，以及赫克曼 (Heckman，2003) 最近的研究表明：那些参加了一般教育发展考试的人在劳动力市场上与同等教育水平的高中辍学者具有相同的表现。在接受测试的高中毕业生中，获得一般教育发展考试文凭的人数比率日益增长，某些州的比率高达 25%，见图 2.3 (b)。因此，高中毕业生的质量正在下降。当参加一般教育发展考试被归类为退学的情况时，则提高了美国的高中辍学率。而正式的统计数据是没有降低，见图 2.3 (c)。

美国劳动力质量增长放缓。在劳动力目前所处的时期中，技术工人和非技术工人之间的工资差距不断扩大，这种情况导致了社会差距的扩大和整体工资的不平等。高等技术工人的实际工资溢价在 1980 年左右开始大幅上升［参见奥特尔和卡茨 (Autor，Katz，1999)］。20 世纪 80 年代，来自某些社会经济群体的孩子的大学入学率提高了，这反映出工资溢价的提高刺激了经济。即使就所有群体而言，重新回到学校继续接受教育的比例都是增加的，但在不同种族、民族或家庭收入群体中，这种增加的比例不尽相同。在家庭收入分配排名前半部分的家庭中，1980

① 自 1980 年以来，劳动力质量增长的放缓使得生产力增长速度每年下降 0.13%［见德朗、戈尔丁和卡茨 (DeLong，Goldin，Katz，2003)］。

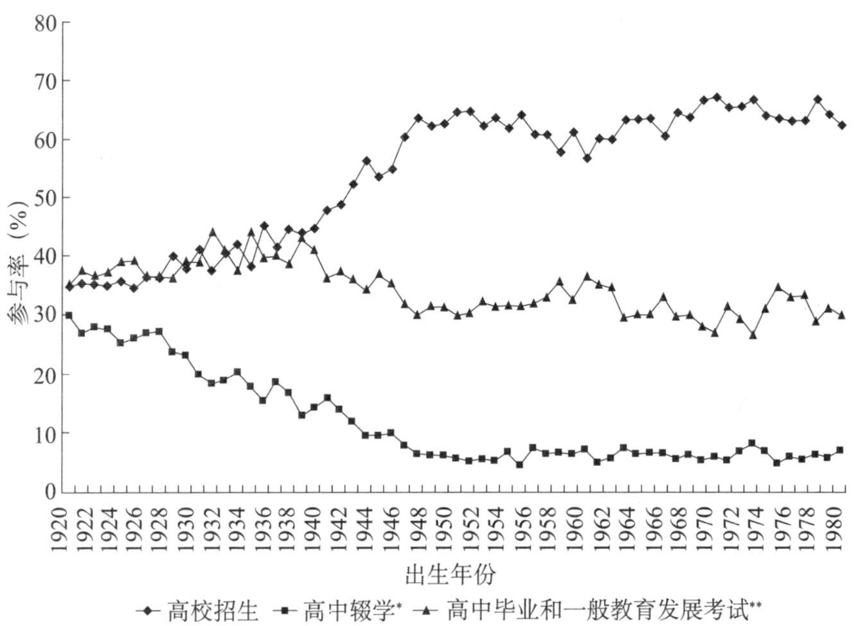

(a) 白人

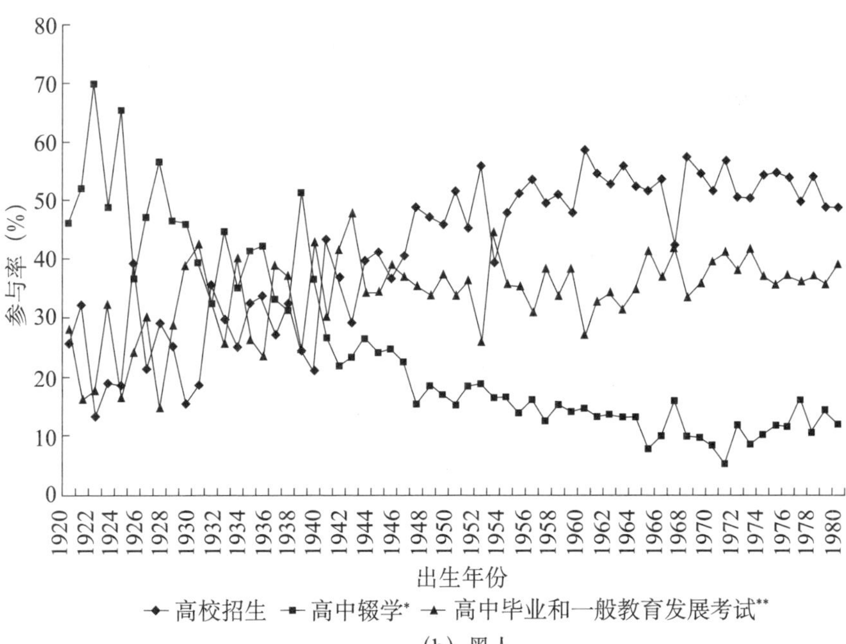

(b) 黑人

图 2.1　参与率与出生年份

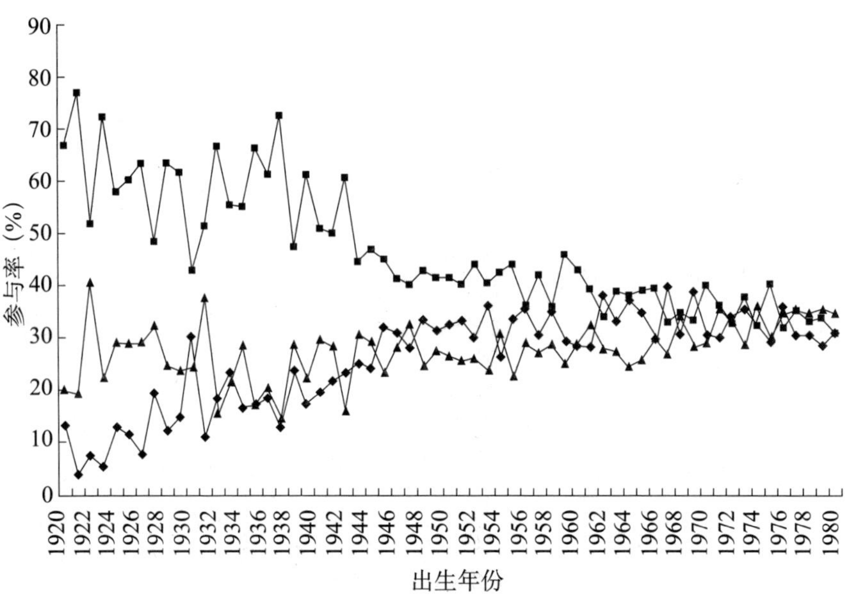

(c) 西班牙裔

图 2.1　参与率与出生年份（续图）

资料来源：2000 年人口调查。

注：* 高中辍学包括参与一般教育发展考试的人。

** 参与一般教育发展考试的人的出生年份为 1971—1982 年。

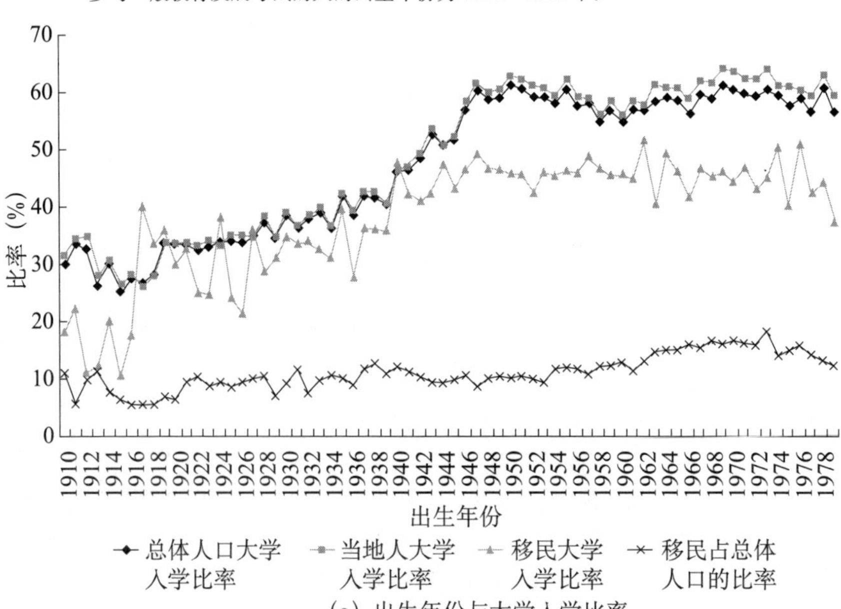

(a) 出生年份与大学入学比率

图 2.2　出生年份与教育参与率

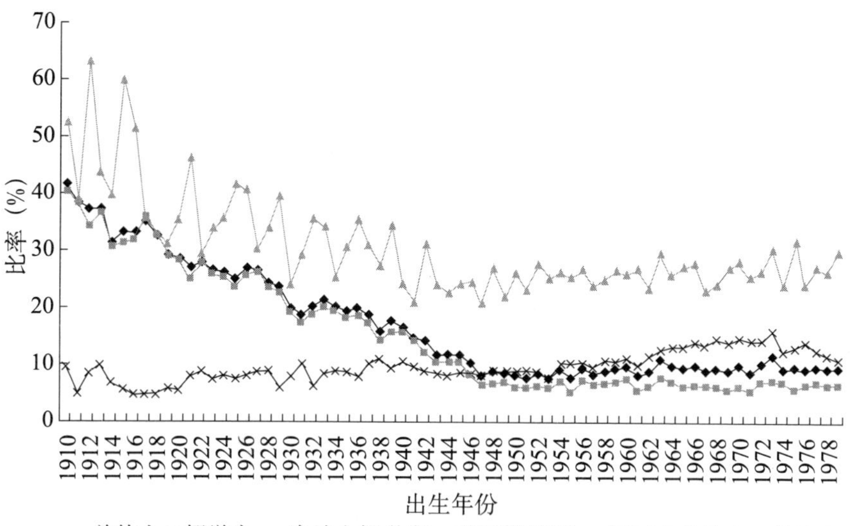

（b）出生年份与高中辍学率（包括参与了一般教育发展考试的人）

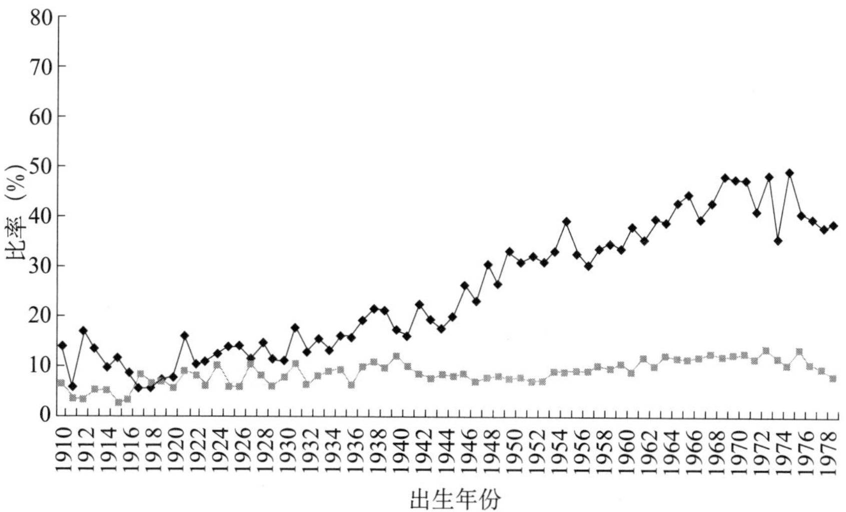

（c）出生年份与移民的总体教育参与率

图 2.2　出生年份与教育参与率（续图）

资料来源：2000 年人口调查。

年开始，白人男性高中毕业生的大学入学率开始上升，见图 2.4。家庭收入分配排名 50%～75%的家庭的孩子进入大学的可能性要低于家庭收入水平位于前 50%的家庭的孩子，这造成了他们对技能上涨工资溢价的滞后反应。而处于家庭收入分配最底层的白人男性高中毕业生对工资溢价的反应更加滞后。因此，不同收入群体之间的大学入学率差距已经被拉大。种族和民族间的差距也扩大了，见图 2.5。[①] 因为教育是收入的主要决定因素，对市场技能需求增加所持有的不同反应将扩大下一代的种族和家庭收入差距，这将使得以后的美国比现在和过去更加不平等。面对低技能工人的实际工资下降和大学毕业的实际回报增加，美国低技能辍学青年的比率比 30 年前更高。尽管在过去的 30 年中，公立学校对每名学生的支出不断增长，但高校扩招对办学效益的响应越来越弱。

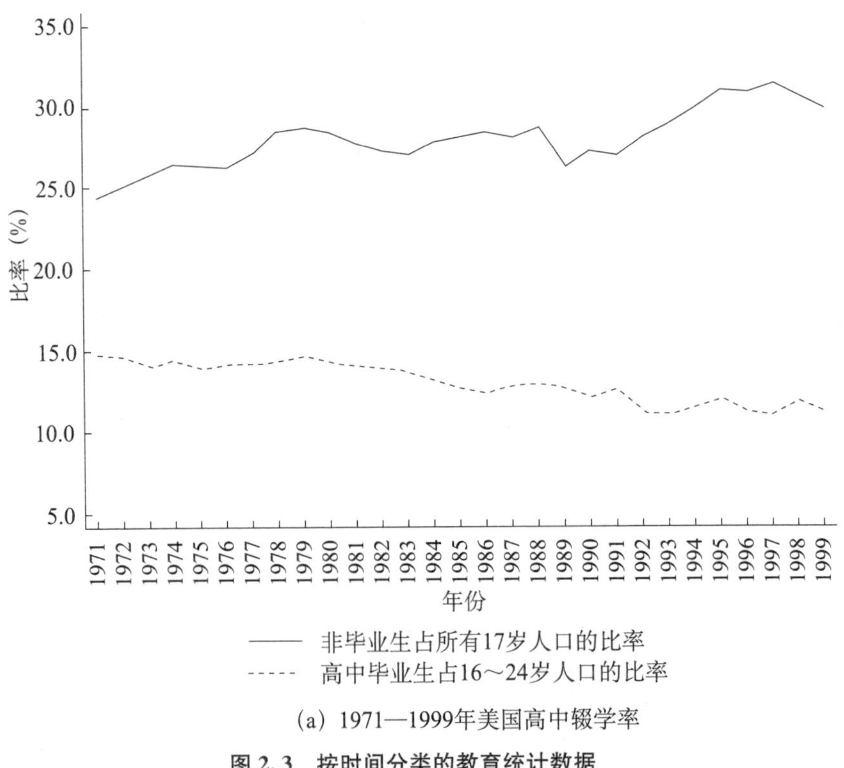

(a) 1971—1999年美国高中辍学率

图 2.3 按时间分类的教育统计数据

① 对女性来说，现存的人种、种族及家庭收入的差距没有扩大，但它们也没有减小。长期性的趋势主导了女性的时间序列。

（b）1971—1999年美国获得高中同等学历证书的人数占公立学校、私立学校和一般教育发展考试计划颁发的高中毕业证书人数总和的比率

（c）1971—1999年美国普通日制学校、公立学校、私立学校的高中毕业生占17岁人口的比率

图 2.3 按时间分类的教育统计数据（续图）

资料来源：教育部国家教育统计中心（The Department of Education National Center for Education Statistics）；美国教育委员会（American Council on Education）；普通教育水平检测服务（General Education Development Testing Service）。

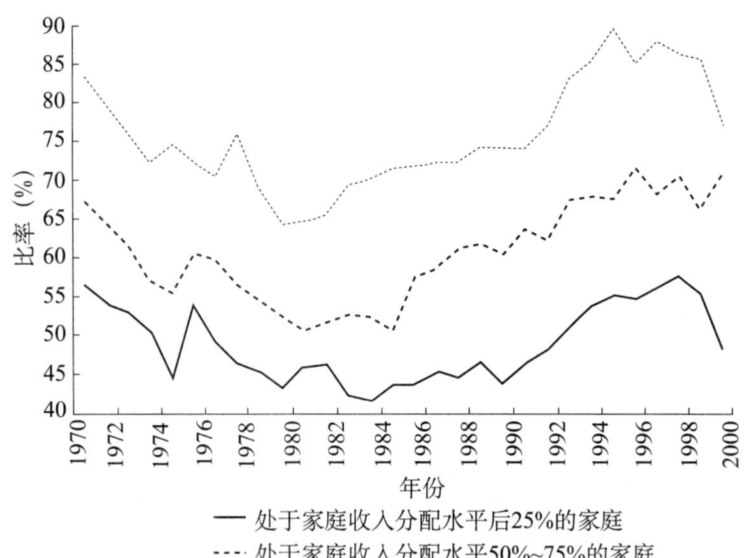

图 2.4　家庭收入水平与高中毕业生和持有一般教育发展考试证书人群的大学就读率，依赖*人群：18 岁～24 岁白人男性

资料来源：依据专业研究学院提供的第 20 期《学校报告》(School Report) 及其 10 月的数据计算得出。

* “依赖”的意思是，在大学期间住在父母家里或者享受父母资助。

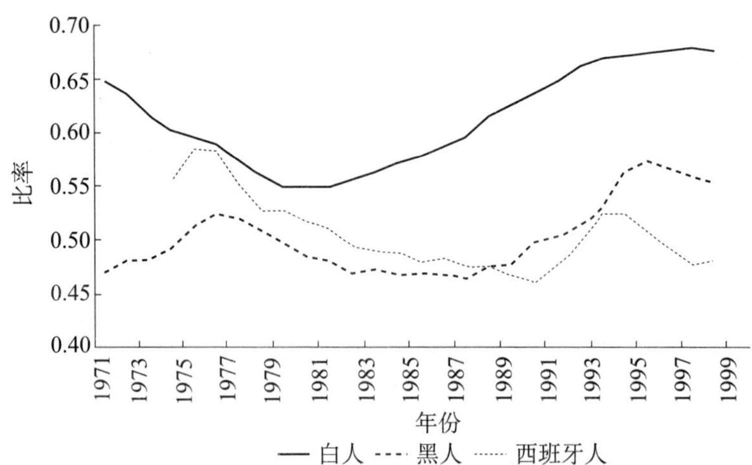

图 2.5　种族与大学就读率。依赖*人群：高中毕业生和持有一般教育发展考试证书的人，男性，18 岁～24 岁

资料来源：依据专业研究学院提供的第 20 期《学校报告》(School Report) 及其 10 月的数据计算得出。

注：显示为 3 年移动平均值。

* “依赖”的意思是，在大学期间住在父母家里或者享受父母资助。

随着高中毕业率的下降，美国学生的学习成绩也呈现下降趋势［参见哈努谢克（Hanushek，2003）］。在美国，有一个整个北欧地区都没有的无劳动技能和文盲阶层［参见布劳和卡恩（Blau，Khan，2001）］。

问题很清楚。技术工人的供应跟不上需求。如何以一个经济有效的方式来提高技术工人的供应当前还是一个非常模糊的问题。有许多人提出的政策各不相同，从而难以比较，因为它们的成本和收益还无法制成书面图表以便具体研究。最近的许多讨论都集中在家庭收入会导致教育程度差距这一问题上，图 2.4 中的证据可以用来解释技术工人供应增加失败的主要原因。在过去 20 年间，大学学费的增长和由低技能工人导致的家庭收入下降经常被用来解释其子女的大学参与模式［参见卡内瓦莱和弗赖伊（Carnevale，Fry，2000）；豪泽（Hauser，1993）］。有些政策建议应该在大学期间减少学费或补充孩子的家庭资源。然而本章列举的证据建议，如果孩子在其整个生命周期内都可以获得家庭环境和家庭收入的支持，从而大学入学准备和减少社会依附程度等这类长期因素会比其在青少年时期的家庭收入水平更具决定性作用。证据建议，认知能力、人生态度和社会技能等应该在幼儿期就开始建立，并最终在青春期定型，这些因素比上大学期间的学费和家庭信贷约束等因素可以更有效地解释社会经济中的少数和多数差距问题。相比促进认知能力的政策，减少学费的建议在增加大学就读率上可能起到的作用要小得多。

在这一章中，我们批判性地验证了这一说法：在大学期间，信贷约束在解释大学入学率的差距方面起着至关重要的作用，见图 2.4。我们提出的证据表明，只有小部分人会在大学这个短暂时期受到信贷约束。但是根据我们的分析，减轻所有短期信贷约束是不可能在实质上缩小大学入学率差距的。

同时我们也建议通过一些其他的政策来提高美国经济中人口的技能质量。经常有人提出有关提高中学教育质量的政策，而且关于这些政策的辩论是非常激烈的。我们认为，除非对学校奖励措施进行根本性的改革，否则这样的政策对美国劳动力质量不可能产生任何实质性的影响。二次补救计划如政府提供就业培训或资格考试认证可以作为常规高中毕业的替代手段（一般教育发展考试项目），该类计划被认为是克服早期教育劣势的有效低成本战略。我们认为这种项目的经济回报是很少的。税收和补贴政策同样也被视为克服上述问题的有效手段，也被提倡用以解决早期劣势。我们发现这样的政策有可能只对技能的形成产生微小的影响。限制非技术移民的政策也被提议用来减轻工资的下降压力和减少不平等问题［参见鲍里斯（Borjas，1999）］。我们认为这样的政策有可能是不起作用的。

对于这些问题，从来都不缺少政策建议。然而，能够证实各项政策效力的实证证据不足。从来没有一个共同的框架可用来评估或比较这些政策。本章的目标在于提供一个共同的成本-效益框架，利用其中的替代政策来证实各项政策的效力。

本章分析了旨在促进美国经济技能形成的政策。本章的一个重要前提是：有效的政策是基于实证研究的基础得来的，政策的目的是解决问题。虽然在不清楚研究问题最根本的动机是什么的情况下，也有可能通过实验和失败一步步得到有效的政策，但一个更有前景的人力资本政策的制定方法是理解产生技能的机制和机构、它们如何相关，以及失败的地方。

人力资本积累是一个动态的过程。在生命周期的某一个阶段获得的技能既影响初始条件，又影响下一阶段的技能学习。尽管大多数关于技能形成的讨论都集中在学校上，认为学校才是一个人能力和技能的主要生产地，但有大量证据表明，家庭和公司也是一个人能力和技能的主要生产地。实际上，人力资本产生于一个人生命周期中的家庭、学校和公司。

成功学校的一个主要决定因素是学生拥有一个成功的家庭。学校和父母带给他们的影响是共同起作用的。如果父母通过鼓励和激励来培养孩子，那么他们会更有效率地工作。就业培训项目——无论是公众的还是私人的——将和家庭及学校一起对学生产生影响，而这一点20年来一直被人们所忽视，其中造成的损失是无法弥补的。

最近关于孩子发展的研究［参见肖恩科夫和菲利普斯（Shonkoff，Phillips，2000）］强调了生命周期的不同阶段对不同类型能力的形成都是至关重要的。一旦错过培养能力的最佳时机，补救的代价就是昂贵的，而全面补救往往是非常昂贵的。这些发现强调了需要以最佳的科学和经济学的角度为基础，对人的生命周期中的技能形成进行全面观察，以便制定出提高劳动力技能水平的有效政策。

一项以科学和经济学为基础的人力资本政策的研究依靠对现有或以前实施过的方案和政策的评价，改进了纯粹靠经验的政策评估方法。尽管任何可信的经济政策的研究必然以数据为基础，但也应该认识到，被试行过的政策中也包括一小部分根据经验评估的政策。如果我们基于经济原理对经济政策进行推断，而不是仅仅基于与经济原理微弱相关的“实验效应”的估计，那么我们就能够更好地思考出更多的关于人力资本问题的创新解决方案。本章重点研究在生命周期中学习和技能积累的经济模型，而不是专注于那些过去的“有效”政策。

在合理的情况下，我们通过使用回报率，将不同的政策放在一个共同的基础上。我们在评估人力资本项目时，把人力资本的边际回报率与有形资本的市场回报率相比，见附录2A。对于大部分而不是全部的人力资本政策而言，边际回报率是确定下一美元应在哪里使用的准确指标。我们还计算了可替代政策的现值。现有价值的提出并不是针对回报率的批判。

图2.6总结了本章的主题。它显示了一个具有特定能力的人在生命周期的不同阶段的人力资本的回报率。横轴表示年龄，即生命周期。图2.6（a）的纵轴表示在每个年龄的投资相同时的投资回报率。假设其他条件不变，在一个人年轻的时候，一美元的投资回报率高于在以后年龄同样一美元的投资回报率。早期投资的收益范围比后来投资的收益范围更大。另外，由于早期投资提高了以后投资的生产力（更低的成本），所以人力资本是协同的。人力资本的早期工作忽视了人类投资中的这种动态互补性［贝克尔（Becker，1964）］。[①]学习生涯及早期获得的技能便于以后的学习（包括认知技能和非认知技能[*]）。在给定外部资金机会成本 r 的条件下，最佳的投资策略是对年轻人投资更多，对老年人投资较少。图2.6（b）呈现了对应图2.6（a）的最佳投资数量。

在本章我们还对图2.6（a）做出了第二种解释。它是对美国经济当前投资支出水平的经济回报的经验描述。投资年轻人的回报显然相当高，尤其是对于弱势家庭的孩子。投资老年人的回报相当低。社会最理想的投资策略会使各个投资水平的回报率相等。本章的中心结论是，在当前的投资水平下，如果人力资本投资的对象是年轻人，而不是那些没有发展前景的人，如老年人、技能较差的人和文盲人群，那么公共支出的效率就会提高。

我们的分析挑战了传统观点，将技能与智力放在相等的位置，并借鉴一系列研究证明了认知技能和非认知技能在确定社会经济成功方面的重要性。这两种类型的技能都受到家庭和学校的影响，但它们在人的生命周期中的可塑性是不同的，青年时期的非认知技能比以后年龄段中的认知技能更具有延展性。由家庭收入和家庭背景导致的认知能力和非认

① 令 $H(a)$ 为在年龄 a 时的人力资本存量，$\dot{H}(a)$ 为人力资本存量的增长速率。依据本-波拉斯（Ben-porath，1967）模型，我们得到 $\dot{H}(a)=F[H(a), I(a), a]$，其中，$I(a)$ 是各个年龄的投资率，且人力资本存量和生产函数取决于生命周期的阶段。当 $\partial^2F/[\partial H(a)\partial I(a)']$ 是一个正矩阵时（所有成分都为正数），动态互补性提高。

* 也译作认知能力和非认知能力。——译者注

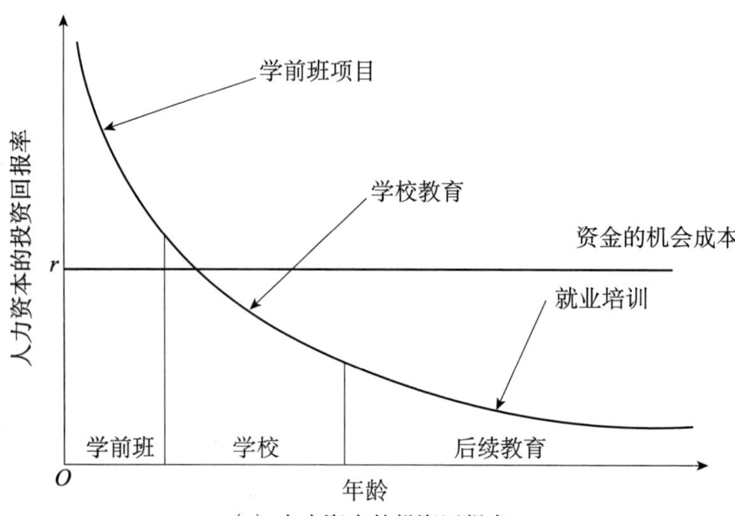

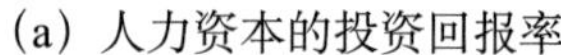
(a) 人力资本的投资回报率

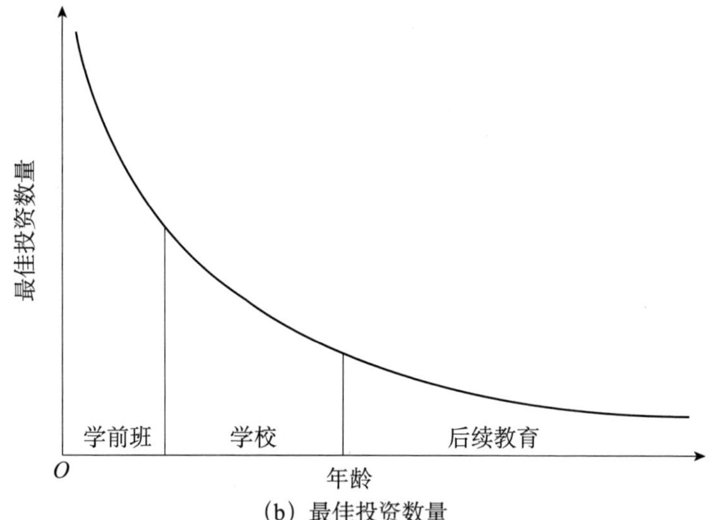

(b) 最佳投资数量

图 2.6 (a) 在所有年龄段相等的投资下，人力资本最初的投资回报率。(b) 最佳投资数量

知能力水平的差距很早就会显现出来，并且会一直持续下去。更有可能的是，学校教育会扩大这些早期差距。

现有的教育政策和经济分析把目光聚焦在测试学术成就上，以作为学校的主要产出指标之一。已提出的评估学校表现的系统通常是以这个想法为前提的。如果学术和经济上的成功不是最重要的决定因素，那么作为信号和筛选的经济模型会假设认知能力是一个重要的决定因素。最近的证据挑战了这一观点。无疑，认知能力将是学校教育和劳动力市场输出成果中的一个重要因素。

同时，尽管非认知能力更加难以测量，但它也起到了非常重要的作用。非认知能力对劳动力市场和学校的成功都很重要。这一发现得到了儿童早期干预研究的支持，这些干预主要改善非认知能力，对学校教育和劳动力市场结果产生了重大影响，但只是轻微影响到认知能力。在青少年早期的指导方案同样可以对非认知能力产生影响。现有的对技能形成的分析过多关注于认知能力，而对非认知能力几乎不予理会。

我们现在从另外一个角度来阐释传统的人力资本文献。早期的文献强调人力资本理论是一种基于能力的收益模型的替代理论。在我们的分析中，尽管认知能力受到学校教育和家庭背景的影响，但是教育也无法平衡认知能力的差异。认知能力是人力资本的一种形式，而不是它的竞争对手。

本章同样也强调了需要有明确的分析框架来比较替代性政策。良好的经济政策评估考虑了政府预算的有限规模和公共资金的机会成本。一个能收获10%的回报率的教育项目应该获得支持，但除非放弃可能得到其他项目资助的机会，并适当考虑税收收入的成本，否则这种说法毫无意义。我们强调成本-收益分析的重要性，并适当地考虑到政策的全部成本，这其中也包括公共项目资金的社会机会成本。许多关于人力资本项目的分析都忽视了直接成本和在提出计算成本效益的过程中的税收成本。

当一个人在评估用于补充现有政策的新政策时，能够透彻地解释现有政策的内涵是非常重要的。我们应该将我们所生活的世界和没有人力资本政策的世界区分开来。本章面临的难点是，目前，我们是否应增加对教育和职业培训的补贴，而不是讨论是否应该有补贴。在一个非常低的支出水平上，提高学校教育质量可以改善教育成果，这是众所周知的。在学校教育水平较低时提高学校教育水平无疑会产生外部效应。目前，对美国主要公立大学学生的直接成本补贴约为80%，对中学和小学的补贴率甚至更高，但进一步补贴的范围相应地缩减了。

我们没有讨论到的一个主题是人力资本外部效应产生的补贴情况，虽然这样的外部效应已在最近的复兴增长理论中发挥了极大的作用，但仍不能计算出其目前的支出水平。已有的证据［如阿西莫格鲁、安格里斯特（Acemoglu，Angrist，2001），赫克曼、莱恩-法拉、托德（Heckman，Layne-Farrar，Todd，1996），赫克曼、柯烈诺（Heckman，Klenow，1998）］表明，这些理论上的可能性在经验上并不相关。

本章由四部分组成。引言和诱因是第一部分。第二部分通过检验技能差异的来源为我们的政策分析奠定了基础。本章的一个主要前提是，良好的政策是基于对它所要解决问题的明确理解。我们试图提高标准实验效果之上的关于技能形成的政策的讨论，即关于什么政策是有效的，什么政策是无效的讨论。在本章的第一部分，我们提出了相关证据，以表明短期信贷约束和认知能力在解释教育程度差异上的重要性。在第二部分，我们提出证据，表明早期认知能力的起源差异及其决定因素。在第三部分，我们列举对非认知能力的相似性分析。

本章的第三部分吸取了第二部分的分析和具体政策的讨论成果。本部分的第一节讨论了为提高小学和中学的教育质量而制定的政策。我们证明了在现有的支出水平下，而且在不改革学校的奖励和选择制度的情况下，为提高学校教育质量所制定的政策的无效性。这种政策在成本-效益分析方面是无效的。第二节讨论了关于早期儿童政策的相关证据。早期儿童项目产生的最大影响是在非认知能力和动机上，而不是在智商上。第三节讨论了青少年指导政策。我们知道青少年指导政策是有影响力的，并且主要通过参与者的动机产生作用。第四节讨论了关于公共就业培训项目和个人就业培训项目的有效性的证据。尽管有一些公共就业培训项目是成功的，但是大部分的公共就业培训项目是失败的。那些成功的项目给我们上了一课。个人就业培训比公共就业培训成功很多。我们提出的证据表明，个人就业培训加大了个人能力和学校教育的早期差异，但弥补了资金获得的早期缺点。个人就业培训的后一特征往往抵消了前一特征的动态互补性。当剔除所有干扰因素时，就家庭背景而言，工作培训的影响是中性的。第五节讨论了税收和补贴政策。税收政策不太可能消除技能上的差异。第六节讨论了过渡问题和工资补贴可能产生的效果。第七节简要讨论了移民政策。将讨论的主题分成论文的第二部分和第三部分并不准确。一些关于个人技能形成进程的证据是从分析具体政策中获得的。本章的第四部分已包含了这一点。我们提供了两个附录：一个讨论了回报率和贴现率，另一个补充了第二部分的相关计算。

技能差异的来源

关于信贷约束的证据

家庭收入情况和就读大学两者之间有很大的关联性。图 2.4 显示了按父母收入划分的以 18 岁～24 岁美国男性为总时间序列，对其青少年后期的大学就读率进行测量的情况。不同家庭收入水平和每年的大学就读率之间存在着实质性的差异。许多其他国家都已发现了这种模式［参见博劳斯菲尔德、赛尔威特（Blossfeld，Shavit，1993)］。在 20 世纪 70 年代末或 20 世纪 80 年代初，为应对不断增加的教育回报，大学就读率开始增长，但只有来自顶层家庭收入的年轻人是这样的。由家庭收入等级所反映出来的教育差别使代际、种族和族裔之间的收入不平等持续下去，甚至加剧。

针对这一证据有并不矛盾的两种解释。第一种解释更为常见，常用于指导现行政策：在儿童青少年时期，家庭面临的信贷约束影响了它们资助大学教育所需的资源。第二种解释强调了与较高家庭收入相关的更多长期因素。它注意到家庭收入与儿童的生命周期密切相关。在儿童青少年时期具有高收入的家庭更可能在儿童的整个家庭生活期间一直都拥有高收入。在儿童成长时期，更好的家庭资源与更高的教育质量在促进认知和非认知技能所需的环境之间有着紧密的关联性。

对证据的两种解释都与信贷约束的形式一致。第一种解释与短期信贷约束的概念显然是一致的。第二种解释和另一种类型的信贷约束一致：孩子无法决定家庭环境，以及形成学校教育成功需要的认知能力和非认知能力。这种解释将市场失灵作为一种信贷约束。[①]

本章认为，图 2.4 的第二个解释是更重要的一个定量理由。把青少年早期形成的能力作为对照，父母收入在解释教育差距中只起着次要作用。本章中来自美国的数据表明，最多只有 8%的美国青年受到高等教育的短期流动性限制的影响。因子女就读所造成的家庭收入差距绝大部分来自长期因素的影响，这类因素将使得学生通过就读大学获得重要能力。

在这一部分，我们首先总结了相关证据，用以反驳卡德（Card，1999；2001）及其他人所提出的具有影响力的证据。卡德声称，工具变量（IV）估计的学校教育（明瑟系数）的工资回报率的证据超过普通最小二乘法（OLS）估计，从而表明了短期信贷约束的重要性。我们讨论的是，为什么这个论证在解释教育程度差异或技能缺陷是否受到短期信贷约束这个问题上是无效的。

我们还考虑了文献中提出的以支持短期信贷约束的经验重要性的一些其他论证。

---

① 市场失效观点有点异想天开，因为孩子的偏好在某种程度上是受他们所属的家庭影响的。依据假设，不管孩子的家庭出身多么贫寒，他们也不会想要一个不同的家庭。

● 凯恩（Kane，1994）声称：贫困家庭对于高校扩招所带来的学费上涨更为敏感。穷人对较高学费的敏感性，即使在经验上是真实的，但也不能证明他们就会受此约束。凯恩的实证证据遭到了卡内罗和赫克曼（Carneiro，Heckman，1999；2001）的质疑。以能力作为条件，收入组对学费的反应是一致的。

● 卡内罗和赫克曼同样说明了调整长期家庭因素（能力或家庭背景）可用于消除学校教育中的族裔或种族差距。我们拓展了卡内罗和赫克曼的分析，通过以长期因素为条件，消除了大部分家庭在招生上的收入差距。

● 我们还研究了埃尔伍德和凯恩（Ellwood，Kane，2000）针对卡内罗和赫克曼的分析所得出的近期成果，他们声称会研究出大量信贷约束的证据。在大学入学的分析中，对长期因素的调整排除了与家庭收入相关的短期信贷约束的所有影响。

● 我们还审查了支持短期信贷约束的论点，即人力资本回报率高于实物资本回报率，并且来自低收入家庭的个人或能力低的个人的教育回报率更高。

本节的证据表明，对于由家庭收入导致的大学入学率差距的一阶解释是能力形成的长期家庭因素。短期收入约束确实在造成这些差距方面产生了作用，虽然这种差距并不大。可以设置一个干预的范围，以减轻这些短期的约束，但也不能期望通过消除这种限制的方式来减少图 2.4 中的招生差距。

家庭收入和就读大学　短期家庭信贷约束对图 2.4 所描绘的关系（即开始注意到人力资本与实物资本是不同的）是最似是而非的解释。随着奴隶制和契约奴役制度被废除，人力资本没有资产市场。人们不能将其获得未来劳动收入的权利出售给潜在贷款人，以确保其人力资本投资的融资。即使他们能，由于人们控制自己的劳动力供应、努力程度和工作质量，他们也将面临履行未来盈利合同的现实问题。借款人缺乏抵押品，以及无法监测贷款人的努力程度都是当前政府大规模干预教育经费的原因。

如果人们不得不依靠自己的资源来支付所有的学费，那么社会的受教育水平无疑将会下降。如果补贴不包括大学的全部费用，那么人们将不得不通过私人借贷筹资、在大学期间工作或放弃消费等方式来交付学费。这可能对选择大学的质量、选择教育的内容、决定何时进入大学，甚至决定何时从大学毕业等问题都造成影响。来自更高收入家庭的孩子有机会接触低收入家庭的孩子接触不到的资源，尽管来自更高收入家庭的孩子仍然是依靠有着良好意愿的父母来获得这些资源。有限的信贷市场意味着贫困家庭孩子的资金成本更高，并且这限制了他们读大学。① 这个观点显然解释了以下论点：在 20 世纪 70 年代末期或 20 世纪 80 年代早期才开始上升的教育溢价集中反映在家庭收入分配排名前 50%的家庭中。低收入白人和少数民族从 20 世纪 90 年代才开始对大学教育费用的上升做出回应。在家庭收入分配位列后 50%的家庭中，父母实际收入的减少，以及实际学费的增长显然造成了富人子女和穷人子女在大学入学率之间的差距越来越大。

对同样证据的另一种解释是，长期的家庭和环境因素在塑造儿童的能力和期望方面起着决定性的作用。具有更高资源水平的家庭会培养出在学校表现更好的更高质量的儿童，并更好地利用新的技能市场。

父母具有更高收入的家庭的孩子有条件就读更高教学质量的小学和中学。孩子对教育的品位和他们对生活的期待是由他们的父母塑造的。受过教育的父母能够更好地通过协助和指导孩子的学习来发展他们的学术能力。我们已经知道，认知能力会在人生中相对较早地形成，并且随着儿童年龄的增长变得不具有延展性。在 8 岁时，设置智商（IQ）测试来衡量智力似乎非常恰当［参见赫克曼（Heckman，1995）］。非认知能力直到青少年末期才更有延展性［参见赫克曼（Heckman，2000）］。从孩子出生到青春期，家庭因素就一直对其能力培养和准备上大学产生着重要影响。到其完成高中学业并且学习能力已经成型的时候，通过提高认知和非认知技能来提升大学就读率这一学费政策的适用面将大大缩小。

家庭和环境的作用不一定能够排除短期信贷约束，这一说法部分地诠释了图 2.4 所示的模型。然而，如果贫穷但又进取的家庭因其收入水平所限无法为其子女提供高质量的中小学教育，并且在大学准备方面不足，则政府旨在通过减少短期信贷约束来减少那些孩子在上大学期间的费用，将不太可能有效地弥补图 2.4 中的差距。在这样的环境下，从长远来看，改善形成能力环境的政策可能在增加大学入学率方面更加有效。这个问题可以凭经验来解决。令人惊讶的是，直到最近才有几个关于这一话题的经验性解释。

---

① 有时教育对学费补贴的证据被错误地解释为账目限制的证据。购买教育与购买其他商品遵循相同的原则：价格越低，人们购买的可能性越大。丹纳斯基（Dynarski，2000）通过长期研究提出了学费对大学录取的影响力度的最新证据。此外，毫无疑问，其中有教育的消费组成。收入较高的家庭可能为孩子购买更多教育，也可能购买更高质量的教育。这能解释图 2.4 中展示的关系。

下面的实验抓住了区别产生的本质原因。假设家庭参与彩票活动，初始条件调整为有相同的期望值（在孩子刚出生）却有不同的兑现日期。假定信用市场是不完善的，至少一部分是不完善的，所以彩票兑现的时间会产生重大影响。把在孩子青春期赢得彩票的家庭与在孩子的早期成长年份中赢得彩票的家庭进行比较，结果表明，赢得彩票晚的家庭的孩子将缺乏赢得彩票早的家庭的孩子在早年获得投资的所有好处。来自赢得彩票晚的家庭的孩子有可能比来自赢得彩票早的家庭的孩子在认知能力和非认知能力上显现出更低水平。虽然我们拥有的数据都不像由这个假设实验产生的数据这样清晰，但总的来说，它们都具有普遍的预测趋势。

在本节中，我们批判性地检查文献中的证据，并提出了我们自己的新论据。其中既包括短期信贷约束的证据，又包括长期信贷约束的证据。长期家庭影响因素同时会影响学校教育的认知能力和非认知能力。孩子们在这些技能水平上的差距往往出现得很早，并在学校学习期间进一步扩大。以长期因素消除为条件，并排除一小部分年轻人，就其他所有人而言，在青少年时期大部分家庭收入对大学入学决策都会产生影响。针对其他大学入学率的特点，我们得到了相似的结论：延迟入学、最终毕业、完成学业的时间和大学受教育的质量。对于其中的一些特点，调整长期因素可以消除或过度调整家庭收入差距。最多只有8%的美国年轻人会受到短期信贷约束的影响。信贷约束只会对一小部分目标人群的青少年后期发挥作用。

在谈到主要的证据之前，我们简要地回顾和批判了工具变量和普通最小二乘法对教育回报率的估计如何为信贷约束的重要性提供佐证。

普通最小二乘法、工具变量和受信贷约束的学校教育的证据 大量的文献致力于估计在许多应用中教育的因果效应，工具变量估计的回报率超过了普通最小二乘法估计的回报率［参见格里利谢斯（Griliches，1977）；卡德（Card，1999；2001）］。研究人员采用了义务教育法，把最近大学的距离和学费作为运算工具来估计学校教育的回报率。

工具变量有时可以用来解释某种学校教育的回报。在此估计中，可以通过运算工具的选择来改变受教育者的地位。研究发现，获得更高教育回报率的人同时也面临着更高的就学边际成本，从而会受到信贷约束。这个观点在最近的教育经济学调研中变得非常大众化［参见凯恩（Kane，2001）；德朗、戈尔丁和卡茨（DeLong，Goldin，Katz，2003）］。

关于信贷约束存在的相关证据并不可信，对此需要说明三点原因。第一点，本文中使用的工具的有效性是有问题的［参见卡内罗和赫克曼（Carneiro，Heckman，2002）］。这些工具系统性地高估了教育回报率。

第二点，即使赋予了工具有效性，工具变量和普通最小二乘法提供的证据与在劳动力市场上甚至在没有信贷约束情况下所采取的模型是一致的，而后者是通过自我选择或优势比较等经验完善的［参见卡内罗、赫克曼和维特拉西尔（Carneiro，Heckman，Vytlacil，2003）；卡内罗、赫克曼（Carneiro，Heckman，2002）］。第三点，这个观点忽略了边际平等。信贷约束的一个表现就是教育质量较低。在信贷约束下，学生会就读两年制学校而不是四年制学校，或者就读达到上学年龄就可以上的那些更低教育质量的学校。这些都会导致那些可以上大学但又受到信贷约束的人面临一条更低的明瑟曲线。卡内罗和赫克曼（Carneiro，Heckman，2002）进一步阐述了这些论点。

关于这篇文献的另一个批评意见是：一般来说，工具变量没有确定在受到信贷约束的人中，谁将会是未来有价值的教育政策干预目标，使用如下方法，我们可以直接确定一组没有上大学但能力强的人，并且我们可以对他们实施目标干预政策。

通过能力或其他长期家庭因素来调整家庭收入差距　在图 2.4 提供的相关证据中，一种以长期因素为条件的方法可以更直接地测试出，与短期信贷约束相比长期因素的相对重要性，并检查短期信贷约束是否有任何额外的影响。以观察到的变量为条件也可以识别出有可能受到限制或者有可能成为目标政策受益者的特定人群。

卡梅伦和赫克曼（Cameron，Heckman，1998；1999；2001）以学术能力为控制变量（如武装部队资格考试所测量的那样），比较了家庭背景和家庭收入对大学入学率的影响。学习能力的测量受长期家庭因素和环境因素的影响，而这些因素又受家庭长期收入的影响。在某种程度上，如果某项大学入学分析包括对学生学术能力的研究，则该项分析往往会减弱家庭收入对大学入学率的影响。人们可以得出结论，能够成为学校教育成就驱动力的是在武装部队资格考试分数中确定的长期家庭因素，而不是短期信贷约束。在教育的生命周期模型的拟合中，使用在高中毕业之前测量的武装部队资格考试的全国青年数据调查（NLSY）的子样本是卡梅伦和赫克曼的研究内容之一。部分少数族裔和白人青少年有着不同的在校表现，产生这些差距的原因主要包括家庭收入、学费、家庭背景。[①] 他们发现，如果对测试人群早期能力不做任何限定，则家庭收入大概会造成 11%的一半（约 5%）的黑人和白人大学入学率的差

① 关于全国青年数据调查的描述，参见美国劳工统计局（BLS，2001）。

距，也会造成西班牙裔和白人之间超过7%的半数（约4%）的大学入学率的差距。当考虑到测试人群的学习能力时，家庭收入对大学入学率的影响只有0.5%。事实上，当家庭收入被归入经验模型后，西班牙裔和白人之间的大学入学率差距会更大。在统计少数族裔与其他族裔在大学入学率上的差距时，更多地要考虑测试对象的均衡能力。当卡梅伦和赫克曼调整了测试人群的父母教育和家庭结构后，他们获得了具有可比性的结果。① 当能力测试被包括在内时，大学学费的影响就大大减弱了。在任何一个包括能力测试在内的大学入学率分析中，学费对于学生上大学的消极影响都显著地被减弱了。这表明，长期因素对大学入学率具有决定性作用，并非短期的外在限制因素。

有些时候，对于某些受条件限制的人群（如低收入人群）来说，能否入学更大程度上取决于学费的高低［参见凯恩（Kane，1994），埃尔伍德和凯恩（Ellwood，Kane，2000）］。但这个结论并没有经过严谨的研究论证。② 在表2.1中，卡梅伦和赫克曼（Cameron，Heckman，1999）从理论上清晰地解决了这个问题。它展示了经武装部队资格考试调整前后的孩子在青少年时期家庭收入对其入学影响的可能性（分别见表格的B部分和C部分）。③ 即使没有对武装部队资格考试进行调整，也没有一个固定模式可以用来预估家庭收入水平对大学入学率的影响。当作者对学习能力进行限定后，学费对大学入学率的影响变得更为弱化（以绝对值表示），

---

① 卡梅伦和赫克曼决定对青少年中期的能力进行早期测量，这个年龄段不会受到学校考试分数反馈的影响。这在汉森、赫克曼和马伦（Hansen，Heckman，Mullen，2003）的研究中有记录。

② 马利根（Mulligan，1997）表明，在贝克尔-托姆斯（Becker-Tomes）模型的背景下，对于不受约束的人来说，人力资本积累的学费弹性更大（绝对价值）。他的证明很容易被推广到更普遍的偏好中（结果可联系作者获得）。我们提出了一个不同的论证：通过离散选择中的标准论证，凯恩的观点严格来说不能成立。令$S=1$，$I(t, X)\geqslant\varepsilon$，其中，$I$是大学净收益的指数，$t$是学费，$(\partial I/\partial t)<0$，$X$是包括收入在内的其他变量，且$\varepsilon$是不可观察的心理成本部分。假设$\varepsilon$独立于$t$和$X$，

$$Pr(S=1\mid t,X)=\int_{-\infty}^{I(t,X)}f(\varepsilon)\mathrm{d}\varepsilon$$

其中，$f(\varepsilon)$是心理成本的密度。那么，

$$\frac{\partial Pr(S=1\mid t,X)}{\partial t}=\frac{\partial I(t,X)}{\partial t}f[I(t,X)]$$

对于收入较低的受约束的人来说，$I(t, x)$很小，根据ε的密度，$I(t, x)$的位置支持这个密度，并且对于$\partial I(t, X)/\partial t$的值，受约束的人可能会有比不受约束的人更大或更小的对学费的反应。因此，如果ε是正常的，那么对于受约束的人来说，$I(t, x)\rightarrow-\infty$；如果导数是有界的，那么受约束的人对学费的反应为零。

③ 标准误差在卡梅伦和赫克曼的论文中没有呈现，但在等式假设的测试统计中呈现了。

同时也没有显现出家庭收入的任何影响。即使在理论上，低收入群体的入学情况更取决于学费的论点是正确的，也没有证据来支持这一观点。

表 2.1 我们通过家庭收入四分位数和武装部队资格考试四分位数的分析，来确定 1 000 美元的总学费（两年制和四年制）增幅对完成高中学业者上大学可能性的影响

	白人（1）	黑人（2）	西班牙裔（3）
A. 整体的总学费影响			
（1）除了模型里的学费无其他解释变量	−0.17	−0.10	−0.10
（2）基线标准	−0.06	−0.04	−0.06
（3）把武装部队资格考试加在第（2）行的标准上	−0.05	−0.03	−0.06
B. 用家庭收入四分位数计算［第（2）行的标准］			
（4）第一四分位数	−0.04	−0.01	−0.04
（5）第二四分位数	−0.06	−0.03	−0.05
（6）第三四分位数	−0.07	−0.07	−0.08
（7）第四四分位数	−0.06	−0.05	−0.08
（8）通过四分位数对共同影响的联合检验（p 值）	0.49	0.23	0.66
C. 用家庭收入四分位数计算［第（3）行的标准］			
（9）第一四分位数	−0.02	−0.02	−0.02
（10）第二四分位数	−0.06	0.00	−0.05
（11）第三四分位数	−0.07	−0.05	−0.09
（12）第四四分位数	−0.04	−0.04	−0.07
（13）通过四分位数对共同影响的联合检验（p 值）	0.34	0.45	0.49
D. 通过武装部队资格考试四分位数计算［第（3）行的标准加上学费与武装部队资格考试的交互项］			
（14）第一四分位数	−0.03	−0.02	−0.03
（15）第二四分位数	−0.06	−0.01	−0.05
（16）第三四分位数	−0.06	−0.03	−0.07
（17）第四四分位数	−0.05	−0.03	−0.05
（18）通过四分位数对共同影响的联合检验（p 值）	0.60	0.84	0.68

资料来源：卡梅伦和赫克曼（Cameron，Heckman，1999）。

注：总学费是名义上的大学学费标价，不包括奖学金和助学贷款。这些模拟分析同时假设，针对高中毕业生，其两年制和四年制的大学学费都增长了 1 000 美元。第（2）行和第（4）行～第（7）行设置了一系列基线范围，其中包括对测试人群的家庭背景、家庭收入、当地劳动力市场平均工资及当地大学学费等因素的控制，也包括对年龄为 14 岁的城市居民和南方居民、学费与家庭收入的相互影响程度、预计佩尔（Pell）财政拨款奖励的资格，以及表明两年制大学和四年制大学相似性的虚拟变量的控制。D 部分在原有基线范围的基础上加入了武装部队资格考试以及武装部队资格考试与学费的交互关系。

埃尔伍德和凯恩（Ellwood，Kane，2000）接受了卡梅伦和赫克曼的主要观点，即学习能力是大学入学的一个主要影响因素。同时他们认为，家庭收入不像学习能力那样具有影响力，它只是一个额外的限制因素，却比学习能力更加容易被纳入政策分析中。图 2.7 和图 2.8 是我们通过使用埃尔伍德和凯恩在 1979 年的全国青年数据调查数据所得出的一些结论。通过将人们的能力进行清晰排序，我们可以看到，能力强的群体选择读大学的可能性比能力弱的群体更高。通过将白人男性的测试分数进行四分位数分类，我们可以用家庭收入这个因素更进一步地展示大学录取率。高能力群体和其他能力群体都有一个非常清楚的规律。来自家庭收入较高的群体更加倾向于选择就读大学。这个规律同样出现在其他数据组中，甚至在低能力群体中也适用。

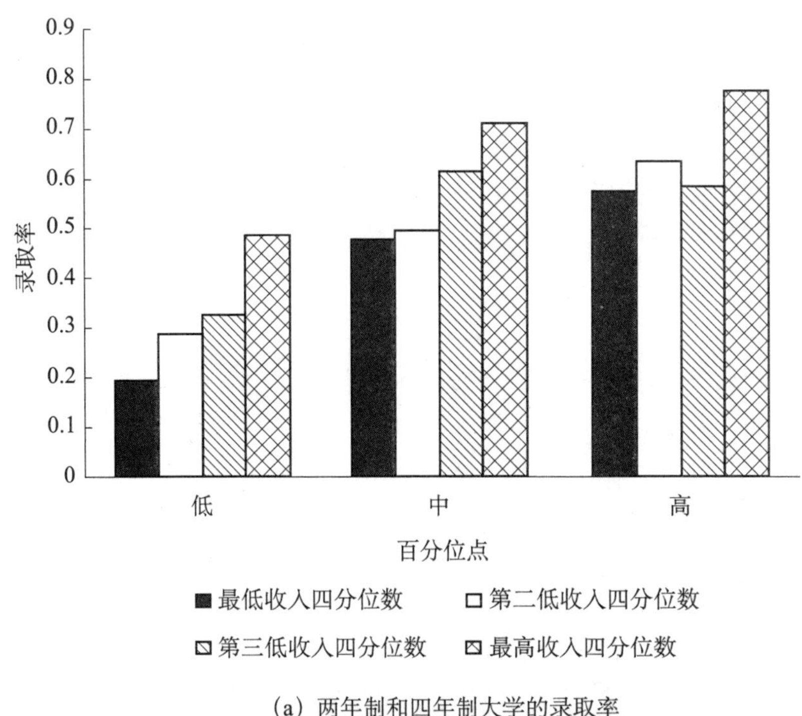

(a) 两年制和四年制大学的录取率

图 2.7　通过家庭收入四分位数和按年龄调整的武装部队资格考试百分位点的录取率、未延期率、毕业率，样本为 NLSY79*，白人男性

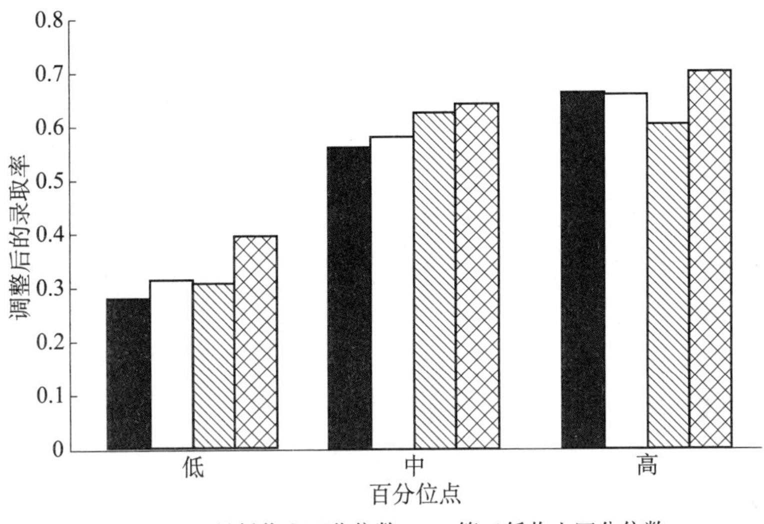

（b）调整后的两年制和四年制大学的录取率

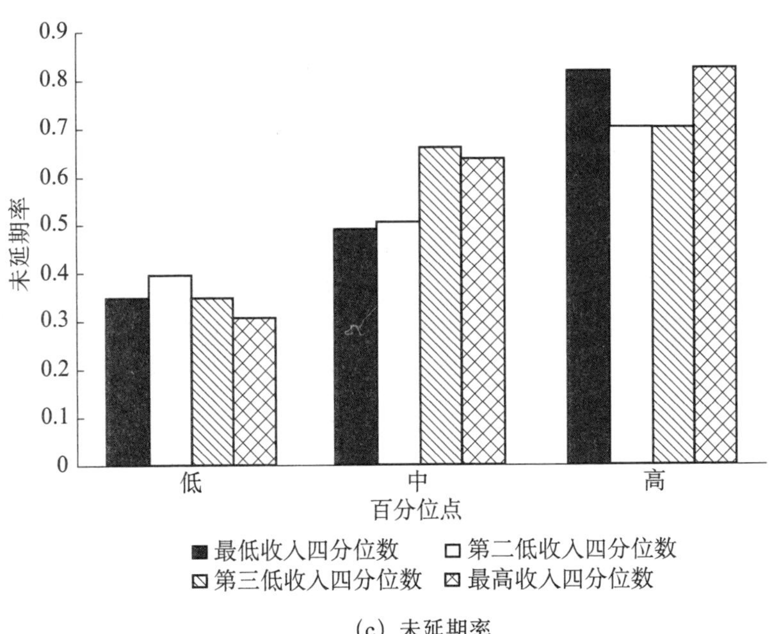

（c）未延期率

图 2.7　通过家庭收入四分位数和按年龄调整的武装部队资格考试百分位点的录取率、未延期率、毕业率，样本为 NLSY79，白人男性（续图）

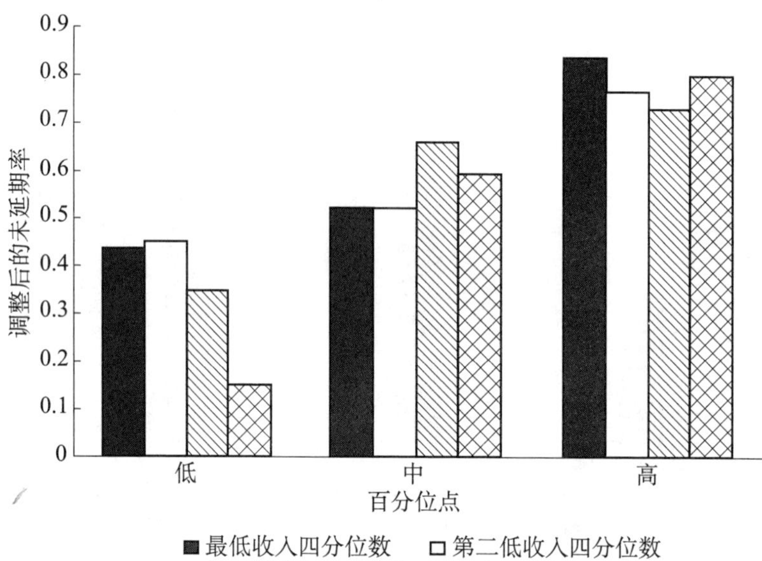

(d) 调整后的未延期率

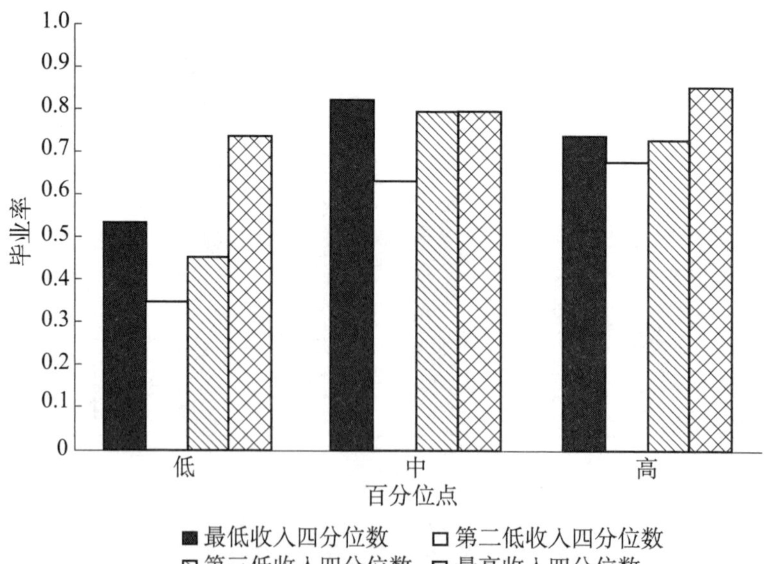

(e) 四年制大学毕业率

图 2.7　通过家庭收入四分位数和按年龄调整的武装部队资格考试百分位点的录取率、未延期率、毕业率，样本为 NLSY79，白人男性（续图）

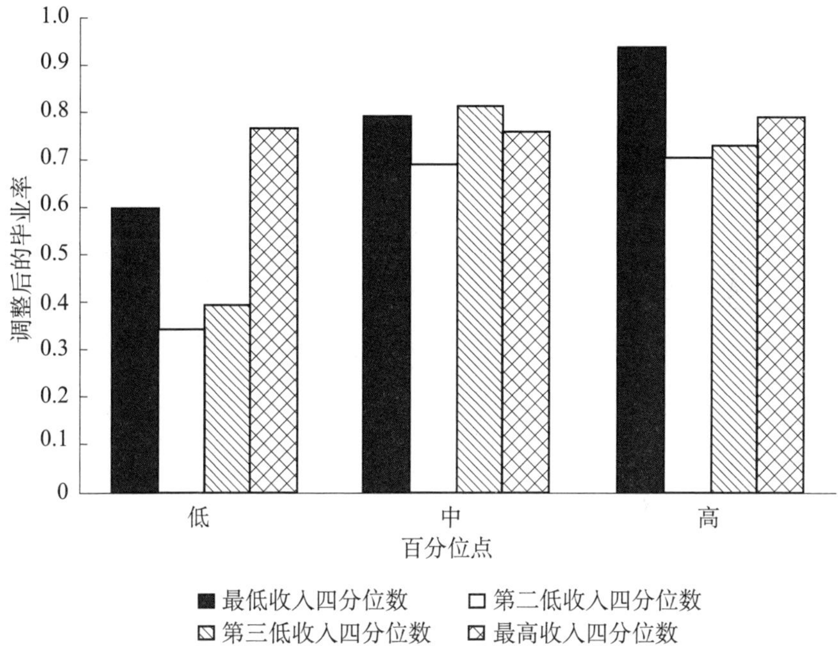

(f) 调整后的四年制大学毕业率

图 2.7 通过家庭收入四分位数和按年龄调整的武装部队资格考试百分位点的录取率、未延期率、毕业率，样本为 NLSY79，白人男性（续图）

注：为了制作这些图，我们实施了以下几个步骤。(1) 在每一个武装部队资格考试百分位点，我们回归分析了大学录取率和毕业率的百分数，基于家庭背景的未延期率：$y=a+\mathbf{F}\gamma+Q_1\beta_1+Q_2\beta_2+Q_3\beta_3$，这里的 y 可以是大学录取率、大学毕业率，或者未延期率，$\mathbf{F}$ 是家庭背景变量的矢量（包括 14 岁的南方居民、14 岁的家庭破裂者、14 岁的城市居民、父母的受教育程度），Q_1 是测试对象在 17 岁时家庭收入分配在第一四分位数的虚拟变量，Q_2 处于第二四分位数，Q_3 处于第三四分位数。(2) 在每一个武装部队资格考试百分位点内，第一个柱子的高度由 $a+\bar{\mathbf{F}}\gamma+\beta_1$ 给出，第二个柱子的高度由 $a+\bar{\mathbf{F}}\gamma+\beta_2$ 给出的，第三个柱子的高度由 $a+\bar{\mathbf{F}}\gamma+\beta_3$ 给出，第四个柱子的高度由 $a+\bar{\mathbf{F}}\gamma$ 给出（其中，$\bar{\mathbf{F}}$ 是变量 $\mathbf{F}$ 的平均值的矢量）。在附录表 2B. 2 中给出了回归系数。我们修正了教育对武装部队资格考试的影响。

* NLSY 为全国青年数据调查，NLSY79 为该调查的子样本。——译者注

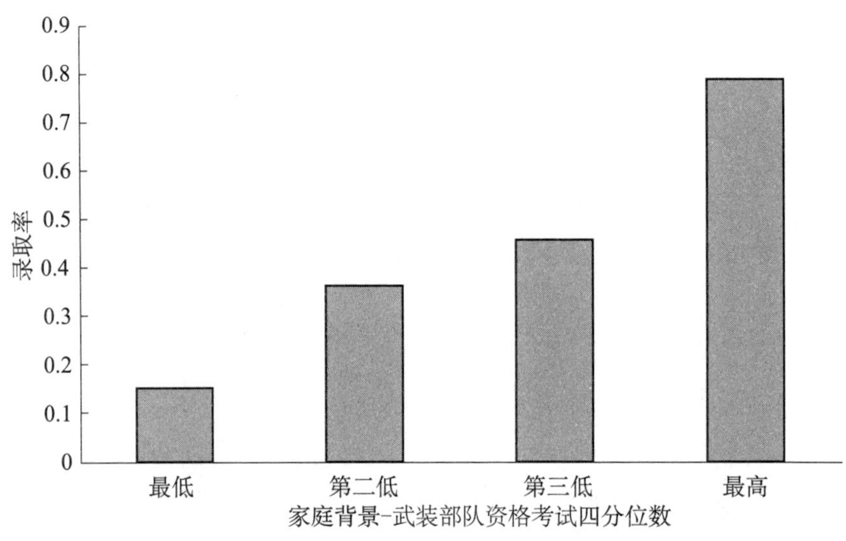

(a) 两年制和四年制大学的录取率

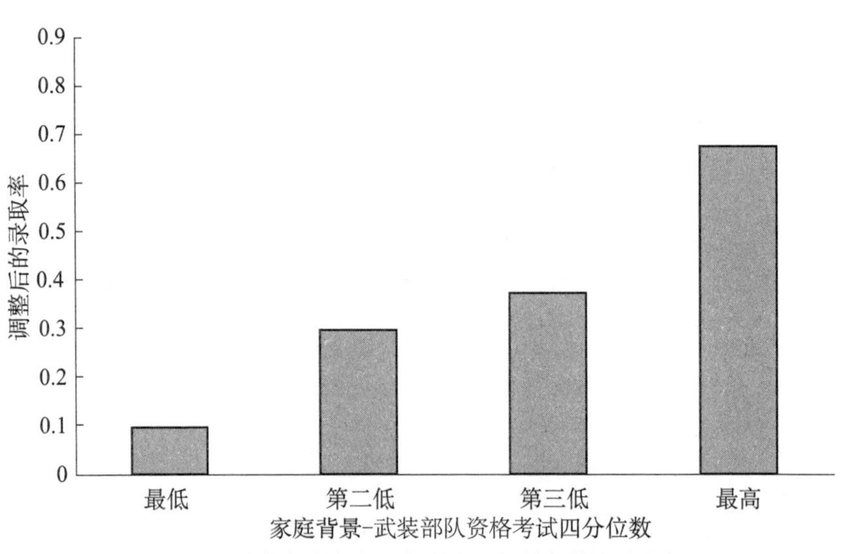

(b) 调整后的两年制和四年制大学的录取率

图 2.8　通过家庭收入四分位数和按年龄调整的武装部队资格考试百分位点的录取率、毕业率、未延期率，样本为 NLSY79，白人男性

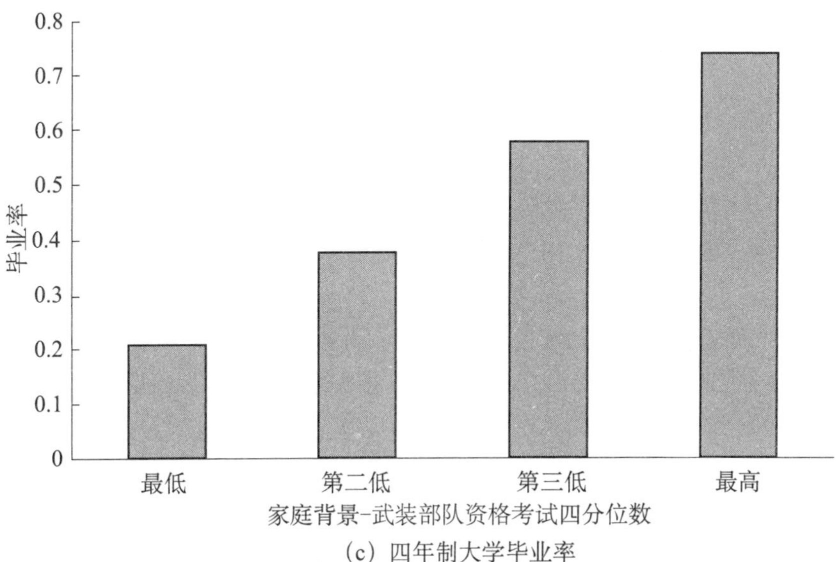

(c) 四年制大学毕业率

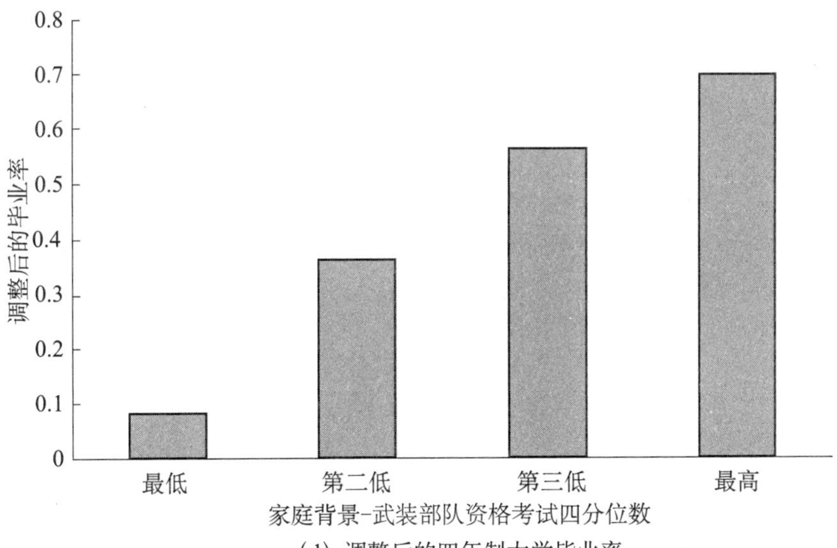

(d) 调整后的四年制大学毕业率

图 2.8 通过家庭收入四分位数和按年龄调整的武装部队资格考试百分位点的录取率、毕业率、未延期率，样本为 NLSY79，白人男性（续图）

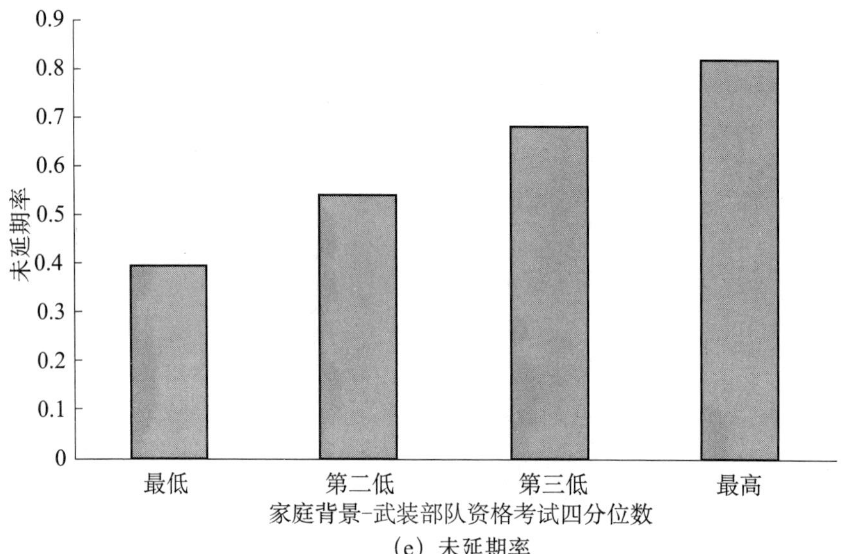

(e) 未延期率

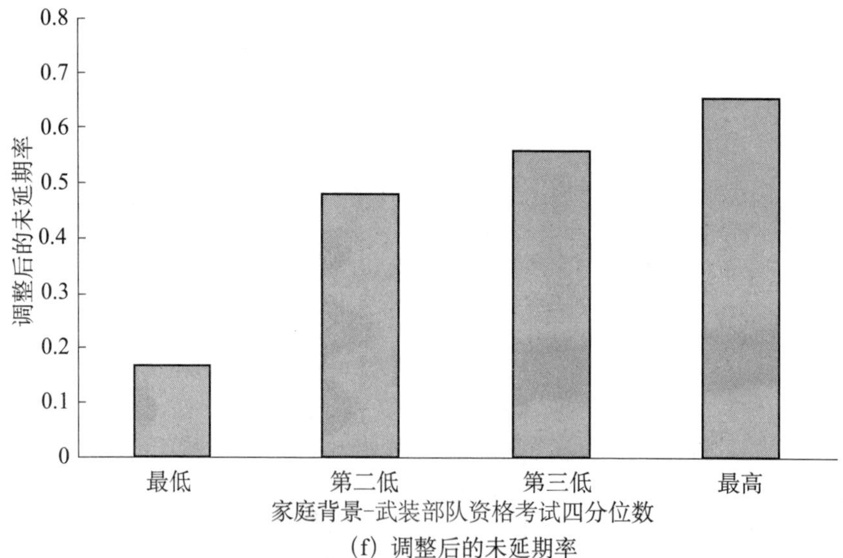

(f) 调整后的未延期率

图 2.8 通过家庭收入四分位数和按年龄调整的武装部队资格考试百分位点的录取率、毕业率、未延期率，样本为 NLSY79，白人男性（续图）

注：我们修正了教育的测试日期对武装部队资格考试的影响。家庭背景-武装部队资格考试四分位数是基于 14 岁的南方居民、14 岁的家庭破裂者、14 岁的城市居民、父母受教育程度等因素的线性组合。对于剩余部分，我们假设为测试对象 17 岁时的家庭收入水平。有关变量的线性组合系数可在附录表 2B.3 中看到。

从图 2.7 中我们可以发现，家庭收入因素对大学录取率的影响虽然是次要的，但在进行定量统计时仍起着重要的作用。这并不意味着短期信贷约束等因素在大学期间仍会发挥作用。青少年时期的家庭收入在很大程度上与生命周期其他阶段的家庭收入相关联。除此之外，长期而稳定的家庭资源更容易培育出很多技能，而这些技能往往仅凭单项测试分数无法完全体现出来。

当我们控制了早期家庭背景因素（父母的受教育程度、家庭结构、居住地点）时，家庭收入和学校入学之间的关联性会被极大地弱化。表 2.2 中的 A 部分和 B 部分展示了这个图里第一列中用来测量大学录取率的五个因素在经调整后得到的一个整体差距。对于每一项指标的测量，我们都会在每一个武装部队资格考试四分位数和收入四分位数里调整被列入表注中的家庭背景因素的原始比率。剩余三个测量变量的比率也经过了调整，之后呈现在图 2.7（b）、图 2.7（d）、图 2.7（f）里，分别与图 2.7（a）、图 2.7（c）、图 2.7（e）相对应。在大学录取率、大学毕业率、大学未延期率等经过调整后会得到一个平均差，表 2.2 里的估算结果对这个平均差进行了加权，以使每个收入四分位数与最高收入四分位数的比值包含在由每个能力百分位点与三个能力百分位点之和的比值内。[①] 这个加权同样用在了每个单元的人口比例中。大学录取率因受收入这类长期控制因素的影响会出现偏差，而上述每个表中所显示的数字均是对这些偏差的度量，同时也是对短期信贷约束因素的重要性的评估。如果我们仔细观察大学录取情况，则会发现，正如大多数文献所记录的那样，通过这种分类，只有 5.15%的白人男性可以被界定在最高收入群体中。图 2.7（b）描绘了经过调整后的家庭收入差距，而这一结果是通过对表 2.2 的 A 部分中有关大学录取要考查的三种能力的百分位点进行回归分析后得到的。表 2.2 的 B 部分报告了仅在统计学上才有意义的差距结果。[②] 这些结果通常会比实际情况更小一些。

大多数文献中的分析都侧重于大学录取率的高低，而较少关注其他方面，比如学业完成度、学院质量、延期入学等情况。[③] 在某种程度上，强调大学录取率源于对当前人口调查数据的依赖，而这些数据更适

① 参见表格底部的注释，以获得构建方法的完整描述。

② 这些表是使用附录表 2B.1 中的回归系数构建的。表 2.2 的注释对回归进行了详细描述。

③ 基恩和沃尔平（Keane，Wolpin，2001）研究了上学期间同时工作的情况。凯恩（Kane，1996）研究了延迟入学的情况。

表 2.2　调整后的大学录取率的差距

	白人男性	白人女性	黑人男性	黑人女性	西班牙裔男性	西班牙裔女性	全部
A. 贷款受限的人口比例							
录取	0.051 5	0.044 9	−0.004 7	0.054 3	0.043 3	−0.078 9	0.041 9
完成四年制大学	−0.062 1	0.057 9	−0.061 2	−0.010 6	0.091 0	0.090 8	−0.043 8
完成两年制大学	0.090 1	0.043 6	−0.068 4	−0.051 4	0.228 5	0.068 0	0.077 4
未延期的人口比例	0.087 2	−0.019 7	−0.112 5	−0.112 8	0.125 3	−0.005 3	0.059 4
四年制大学的录取与两年制大学的录取相比	0.064 6	0.049 1	0.108 8	0.002 4	0.122 9	−0.091 5	0.058 7
B. 贷款受限的人口比例：仅统计学上的显著差距							
录取	0	0.009 5	0	0.016 4	0.027 8	−0.013 9	0.001 8
完成四年制大学	−0.054 5	0.008 9	−0.059 6	0	0	0	0.046 1
完成两年制大学	0	0	0	0	0	0.040 9	0.002 0
未延期的人口比例	0.071 4	−0.031 8	−0.019 0	0.045 9	0.048 7	0	0.053 8
四年制大学的录取与两年制大学的录取相比	0.053 0	0	0	0	0	−0.045 1	0.039 1
C. 由于家庭因素受限的人口比例							
录取	0.312 3	0.328 0	0.265 8	0.242 0	0.321 0	0.292 3	0.262 3
完成四年制大学	0.272 3	0.233 8	0.143 5	0.073 8	0.495 0	0.020 5	0.195 8
完成两年制大学	−0.171 8	−0.035 0	−0.076 3	−0.056 5	−0.194 5	0.216 8	−0.078 5
未延期的人口比例	0.196 5	0.189 8	0.191 0	0.046 0	0.195 0	0.136 0	0.113 5
四年制大学的录取与两年制大学的录取相比	0.056 8	0.242 3	0.164 3	0.114 3	0.153 3	0.073 8	0.115 5

续表

	白人男性	白人女性	黑人男性	黑人女性	西班牙裔男性	西班牙裔女性	全部
D. 由于家庭因素受限的人口比例：仅统计学上的显著差距							
录取	0.312 3	0.328 0	0.237 8	0.242 0	0.321 0	0.292 3	0.262 3
完成四年制大学	0.272 3	0.233 8	0.096 0	0	0.495 0	0	0.195 8
完成两年制大学	−0.140 8	0	0	0	0	0.167 8	−0.073 0
未延期的人口比例	0.171 8	0.132 8	0.140 3	0	0.156 0	0	0.113 5
四年制大学的录取与两年制大学的录取相比	0.033 3	0.242 3	0.135 0	0.084 8	0.122 5	0	0.115 5

注：我们可以用以下方法来测量贷款受限因素。在每个武装部队资格考试四分位数内，我们利用测试对象 17 岁时的家庭收入分配和家庭背景指数（包括 14 岁的南方居民、14 岁的家庭破裂者、14 岁的城市居民、父母的受教育程度）对大学录取率、大学毕业率、大学未延期率的四分位数进行回归：$y=a+\mathbf{F}\gamma+Q_1\beta_1+Q_2\beta_2+Q_3\beta_3$，其中，$y$ 表示大学录取率、大学毕业率、大学未延期率，$\mathbf{F}$ 是家庭背景指数的矢量，Q_1 是家庭收入分配因素的第一四分位数的虚拟变量，相应地，Q_2 处于第二四分位数，Q_3 处于第三四分位数。在每个武装部队资格考试四分位数内，可以用 β_1、β_2、β_3 表示受家庭收入因素限制的每个四分位数内的人口比例。这些数据代表了家庭收入的每个四分位数和第一四分位数之间的平均录取差距。为得到表里的数字，我们用大学录取率、大学毕业率、大学未延期率的差距乘以与最高四分位数相关的四分位数，而后者是从武装部队资格考试百分位点-家庭收入四分位数的人口比例得来的。在每个武装部队资格考试百分位点上，我们加上家庭收入的三个第一四分位数，然后加上这三个武装部队资格考试的三个四分位数，得到贷款受限的人口比例。当估算家庭因素的限制影响时，我们采用家庭背景指数，这个指数是 14 岁的南方居民、14 岁的家庭破裂者、14 岁的城市居民、父母的受教育程度、武装部队资格考试等因素的线性组合。这个线性组合的系数是通过大学录取率、大学毕业率、大学未延期率变量的线性回归构成的。然后，我们构造这个指数的四分位数。家庭限制因素用以下几种方法测量。我们回归大学录取率和大学毕业率的百分数，基于家庭背景和家庭收入的未延期入学的百分数：$y=a+Q_1\gamma_1+Q_2\gamma_2+Q_3\gamma_3+Inc17\beta$，其中，$y$ 是大学录取率、大学毕业率、大学未延期率，Q_1 是家庭背景指数的第一四分位数的虚拟变量，相应地，Q_2 位于第二四分位数，Q3 位于第三四分位数，$Inc17$ 指测试对象在 17 岁时的家庭收入。可以通过 y_1、y_2 和 y_3 来测量每个测试对象家庭背景指数的四分位数。从而得到家庭背景指数的每个四分位数和第一四分位数之间在平均大学录取率、大学毕业率、大学未延期率上的差距。为了取得表里的数据，我们通过四分位数里面的人口百分数，用大学录取率、大学毕业率、大学未延期率测得的差距乘以与每个四分位数相关的最高四分位数，然后加上三个最低四分位数，以获得在一定人口中受到家庭限制性因素的人口数量。这些表示白人男性的回归系数列在附录表 2B.1（未调整的差距）和表 2B.2（已调整的差距）中。其他人群的回归系数可以从作者处获得。

用于研究大学录取率与家庭收入之间的关系，而不适用于研究学业完成度与家庭收入之间的关系。

通过使用 NLSY79 的数据，我们来看一下对其他四个大学参与相关指标的测量。表 2.2 中其他内容所报告的是对贷款受限的人口比例的预估。针对这部分人群，当我们同样做一次四年制大学毕业率的分析时，我们就会发现，预测的结果并没有体现出白人男性受贷款因素限制的相关证据，事实上，反而展示出因过度调整而造成的大学录取上的差距。为了分析四年制大学毕业率，图 2.7（c）和图 2.7（d）分别显示出原始数据以及经调整后数据的差距；为了分析延迟入学情况，图 2.7（e）和图 2.7（f）分别显示出原始数据以及经调整后数据之间的差距。[①] 没有直接证据表明这些测量结果受到了短期信贷约束等因素的影响。有证据表明，在两年制大学毕业率上，“隐性贫穷”群体会受到短期信贷约束，“显性贫穷”群体则不会。表里的部分数据无法提供强有力的支持，以证明学生推迟入学或徘徊于两年制大学和四年制大学之间是受到了短期贷款因素的限制，而这往往成为衡量一个学校质量高低的有效方法。通过对经筛选的大学录取率的测量，白人男性受限比例范围为0～9%。从统计角度看，将无关紧要的差距设为 0，我们可以获得一个更小的值的范围（0～7%）。对于其他群体来说，我们可得到一些具有可比性的结果。

总的来说，四年制大学毕业率的预估的限制比例为 0～8%。西班牙裔男性的短期信贷约束因素成为最有力的证据。许多西班牙裔作为一个非法行为群体，其行为受到限制，因为法律不允许他们与合法居民一样有相同的受教育资格。黑人男性呈现出受信贷约束的最弱证据。许多测量结果表明，短期信贷约束对这个群体的有效限制为零。少量证据表明，短期信贷约束可以较有效地解释黑人男性与其他群体在大学录取率上的差距。

在下面的情况中，我们的分析可能存在某些错误。我们通过设定某些长期家庭因素而得到的许多变量也会预测到青少年时期的家庭收入，所以，之前的分析可能把那些仅存在于青少年时期的家庭收入设计成“长期家庭因素”。作为对这个问题的回应，我们应该重点关注的是，把青少年时期的家庭收入看作长期因素进行假设是不恰当的。在家庭收入中，当这些变量受到控制时，将仍有独立变量存在。

---

① 图 2.7（c）至图 2.7（f）是用附录表 2B.2 中的回归系数构建的。

我们提供两组额外的证明来支持表 2.2 中 A 部分和 B 部分的观点。首先，在 C 部分和 D 部分中，我们将青少年时期家庭收入与家庭背景的角色交换了。我们构建了家庭背景变量，这个变量之前在表 2.2 中（也可见附录 2B.4）已经详细解释过了，并且，我们以这个变量的四分位数为基础，对群体进行分类。这个变量包括孩子的能力、父母的受教育程度以及家庭所处地理位置等。所以，它非常适于预测各类大学的录取决策。当我们更加受制于青少年时期家庭收入这个变量的影响时（表 2.2 的 C 部分），家庭背景因素的长期影响仍然非常强劲。即便我们只是展示统计学上显著的预测结果（表 2.2 的 D 部分），情况依旧如此。① 图 2.8 生动地展示了上述分析结果。由家庭地位引起的差距不会一直被青少年时期家庭收入的调整所影响。

表 2.3 进一步表明了短期信贷约束因素对大学录取率的影响并不大。该表分别就家庭人均长期收入和各个生命周期阶段家庭人均收入流（暂时收入）这两种条件下孩子入读大学的情况进行了预测。长期收入作为一个家庭的贴现收入流而存在，并贯穿于孩子的整个家庭存留时期（年龄为 0 至 18 岁）。②

从这个表格我们可以清楚地看到两大特点：(a) 长期收入对大学录取率影响颇大；(b) 设定长期收入后，短期收入流的影响变得较小。早期收入和晚期收入都具有积极影响但很微弱，这一点在进行统计分析的时候是非常重要的［见第（4）列］，如果一定要说有什么区别，那就是晚期收入对大学录取会产生轻微的消极影响。表 2.3 里的数据表明短期收入限制因素并不具有约束力。③

通过法律的形式来提升那些明显受限的群体的教育经费的做法将会

① 这些表是使用附录表 2B.2 中的回归系数构建的。

② 我们获得了是否要使用人均收入测算的经验模式。

③ 表 2.3 中的证据显然与邓肯和布鲁克斯·冈恩（Duncan，Brooks-Gunn，1997，表 18.3）的证据背道而驰，表明家庭收入对儿童完成学业的影响在其年龄较小时更大。邓肯和布鲁克斯·冈恩没有控制家庭总收入（永久收入），因此他们的证据与我们的证据并不矛盾。永久收入公式为

$$P=\frac{1}{19}\sum_{t=0}^{18}[1/(1+r)^t]\gamma_t$$

在一个只有永久收入起作用的模型中（$S=\gamma_0+\gamma_1 P$），作为一个独立回归，早期收入系数必定比后期收入系数大，除非 $r=0$。控制永久收入 P（邓肯和布鲁克斯·冈恩没有实施）后，如果永久收入模型正确，那么在任何年龄都不应该有收入的影响。这是我们的发现。

当我们从表 2.3 的回归中排除永久收入时，我们发现了平均收入对 0 至 5 岁儿童的强影响以及 16 岁至 18 岁青少年的弱影响。这些结果可联系作者获取。

增加这部分群体的人均收入，并可能会对目标成本-效益标准进行合理的调整。由推迟入学而带来的潜在经济损失在未来可能会产生深远的影响。如果我们假设 V 代表入学的经济价值，开学时已经被推迟了一年，则可以得出，推迟入学一年造成的经济损失为 $rV/(1+r)$，其中，r 表示利率。当 $r=0.10$ 时，仍处于文献提出的预估范围之内，可以由此推算出推迟入学的损失为终身教育价值的 9%（大约为 20 000 美元）。这个数据可以通过推迟入学期间所赚得的收入来调低。对于那些明确受限的群体来说，如果能够减少推迟入学情况的发生、鼓励更早完成学业、接受名校教育并且顺利毕业，那么这些都会给他们带来莫大的益处。

以限制性因素作为目标进行干预是非常重要的，而这可以通过政策的出台来实现，最终将上面提到的各项收益最大化。那些广泛推行的政策也会产生无谓损失。举个例子，据戴纳斯基（Dynarski，2001）、卡梅伦和赫克曼（Cameron，Heckman，1999）估计，有 93%的克林顿总统希望奖学金都给了那些已经入学的中产阶级家庭的孩子，即便没有这个奖励项目，这部分孩子还是会入读大学的。

表 2.3　与人均长期收入、人均前期收入、人均后期收入有关的大学录取回归：全加青年数据调查范围内的孩子

变量	(1)	(2)	(3)	(4)
家庭收入 0～18（长期收入）	0.083 9	0.074 7	0.090 2	0.077 9
（标准误差）	(0.012 1)	(0.018 4)	(0.018 5)	(0.028 4)
家庭收入 0～5	—	0.015 8	—	0.014 9
（标准误差）	—	(0.023 8)	—	(0.026 1)
家庭收入 16～18	—	—	−0.006 9	−0.002 3
（标准误差）	—	—	(0.017 7)	(0.019 4)
12 岁儿童的皮博迪个人成就测试（PIAT）-数学	0.007 7	0.007 6	0.007 6	0.007 5
（标准误差）	(0.001 7)	(0.001 8)	(0.001 8)	(0.001 8)
常量	0.144 7	0.140 4	0.141 0	0.138 0
（标准误差）	(0.026 4)	(0.027 2)	(0.026 8)	(0.027 3)
观察值	863	863	861	861

续表

变量	(1)	(2)	(3)	(4)
R^2	0.10	0.10	0.11	0.11

注：家庭收入 0～18（长期收入）是在 0 岁到 18 岁之间的平均家庭收入。家庭收入 0～5 是在 0 岁到 5 岁之间的平均家庭收入。家庭收入 16～18 是指在 16 岁到 18 岁之间的平均家庭收入。1993 年的收入通过人均每万美元（用家庭收入除以家庭规模）来测量。我们使用 5%的贴现率来构造平均的家庭贴现收入（或者长期收入）。皮博迪个人成就测试-数学表示一个数学测试分数。更多样本数据详见劳工统计局（BLS，2001）。令 $Y_{i,t}$ 为第 t 年儿童 i 的家庭人均收入。家庭收入0～18 为：

$$\sum_{t=0}^{18}\frac{Y_{i,t}}{(1+r)^t}\cdot\frac{\frac{1}{1+r}-1}{\left(\frac{1}{1+r}\right)^{19}-1}\cdot\frac{1}{19}$$

来源的现值表示孩子的一生，其中，r 表示利率，为 0.05。家庭收入 0～5 为：

$$\sum_{t=0}^{5}\frac{Y_{i,t}}{(1+r)^t}\cdot\frac{\frac{1}{1+r}-1}{\left(\frac{1}{1+r}\right)^{6}-1}\cdot\frac{1}{6}$$

家庭收入 16～18 为：

$$\frac{1}{(1+r)^{15}}\sum_{t=16}^{18}\frac{Y_{i,t}}{(1+r)^t}\cdot\frac{\frac{1}{1+r}-1}{\left(\frac{1}{1+r}\right)^{3}-1}\cdot\frac{1}{3}$$

虽然以明确受限的群体作为目标的政策可能是一个正确的政策，但图 2.4 中那些造成差距的主要因素是不容忽视的。与个体能力紧密结合在一起的家庭背景因素是解释大学录取和学业完成方面的差距的首要影响因素。

群体家庭收入会造成个体平均能力的差异，而这种差异在个体年龄很小的时候就会显现出来，并且一直持续。我们将在后文中讨论这些差异的来源。本部分的主要结论就是能力在个体很小的年纪得到塑造，并且对其不同的学校表现产生决定性的作用。如果我们想从本质上消除学校内存在的道德和收入上的差别，就必须从小抓起。我们不能依赖于那些只适用于青春期的学费政策、职业训练或者一般教育发展考试项目，这些措施无法弥补他们小时候所经历的负面影响。

同时，众所周知，为了培养个体早期能力的政策是花费巨大的。我们应该充分开发有效机制以便识别出哪些能力应该得到培育。那些有效地以短期限制因素为目标的政策方针很可能要通过严格的符合成本-效益原则的检测。我们接下来考虑支持短期信贷约束因素的其他观点。

教育高收益率与实物资本收益率的比较　基于明瑟收入函数计算出来的教育收益率期望值通常会大于 10%，有时候高达 17%～20%。基于工具变量得到的估计值将特别高［卡德（Card，1999；2001）、卡内罗和赫克曼（Carneiro，Heckman，2002）包含对已使用的工具变量的质量的讨论］。据称，由于某些时候教育收益率相当高，因此人们会受此限制，从而产生某些市场失灵的现象。

通常来说，由教育的明瑟横截面收益率并不能估计出教育的边际内部收益率［赫克曼、洛克纳和托德（Heckman，Lochner，Todd，2003）；赫克曼、洛克纳和泰伯（Heckman，Lochner，Taber，1998a）提供了关于横截面收益率不能提供任何人所受教育的收益率的信息］。威利斯（Willis，1986）以及赫克曼、洛克纳和托德（Heckman，Lochner，Todd，2003）提出，在一定条件下，教育的明瑟收益率将会等于其边际内部收益率。即使满足了这些条件，它还是会被拿来做一些与无风险利率相关的隐性比较。然而，这些比较与评估教育决策无关。卡内罗、汉森和赫克曼（Carneiro，Hansen，Heckman，2001；2003）预估了教育收益率的不确定性因素，这是值得我们注意的。我们将在本书的第三部分讨论这个事项。人力资本投资的非流动性和不可逆性使得人力资本的溢价远高于安全范围内的利率水平［贾德（Judd，2000）］。为什么会存在信贷约束因素？或者有什么必要对人力资本市场进行干预？仅仅通过明瑟收益率和资本收益率之间的比较是无法回答这些问题的。

学校教育的收益率对于低收入家庭的人来说是否更高？ 我们假设不同家庭所选择的教育投资方式是一样的，并且在劳动力市场上也不具有相对优势。如果低收入家庭受到信贷约束，那么其孩子的教育边际收益应该会更高，这是因为他们在教育上的投资远低于有效数量。卡内罗和赫克曼（Carneiro，Heckman，2002）提出，如果仅仅以质量保证金为标准做出教育决策，那么对于受到限制的人来说，预估的明瑟收益率可能更低，除非做出一些质量上的调整。有些文献不会对质量进行调整，而且完全根据实践结果得出结论，这类文献发现，高能力者的教育收益率要高于低能力者［见梅吉尔和帕尔梅（Meghir，Palme，1999）；考利等（Cawley 等，2000）；泰伯（Taber，2001）；或者本章后文中内容］。家庭收入和孩子的能力呈现正相关，所以这也可能是高收入家庭希望孩子得到更高教育收益率的原因之一。阿尔坦吉和邓恩（Altonji，Dunn，1996）在他们所偏爱的经验主义的详述中发现，来自受教育程度高的家庭的孩子相对于那些受教育程度低的家庭能得到更高的教育收益率。没有材料表明来自低收入家庭的孩子比来自高收入家庭的孩子拥有更高的教育收益率。[①]

来自文献的其他证据 卡梅伦和赫克曼（Cameron，Heckman，1998）将一群出生于1908年至1964年的美国男性作为目标人群，分析了他们在校成就的决定性因素。分析结果与下面的结论一致，即家庭收入和家庭背景因素对教育水平所产生的影响是长期而非短期的。他们发现，个体能力和家庭背景是决定孩子从小学到研究生阶段结业情况最有力的影响因素。有些人呼吁应该在大学期间推行信贷约束，以解释家庭收入与上大学决策之间的关系，以及长期以来两者之间的稳定关系，其实这是完全没有必要的。

卡梅伦和泰伯（Cameron，Taber，2000）通过模型检验出信贷约束具有实证重要性，洞察出信贷约束对教育选择和教育收益具有双重影响。通过一系列方法，他们发现，针对近期所提到的有关美国青少年在入学期间发生的问题，目前还没有证据能够表明信贷约束对此有足够的解释力。基恩和沃尔平（Keane，Wolpin，2001）通过估算一个更为直观有序的动态模型得出了相同的结论。学生被预估为短期的限制性因素，但是他们在工作中遇到的限制条件被放松了。放松预算约束对教育决策几乎没有任何影响，却影响了学生在校学习期间的其他方面。有证据表明，针对延期入学或教学质量影响的研究都是非常重要的。

斯坦利（Stanley，1999）研究了有关朝鲜战争老兵的上大学决策的相关法案的影响。与我们的分析一致，他发现，大部分受法案影响的大学补贴被用于在社会经济分配中处于前列的家庭。当研究佐治亚州的希望（HOPE）奖学金项目（以教育的形式帮助杰出的学生）时，戴纳斯基（Dynarski，2000）发现这个项目使得中等以及更高收入的学生受益颇丰。她从样本研究中得到的关于入学补贴对学费补贴的弹性指标与其他文献得到的预估结果几乎一样高：与低收入群体相比，中等收入以及高收入的群体似乎对教育补贴表现出的弹性不会更小。这个结论与卡梅伦和赫克曼（Cameron，Heckman，1999）之前讨论的内容是一致的。谢伊

① 针对低收入家庭学生的佩尔（Pell）奖学金和珀金斯（Perkins）贷款的收款率较低［见奥菲尔德（Orfield，1992）］。有资格获得资助的人远比得到资助的人要多。绑定信贷约束不是对这些潜在资源缺乏利用的合理解释。凯恩（Kane，1999）认为申请经济援助的非货币成本可能很高，特别是对于低收入人群，因为申请过程很复杂。他认为对放宽收入人群的融资约束而言，减少成本可能是比扩展现有计划更有前景的途径。然而，他没有提供证据来支持这种推测。与我们的证据一致的解释是，许多有资格申请的人认为即使有大量的学费补贴，大学教育的收益也太低而无法支付上大学的预期费用。由于收入流的不确定性，风险规避可能会减少收益。

(Shea，2000）基于动态收入长期调查［见希尔（Hill，1992）对这组数据的描述］，评估出父母收入对子女教育程度的影响。在对家庭背景以及父母能力等变量进行控制之后，他发现其所测量的家庭收入对子女教育具有一定影响。然而，在使用工具变量以后，他预估家庭收入对子女学业表现没有影响，并且解释了这个结果是由缺少有关信贷约束的证据所致。①

总结 我们已检验了文献中关于信贷约束在教育方面有关影响的不同观点。我们评估了这些证据的有效性，并且借助来自美国的数据提出了新的发现。

一些文献中的研究结果对于本次问题的解决未能提供相关信息。最明显的例子就是由卡梅伦和赫克曼（Cameron，Heckman，2002）在工具变量和普通最小二乘估计中详细讨论过的关于教育收益率的预估。关于价格影响和学费援助的文献也未能对这个问题提供非常有用的信息，因为这些文献都未能把价格影响从信贷约束中分离出来。

观察家庭收入与大学入学之间的关系，我们发现，可以从截然不同的两种途径来提升这两个指标：或者凭借短期信贷约束，或者依靠长期家庭影响。即使我们识别出某个群体（至少为总人数的8%）确实面临着短期信贷约束的影响，但后一种途径被证实更为重要。用来解释图2.4中差距的一阶因素是长期影响因素，正因为如此，那些专门为少年时期家庭收入不足的预备学生所制定的学费收缴政策或弥补措施并不能很容易地抵消这些差距。

需要强调的是，本部分报道的所有经验性分析都是针对当代美国社会的，在这一时期，存在着大量的财政基金用以支持高等教育的发展。从某种程度上说，在解释当代美国社会教育差距这个问题上，短期信贷约束发挥的作用毫无疑问是有限的，这是因为旨在消除这些约束的政策方针已经得到了成功的运行。教育收益率的大幅减少可以通过价格效应来应对，但毫无疑问这将影响到大学录取率。然而，经研究［布洛斯菲尔德和沙维特（Blossfeld，Shavit，1993）；卡梅伦和赫克曼（Cameron，Heckman，1998）；科萨（Cossa，2000）］表明，长期家庭影响因素被普遍认为是影响教育程度的一阶因素，其影响是非常重要的。在许

① 谢伊将样本分成其父母受过教育的儿童和其父母未受过教育的儿童。他认为，家庭收入对后者的受教育程度有影响。许多人认为这能作为短期信贷约束的证据。然而，谢伊衡量家庭收入的方法是对抽样家庭每年平均收入进行调查，而不考虑孩子的年龄。对于一些家庭来说，永久收入是一个长期方法，这些家庭的生命周期数据也可获得，而对于样本采集过程从儿童的青少年时期就开始的家庭，永久收入是一个短期方法。谢伊的估计收入效应以不可解释的方式将短期效应和长期效应结合在一起，因此对于短期信贷约束的经验重要性是不得而知的。

多不同情况下关系到家庭背景因素的教育程度差距问题经常被提到，这其中包括那些子女可以免费以及无限制进入大学的家庭。这个研究表明了这些长期影响因素的重要性，对此我们已经强调过了。接下来，我们会转向对这些长期影响因素的来源的证明。

早期测试成绩差异

由不同家庭类型所造成的显著成绩差异会在个体很小的时候就显现出来，并且会一直持续下去。图 2.9（a）根据年龄和家庭收入四分位数绘制了皮博迪个人成就测试-数学成绩（以百分数的形式）的排名。

为了绘制图 2.9（a)，我们为每个人计算了他或她在每个年龄层的测试成绩分布的百分位等级。然后，我们依据不同的家庭收入四分位数将人们分类，并且计算出在每个测试中的不同群体在不同年龄的平均百分位等级。我们之所以使用排名，是因为测试分数的绝对值或者增长是毫无意义的。而任何没有改变的测试分数同样是一个有效的测试结果。使用排名可以减少分析的难度。对于所有种族和民族的家庭来说，在使用家庭收入四分位数分析法的 6 岁年龄段认知测试中使其子女获得等级的方法存在着显著的差别，在孩子长大后通过家庭收入四分位数造成的排名差距仍然会保留，其中一些测试分数还会变高。同时，正如种族差别在录取率方面的表现非常明显一样，其在早期测试成绩中的表现也是如此显著。图 2.9（c）表明，在进行皮博迪个人成就测试-数学测试时，其测试成绩排名所体现出的种族差距是非常突出的。

能力禀赋使得教育参与度在个体年龄很小的时候就被塑造出来。有效的证据表明，认知能力在个体人生阶段的早期更容易被塑造［见赫克曼（Heckman，1995)］。拥有接触更多以及更高质量资源的机会将有利于个体在早期提升其认知能力，同时影响其随后的技能获取。

图 2.10 呈现了图 2.9 中经调整后的测试分数差距的排名，并且对长期家庭影响因素进行了控制。当我们控制成绩测试模型中有关母亲受教育水平、母亲能力及家庭结构等因素时，会看到来自不同种族和收入群体的排名差距明显地减小了。[①] 然而，当我们对比最高或最低家庭收入四分位数或者白人和黑人时，在 12 岁这个年龄段的差距并没有消除。经过

① 我们首先对母亲的测试成绩、母亲的武装部队资格考试成绩，以及在测试成绩的相同年龄时家庭破裂因素进行回归。然后我们对这个回归的残差进行个体排序，并构造百分位数。结果显示了不同年龄的收入群体的平均百分位数。图 2.10（c）呈现了族裔间的差异。我们包含了在采用残差和构造排序之前的回归中处于测试年龄段的家庭收入（以及上面提到的其他变量)。

测量的长期家庭因素具有非常重要的影响，但也不能完全消除上述差距。

其他研究也同样将注意力集中在引起差距的个体认知能力上，并且尝试通过更多其他因素去消除这些差距。通过使用儿童早期纵向调查（ECLS）的数据，弗赖尔和莱维特（Fryer，Levitt，2002）评估出幼儿期间黑人和白人在数学和阅读测试方面表现出的成绩差距，在此过程中，他们对孩子的家庭背景、出生体重、图书拥有数量等因素进行了控制。[①] 他们也发现，原始的测试分数差距和随后的测试分数差距会随着年龄的增长而变大。如果说存在什么区别，那就是弗赖尔和莱维特在著作中强调，教育会扩大这些差距。但是他们不能通过对教育质量的测量来计算这些差距。他们的研究表明，年幼时期的社会经济背景对孩子的测试分数来说是一个决定性因素。通过使用全国青年数据调查中有关孩子的数据，菲利普斯等（Phillips 等，1998）也研究了黑人与白人测试结果的差距。[②] 他们只分析了 3～4 岁的皮博迪个人成就测试-数学和皮博迪图片词汇测验的数据。即使通过控制家庭背景、母亲的武装部队资格考试成绩（修正教育的影响），以及全方位家庭环境等因素可以持续有效地减小测试成绩的差距，他们也未能完全消除这一差距。

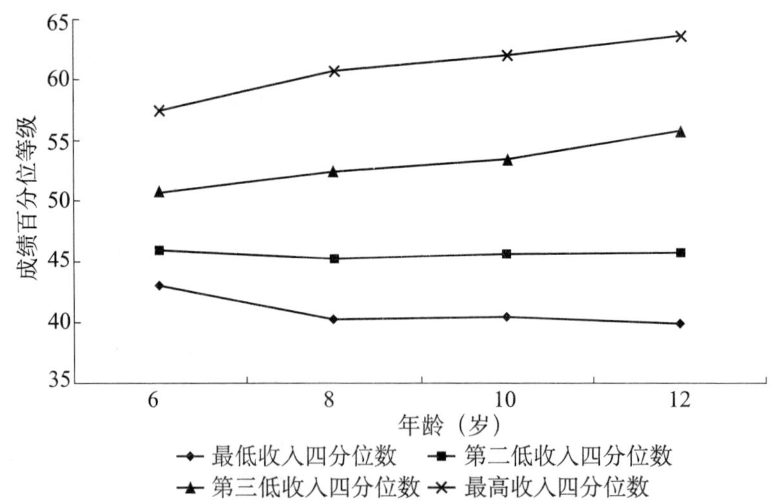

（a）根据收入四分位数划分的皮博迪个人成就测试-数学成绩的平均百分位等级

图 2.9　根据收入四分位数和族裔划分的全国青年数据调查中儿童的皮博迪个人成就测试-数学成绩

① 家庭选择变量的调节在产生因果关系时是有问题的。此外，弗赖尔和莱维特分析了测试分数的许多基数中的一个，并讨论了这些任意分数水平的增长。

② 菲利普斯等选择了一个特定的基数。

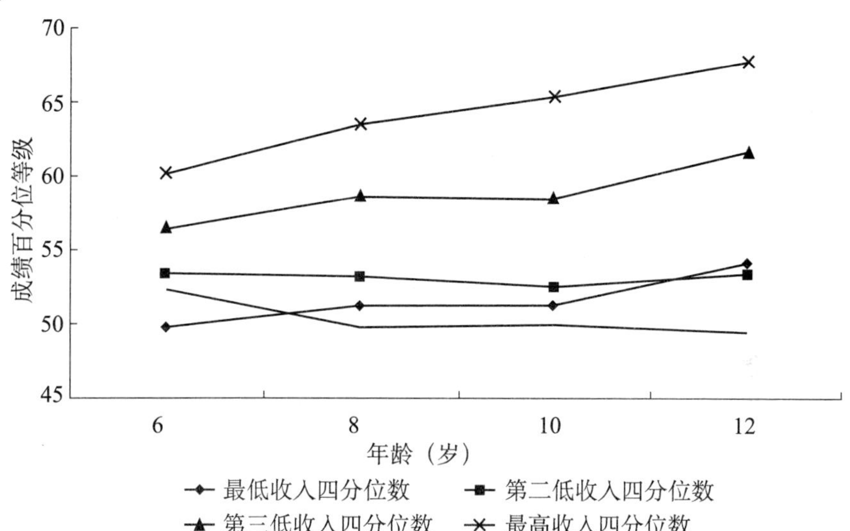

(b) 根据收入四分位数划分的皮博迪个人成就测试-数学成绩的平均百分位等级（仅白人）

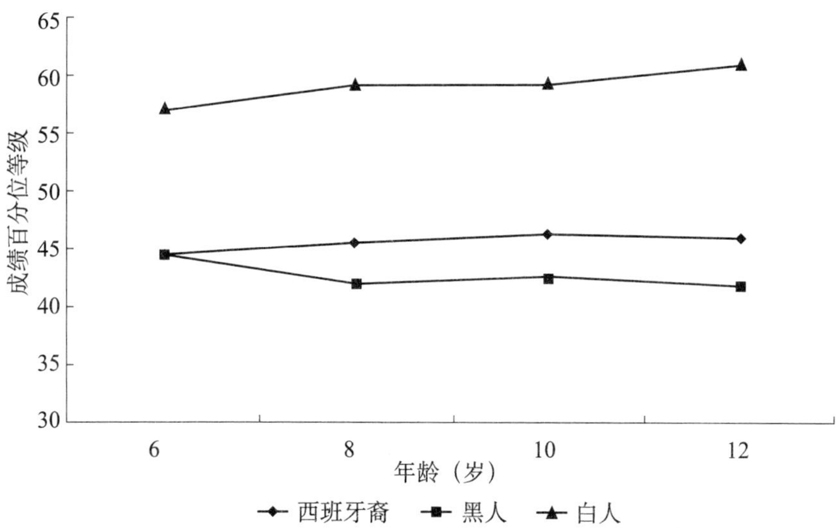

(c) 根据种族划分的皮博迪个人成就测试-数学成绩的平均百分位等级

图 2.9　根据收入四分位数和族裔划分的全国青年数据调查中儿童的皮博迪个人成就测试-数学成绩（续图）

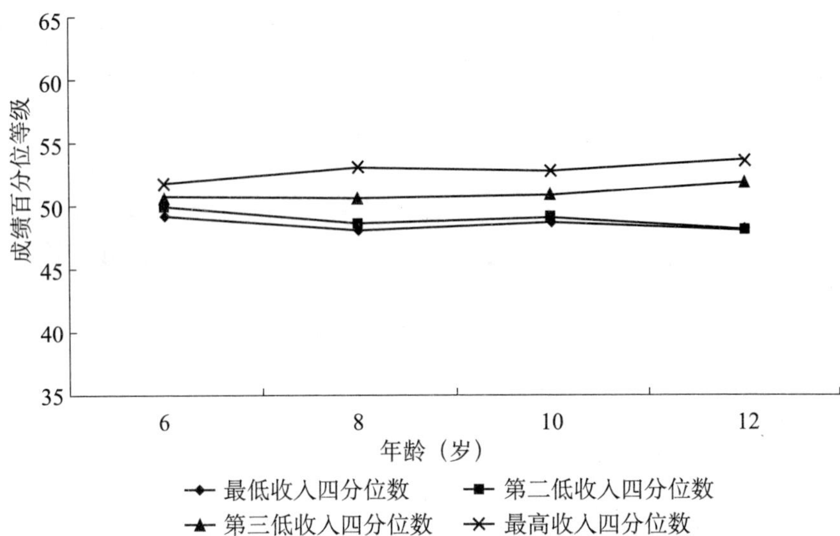

(a) 根据收入四分位数划分的皮博迪个人成就测试-数学成绩的残差化平均百分位等级

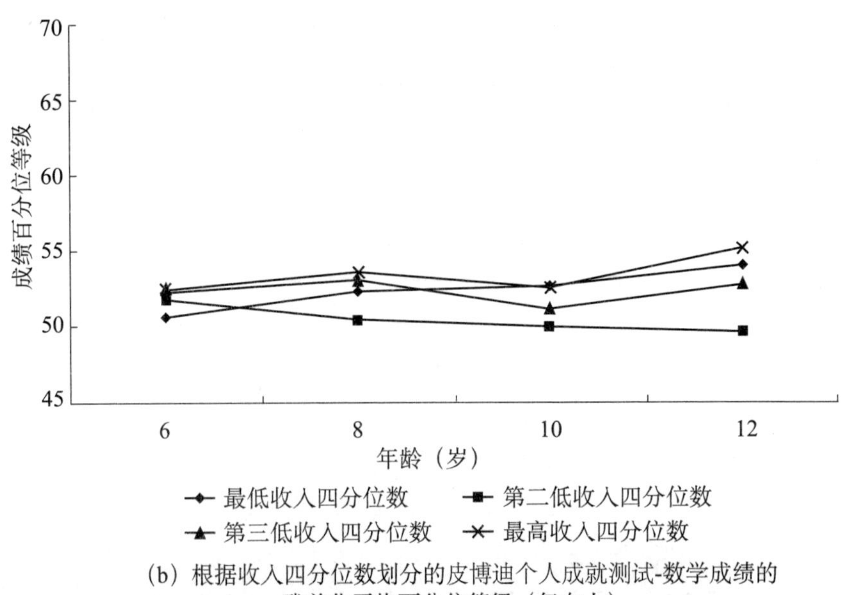

(b) 根据收入四分位数划分的皮博迪个人成就测试-数学成绩的残差化平均百分位等级（仅白人）

图 2.10　根据收入四分位数和族裔划分的全国青年数据调查中儿童的残差化皮博迪个人成就测试-数学成绩

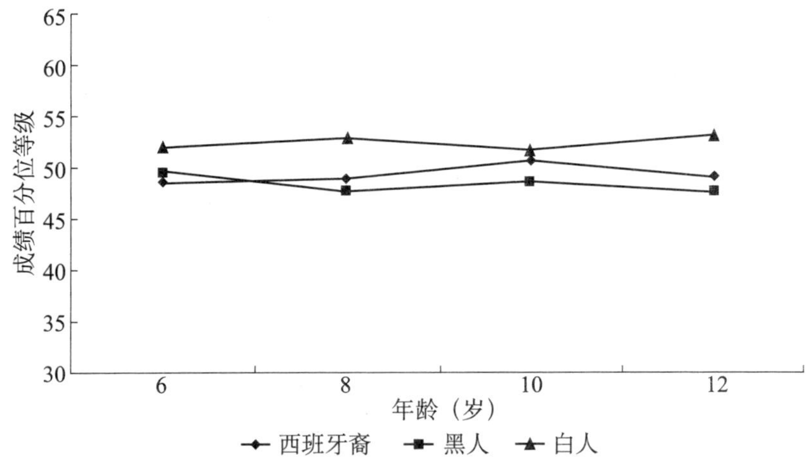

（c）根据族裔划分的皮博迪个人成就测试-数学成绩的残差化平均百分位等级

图 2.10 根据收入四分位数和族裔划分的全国青年数据调查中儿童的残差化皮博迪个人成就测试-数学成绩（续图）

注：关于母亲受教育水平、母亲的武装部队资格考试成绩（修正教育的影响）、每个年龄段的离异家庭的残差化部分。

早期测试结果差异的出现不仅局限于对认知的测试。正如图 2.11 所示，在不同收入和族裔的孩子年龄很小的时候，其行为和态度体现出来的差异也同样很明显。此图也反映了不同收入和族裔的孩子在反社会成绩方面的排名差异。[①] 众所周知，动机、可依赖性以及其他行为技能对于人生的成功是十分重要的品质。我们将在后文中讨论非认知能力技能的重要性。然而，要理解一个国家经济发展是否成功，其关键在于如何理解不同收入和族裔的人们在技能上的差距，以及如何消除这些差距。图 2.12 反映了在调整母亲受教育水平、母亲的武装部队资格考试成绩（修正教育的影响）和离异家庭等因素后的测试成绩。[②] 调整早期家庭背景因素可以持续有效地降低群体间因收入和族裔产生的在非认知能力方面的排名差距。通过比较调整过后的认知测试成绩和非认知测试

① 反社会成绩为不真实、残忍、不合作、暴力或不服从行为频率的总和［见美国劳工统计局（BLS，2001）］。我们首先通过他们的反社会成绩对个人进行排名，然后构造百分位数。这些数字绘制了收入和族裔群体的平均百分位数。

② 我们首先回归母亲的测试成绩、母亲的武装部队资格考试成绩，以及在测量成绩的相同年龄时家庭破裂的反社会成绩。然后我们对这个回归的残差进行个体排序，并构造百分位数。结果显示了在不同年龄按收入计算的平均百分位数。图 2.12（c）呈现了族裔间的差异。在对残差排序前，我们进一步包含了处于回归中测试成绩的年龄时的家庭收入以及上面提到的其他变量。

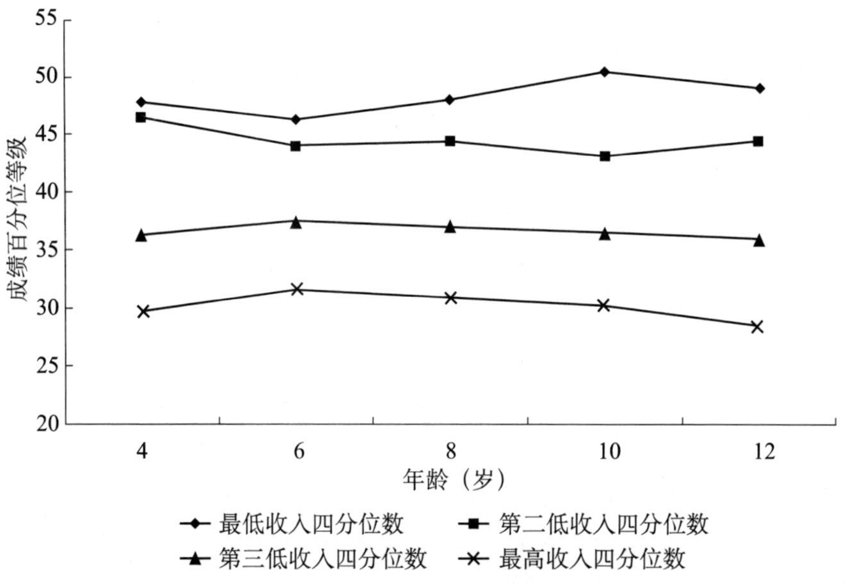

（a）根据收入四分位数划分的反社会成绩的平均百分位等级

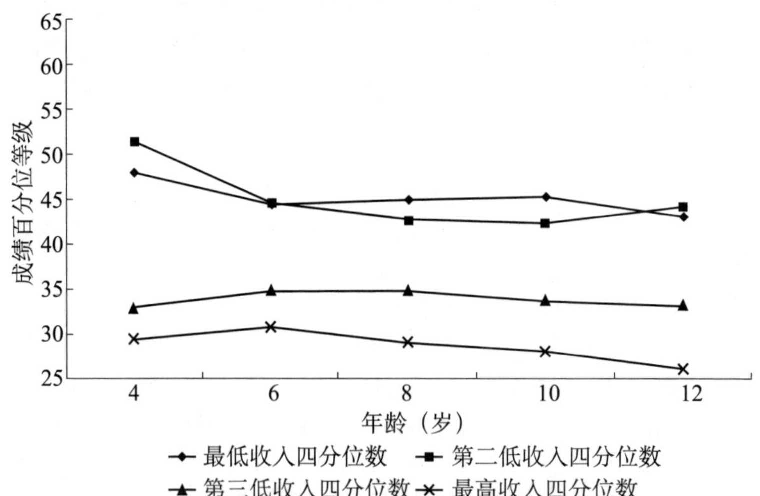

（b）根据收入四分位数划分的反社会成绩的平均百分位等级（仅白人）

图 2.11　根据收入四分位数和族裔划分的全国青年数据调查中儿童的反社会成绩

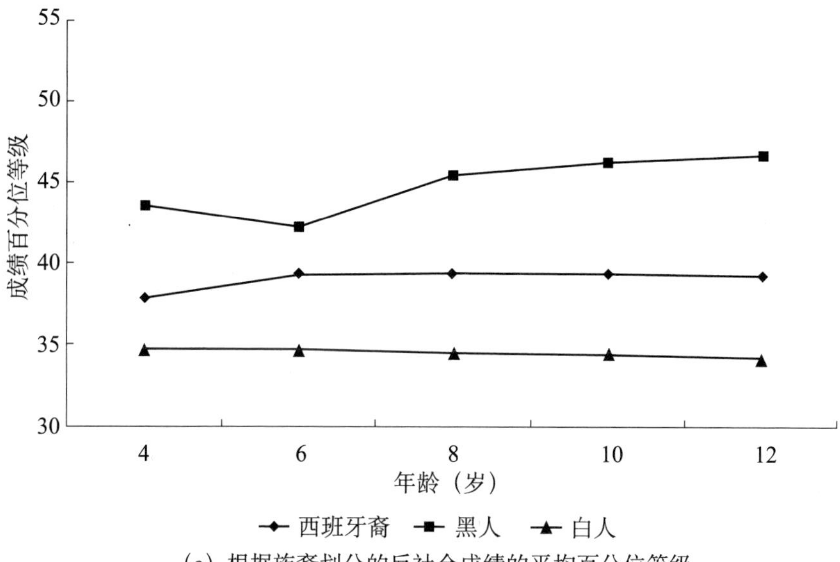

(c) 根据族裔划分的反社会成绩的平均百分位等级

图 2.11　根据收入四分位数和族裔划分的全国青年数据调查中儿童的反社会成绩（续图）

注：收入四分位数依据年龄在 6 岁～10 岁的儿童的平均家庭收入计算。

成绩，我们发现长期影响因素缩小了群体间的差距。虽然收入和族裔不同的群体的非认知能力差距随着年龄的增长不会消失，但如果能够很好地控制母亲的能力、家庭收入、家庭结构和地理位置等因素，还是会有效地减小这些群体在早期和随后非认知能力上的排名差距。①

以上涉及的理论文献观点还是不够精细。条件优越的家庭能提升个体在认知、社交以及行为方面的技能，反之亦然。相关的政策方针可用来决定对于那些成长在较差家庭环境中的个体，什么样的干预措施是成功的。我们将先证明非认知能力对经济成功具有重要的促进作用，再对这个问题进行相关的证明。我们在后文中将会提到，相对于控制个体智商指数而言，更为可行（花费较少）的手段是控制个体的非认知能力。除此之外，随着年龄的增长，对于个体非认知技能的补救措施将显得更为有效。但是首先，我们应该提供非认知能力对经济成果产生重要影响的相关证据。

① 从测试成绩的角度看，绝对水平或增长速率是没有意义的，因为测试成绩的任何单调变换仍然是有效的。然而，可以对在整体分布中的相对等级以及它们如何变化进行有效的观察。

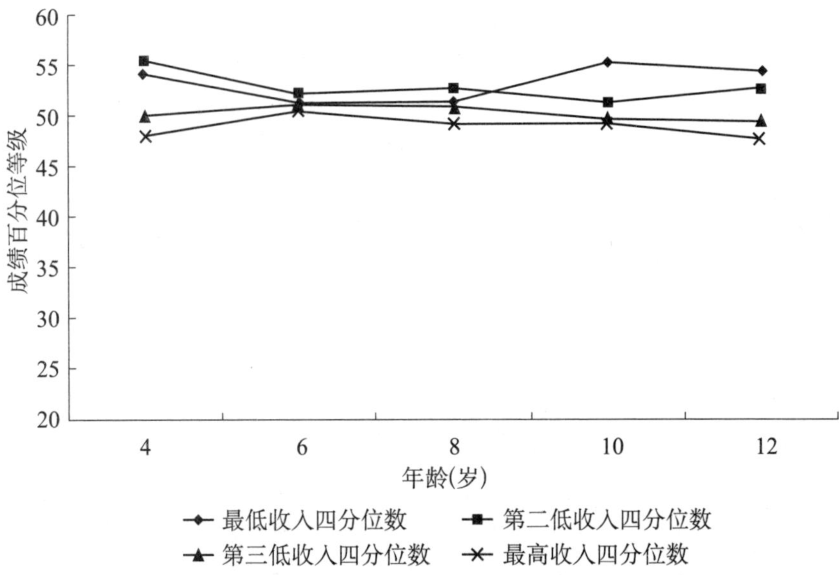

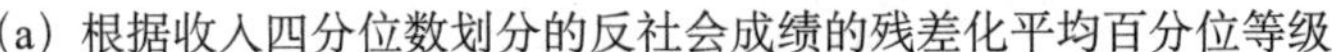

（a）根据收入四分位数划分的反社会成绩的残差化平均百分位等级

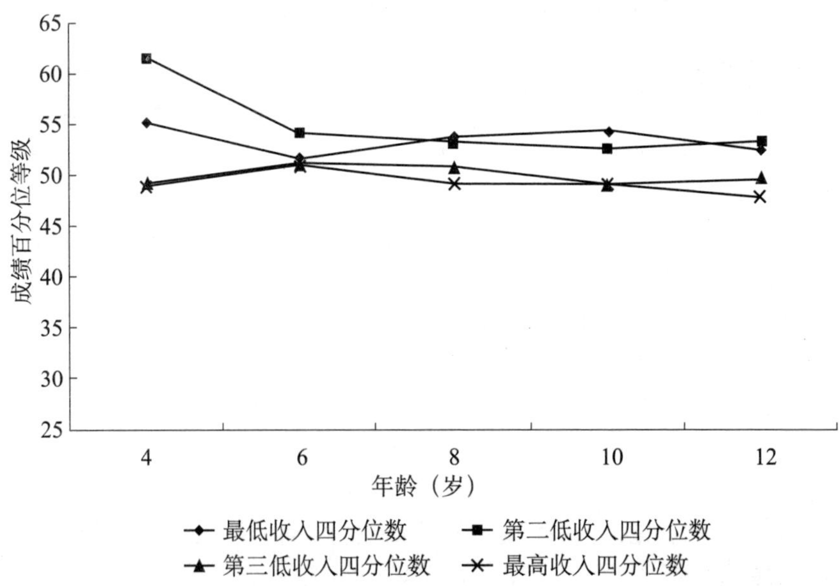

（b）根据收入四分位数划分的反社会成绩的残差化平均百分位等级（仅白人）

图 2.12　根据收入四分位数和族裔划分的全国青年数据调查中儿童的残差化反社会成绩

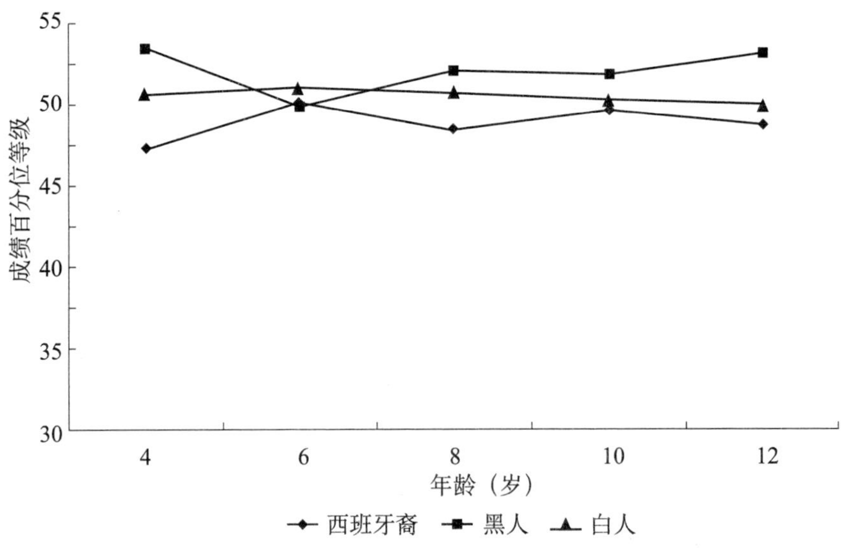

(c) 根据族裔划分的反社会成绩的残差化平均百分位等级

图 2.12 根据收入四分位数和族裔划分的全国青年数据调查中儿童的残差化反社会成绩（续图）

注：关于母亲受教育水平、母亲的武装部队资格考试成绩（修正教育的影响）、每个年龄段的离异家庭的残差化部分。

非认知能力技能重要性的证据

关于高智商的人未能取得人生成功的例子数不胜数，这是因为他们缺乏自律，同时，也有无数关于相对较低智商的人凭借其毅力、诚信、自律等美德而成功的例子。令人感到意外的是，有关技能的学术讨论和相关信息基本集中于对认知能力的测量上，而忽略了非认知能力。早期关于人力资本［见贝克尔（Becker，1964）］的文献大多借助于人力资本模型来构造收入-认知模型，从而完全忽略了个体非认知能力的质量。即使是代表性的文献［见斯彭斯（Spence，1974）］，也只强调了教育是某个单一能力的体现，并且通常这一能力被解释为认知能力。大多数关于个体能力的讨论都对教育的收益持有偏见，未能考虑到其在个体认知方面的作用，并且试图用认知能力测试来替代对非认知能力的测试。大部分的学校改革都强调要通过标准化的成就与能力测试来测量学生的真实能力，从而使学生在改革中受益。标准化的成就与能力测试被广泛应用于新生入学以及教育评估工作中，并且人们认为，所测试的技能水平是学校教育以及在工作中取得成功的先决条件。这是从最开始就随着教育测试变化而存在的一个重要前提。

我们在对个体收入、教育以及其他人生结果进行分析的时候往往会忽视非认知能力，主要是因为我们无法使用某些可信度高的方法来测量它们。很多不同的性格和有动机的品质被综合到一起共同编入非认知能力的目录下。心理学家已经开发出了一些有效的测试方法来测量这些非认知能力［见斯腾伯格（Sternberg，1985）］。公司会使用这些测试方法去筛选员工，但是它们不会用这些测试方法去衡量准备入读大学的学生素质或者去评估教育的有效性及学校教育的改革效果。有关认知能力测试的相关文献明确提出了一个主导性因素（“g”），它可被用来总结认知能力测试及测试结果的有效性。但在非认知能力的文献中没有一个独立的主导性因素，并且在已给出的非认知能力范围内的多样化特质条件下，似乎不可能找到这样一个因素。

鲍尔斯、金迪斯（Bowles，Gintis，1976），爱德华兹（Edwards，1976），以及克莱因、斯巴迪、韦斯（Klein，Spady，Weiss，1991）的研究表明，经过对管理人员的排名和对雇主的咨询，我们得知雇主最为注重的员工品质是工作稳定性和可靠性，即使这些品质没有直接在工资和教育成就上有直接的体现。不屈不挠、可靠性和一致性是预测学校成绩最重要的因素［见鲍尔斯、金迪斯（Bowles，Gintis，1976）］。

毅力、自尊、乐观、超前性和爱好等自我评定测试指标现在都已经得到了很好的应用，此外，近期一些论文讨论了对这些测试在收入和教育成果方面的预见性［见鲍尔斯、金迪斯和奥斯本（Bowles，Gintis，Osborne，2001）］。这些研究为非认知能力在取得人生成功的重要性方面提供了新的依据。然而，这些研究并非没有引起争论。举例来说，一个有关自尊的事后评估虽然是测试的一个结果，但也可能是进行这个测试研究的起始原因。

赫克曼和鲁宾斯坦（Heckman，Rubintsein，2001）通过对美国一般教育发展考试项目的研究证明了非认知能力在决定个体收入与教育成就方面具有重要的作用，但他回避了在事后评估中存在的先天性问题。一般教育发展考试项目是一个全新的项目，它作为认知能力测试的有力支撑，可以有效地判断选择在高中阶段辍学的人是否与高中毕业生具有同等水平的学术成就。一般教育发展考试项目的目的是维护个体的自身权益。一般教育发展考试项目作为政府训练项目的一个主要产物，包括我们在后文中将要提到的就业团队计划。那些被授予一般教育发展考试证书的人群约占获得高中毕业证书全部人口的20%。

在本部分中，我们总结了赫克曼（Heckman，2003）以及赫克曼和鲁宾斯坦（Heckman，Rubinstein，2001）所发布的研究。在针对那些只拥有普通高中毕业证书，而没有继续攻读大学的测试参与者的心理测量方面，一般教育发展考试是非常成功的。当用武装部队资格考试的平均认知成分或第一成分“g”来测量个体认知能力时，我们发现，通过一般教育发展考试的人和从普通高中毕业但没有继续念大学的人一样聪明。根据这些相同的测试方法，一般教育发展考试参与者比高中辍学但没有参加一般教育发展考试（见图 2.13，该图依据没有继续攻读大学但参与了一般教育发展考试的人与参加了武装部队资格考试的高中毕业生的相关信息绘制而成）的人要聪明。这个模式同样适于按地理因素分组的人群。一般教育发展考试参与者要比高中辍学者的收入更高，能够得到更高的按小时结算的工资，并且他们在退学之前所完成的高中部分的学习内容更多。这与那些强调认知能力将决定劳动力市场结果的文献在结论上是完全一致的。

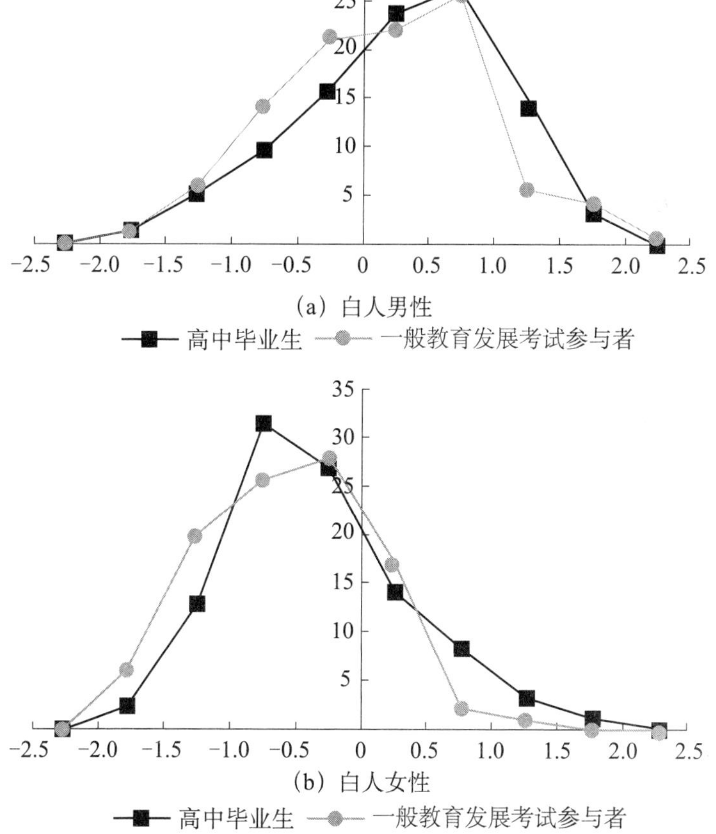

图 2.13　一般教育发展考试参与者与受过 12 年教育的高中毕业生经过年龄调整后的武装部队资格考试分数的密度

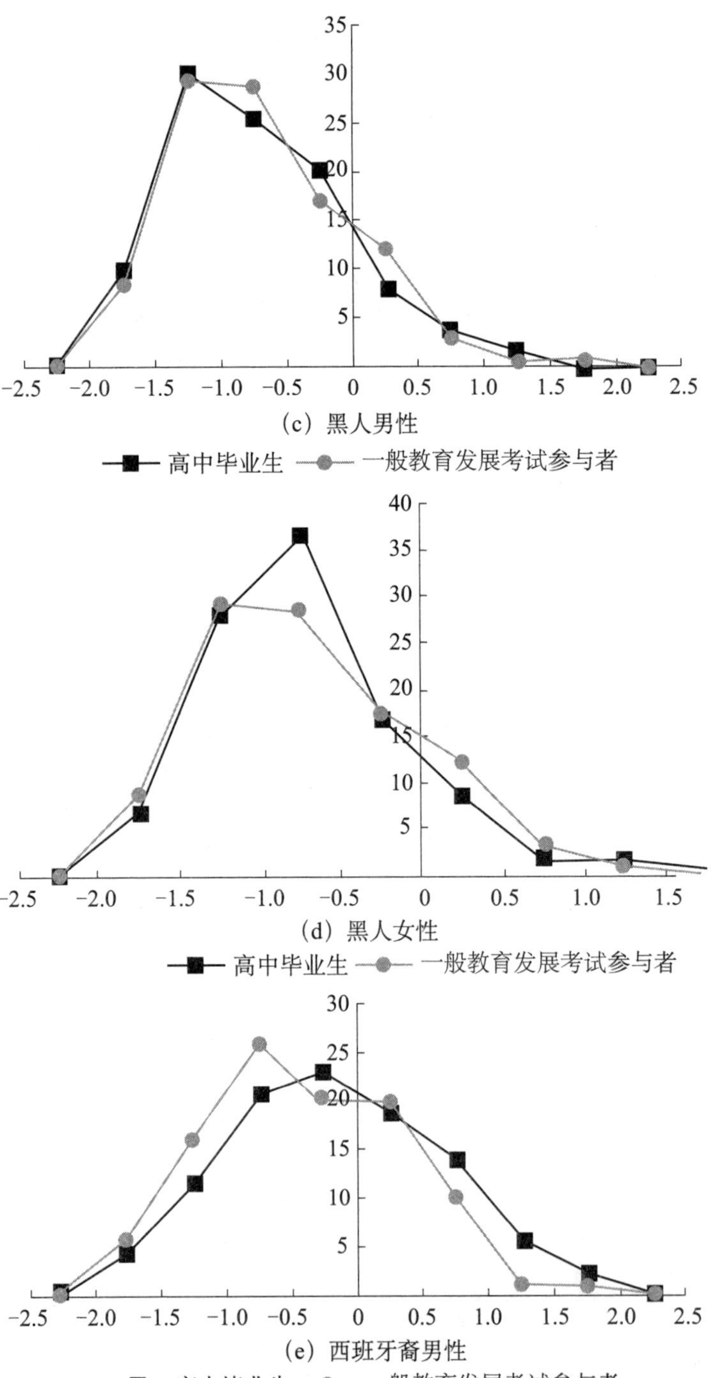

图 2.13 一般教育发展考试参与者与受过 12 年教育的高中毕业生经过年龄调整后的武装部队资格考试分数的密度（续图）

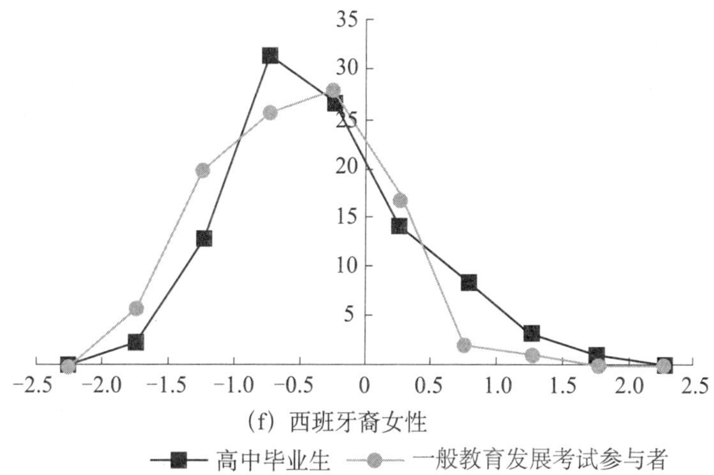

图 2.13 一般教育发展考试参与者与受过 12 年教育的高中毕业生经过年龄调整后的武装部队资格考试分数的密度（续图）

资料来源：赫克曼、奚恺元和鲁宾斯坦（Heckman，Hsee，Rubinstein，2001）。

然而，当能力因素在测量过程中被控制时，一般教育发展考试参与者与高中退学者所赚的工资是相同的。因此，那些高中毕业并参加一般教育发展考试项目的群体在某些方面会稍逊于高中毕业者，这些情况可以被归结为某些未被测量的因素。赫克曼和鲁宾斯坦（Heckman，Rubinstein，2001）把这些因素当作非认知能力因素，并且认为，非认知能力才是最重要的技能，这一观点是无须验证和分析的。

事实上，一个参加过一般教育发展考试的人，可以传达出一种复合的信号。通过一般教育发展考试的高中退学者和高中毕业者一样聪明，但同时，在非认知能力方面略逊一筹。在劳动力市场上，认知能力和非认知能力同样受到重视，也同样影响着人们的教育选择。赫克曼和鲁宾斯坦（Heckman，Rubinstein，2001）的发现挑战了传统的具有标志性意义的文献著作，这些著作通常认为社会经济方面的成功是由一种单独的技能决定的。这表明了以心理学为导向的、假设个体认知能力完全决定人生成功的教育评估政策是不明智的。在不经意间，一般教育发展考试已经成为一种区分聪明但缺乏毅力和无纪律性的退学者和别的退学者的测试手段。毫无疑问，一般教育发展考试参与者是一群退学的、未能完成大学的人［见卡梅伦和赫克曼（Cameron，Heckman，1993）］和未能坚持参军的人［见劳伦斯（Laurence，2000）］。通过一般教育发展考试的人是一群缺少前瞻性思考能力、缺少完成任务的恒心或者缺少适应环境能力的"聪明人"。在与能够坚持完成在校学习任务并且顺利从高中毕业的人相比，一般教育发展考试参与者在某些方面表现出不尽如人意的地方，而这也体现了非认知能力在经济生活中的重要性。

一般教育发展考试项目的证明 无数相关研究已经表明，尽管拥有高水准的认知能力，但一般教育发展考试参与者的收入比高中毕业生的收入要少，与同等水平但是未进行过一般教育发展考试的退学者收入持平。贝泽尔、阿尔萨拉姆和史密斯（Boesel，Alsalam，Smith，1998）提出了一个较为全面的观点。美国人口普查局的数据显示，一般教育发展考试参与者占高中退学者的1/2，占高中毕业者的1/5。[①] 一系列使用全国青年数据调查数据的论文［见卡梅伦和赫克曼（Cameron，Heckman，1993）；赫克曼（Heckman，2003）］已经证实以下关于白人男性的发现。

● 在未调整的横向对比中，一般教育发展考试参与者的每小时工资率和年收益远远低于高中毕业生，并且只略高于高中退学者。一般教育发展考试参与者接受教育的年限与退学者相比，也同样略高一些。当他们各自的更高水平教育和更高武装部队资格考试分数被考虑进去时，一般教育发展考试参与者的收入与高中退学者相比，保持持平或更低。赫克曼（Heckman，2003）的报告同样表明了其他人口群体拥有相似的情况。这些结果都具有统计学意义。

● 在控制个人的固定影响（难以察觉到的群体差异）的情况下，长期研究表明，没有证据能够证明一般教育发展考试证书对在17岁之后接受过一般教育发展考试的人在薪资、工作和跳槽率方面产生了持久深远的影响。一般教育发展考试参与者比高中退学者更容易换工作，不论在接受测试前还是测试后。

● 认知能力和非认知能力的技能都能够提高人们的受教育程度。

● 一般教育发展考试不具有标志性的价值。一般教育发展考试参与者的起始工资和退学者的起始工资不相上下，而且换工作的频率更高。一般教育发展考试参与者从短期（在获得证书之后）和长期来看，其收入都与退学者的收入持平。

● 虽然有很多的一般教育发展考试参与者尝试读大学，但是极少有人能完成四年制的学业，只有一小部分人从社区大学毕业。

---

① 在1975年至1998年，当持有一般教育发展考试证书的人被算作辍学时，美国高中辍学率有所增加，而不是减少，见图2.3。

● 拥有较高武装部队资格考试分数的人会更早地进行一般教育发展考试项目的学习。这表明了一般教育发展考试证书对于较年轻的参与者在收入方面产生了更大的原始影响，并且这个影响会随着年龄的增长而消失。

● 有迹象表明，在高中退学者中，参加一般教育发展考试的白人男性几乎在各类非法活动中的参与率都最高。甚至当结果不因武装部队资格考试分数的差异性和受教育程度而调整时，这个现象同样存在。为了避免罪犯群体中出现的不真实关系，当我们去掉接受过一般教育发展考试的犯人或者曾经入狱过的群体后，这个现象仍然存在，即参加过一般教育发展考试的人有更高的犯罪率。除了不太可能在监狱中参加一般教育发展考试的青少年妈妈以外，这个现象同样出现在白人女性身上。一般教育发展考试参与者与其他高中辍学者相比，更可能有非法药物滥用、药物买卖、校园斗殴、文物破坏、商店盗窃和旷课等行为。①

● 一般教育发展考试参与者的劳动参与率和就业率比其他退学者更低（基于武装部队资格考试分数和完成学业的年数）。他们换工作的概率更高。这些比率并不是说参加一般教育发展考试不好。一般教育发展考试参与者的工作经验更少。

● 由赫克曼、奚恺元和鲁宾斯坦（Heckman，Hsee，Rubinstein，2001）定义的武装部队资格考试分数和参与非法活动的指数之间的相关性具有统计意义，并且一般呈现负相关。具有较高武装部队资格考试分数的人不太可能参与非法活动。然而，相关性在教育群体中并不存在。武装部队资格考试分数与所有高中退学者和高中毕业生（接受过12年教育）的指数之间呈现正相关，并具有指数意义。这个关系对于所有的退学者而言更为明显，表明了对高中退学者来说，如果武装部队资格考试的分数更高，那么他们参与非法活动的可能性更大。这样的一个相关关系与关于认知能力和非认知能力的品质一样，对高中毕业生群体起着决定性作用。

● 对于白人女性来说，差别很细微。因为怀孕而退学的女孩的受教育年限要少于其他辍学的女孩。然而，因为怀孕而退学的女孩除了这个原因以外，其他结果都与退学的男孩类似（例如，在以武装部队资格考试分数或者受教育年限为条件的情况下，他们的收入与其他退学者不相上下）。一旦武装部队资格考试分数和受教育年限被考虑在内，参加过

---

① 对于一般教育发展考试参与者以外的群体，非法行为的比例随着教育水平的提高而逐渐减少。

一般教育发展考试的青少年妈妈的收入就与其他高中退学者的收入持平。

政策的影响 我们从有关非认知能力的技能在决定个体教育和人生结果的分析中得到了两个主要的结论。其中一个是特殊的，即一般教育发展考试可以被当作一个复杂的关于获得者是否聪明，但不可信的信号。目前关于教育重组的评估系统是以认知能力测试分数为基础的。这些测试往往只着眼于有关实现人生成功的诸多因素中的一个［见赫克曼（Heckman，1999）］。因此我们的第一个结论是，现有的教育体系有着更为综合的评估能力，因为它充分考虑了那些影响非认知能力的质量，并且在劳动力市场上受到重视的因素。大量证据表明，导师和积极性项目对于不良少年具有有效的导向作用。大部分在儿童早期的有效性介入都来自非认知能力的生成和对积极性的培养。［见赫克曼（Heckman，2000）的全面回顾］。据推测，对于天主教学校来说，非认知能力的更大影响在更具积极性和自律性的学生身上得以充分体现［见科尔曼、霍弗（Coleman，Hoffer，1983）］。据推测，城市内部公立学校的学生自制力的退化是他们招致失败的一个主要原因。如果能搜集更多系统的关于教育的非认知影响的资料，则会非常有助于研究。人们的智力在 8 岁之前都会发育得相当完备。在随后的成长中，积极性和自律更具有可塑性［见赫克曼（Heckman，2000）］。基于对非认知能力品质的认识，我们从本章中得出的第二个结论就是，社会政策应该尝试着去改变个体非认知能力的质量，特别是为那些来自不利成长环境，在家极少接受规范教育和鼓励的孩子做得更多一些。更积极的社会政策途径包括实施导师项目和更严格地执行在校纪律。我们在本文的第三部分会阐述这样的介入调整的价值。这样的干预将会使孩子们和社会受益匪浅，但是同时，也可能会引起广泛的不满情绪，从而带来观念上的冲突，这些不满情绪往往源自对个人家庭神圣性的维护，对自律和积极性重要作用的不理解，以及对中产阶级家庭所倡导的子女教育价值观的抵触。

总结

本部分内容表明，认知能力和非认知能力深深扎根于长期的环境影响因素中，它们是造成不同社会经济群体间教育完成度差距的重要因素，而受到当下政策关注的短期信贷约束和学费的重要性则较低。短期的信贷约束只影响了小部分群体，目标补助政策对于这部分群体来说是划算的。我们不可能期望降低学费的政策能消除源自不同社会经济背景的、存在于不同教育完成情况之间的固有差距。认知能力和非认知能力之间的差距很早就出现了，并且与个体所在的早期家庭环境息息相关，并不是与孩子而是与其父母收入相关。非认知能力从本质上决定了个体日后在经济社会上的成功。

在本章的下一个部分，我们会运用这些知识，并将它们添入被设计用来培养儿童和青少年技能的特殊政策的分析中。

关于特殊政策的分析

在这个部分，我们将会分析学校教育的收益率与教育质量，以及职业技能训练、童年时期的早期干预和导师项目的收益率。我们同样会着眼于税收和补贴政策、移民政策，以及淘汰过时的技能并向新技能转变中产生的问题。

学校教育的收益率与教育质量

实证经济学研究的少数主题已经比教育的投资收益率受到的关注更多。到目前为止，一年期教育投资收益率的平均值已超过了10%，可能高达17%～20%，针对这一结论，研究者们已经达成共识，并对此深信不疑［见卡内罗、赫克曼和维特拉奇尔（Carneiro，Heckman，Vytlacil，2003)］。对于那些能力更高［见泰伯（Taber，2001)］并且家庭背景更优越的孩子［见阿尔坦吉和邓恩（Altonji，Dunn，1996)］，收益率会达到更高的水平。来自更好家庭背景并且具有更高能力的人更有可能读大学，也会从中得到更高的收益率。这个现象有力地证明了，工具变量的选择是可以替换的，并且自我选择替代机制是有效的。图2.6（a）体现了个人能力和家庭背景之间相互协同，并共同对收入产生影响，此项估计研究已经得到了证实。认知能力和非认知能力都会通过教育和其对收入的直接影响来提高个体收入［见泰伯（Taber，2001)；赫克曼、奚恺元和鲁宾斯坦（Heckman，Hsee，Rubinstein，2001)；卡内罗（Carneiro，2002)；卡内罗、汉森和赫克曼（Carneiro，Hansen，Heckman，2001；2003)］。表2.4总结了不同能力的群体的平均收益率。

平均数模糊了许多关于收益率分配的重要信息。即使在现实生活中，平均收益率很高，但接受教育的边际参与者也可能会有一个较低的收益率。经济分析的对象都是处于边际效应中的人。即使明瑟（Mincer，1974）强调以往报道的关于收益率的预估研究存在着离散异质性，最近的研究才预测到教育的完整的收益率分布，以及收益率如何受教育边际效应的影响［见卡内罗、汉森和赫克曼（Carneiro，Hansen，Heckman，2001；2003）］。我们在本书中总结了这些主要的发现。

收益率的异质性可以从代理人所熟知的巨大差距中产生，却与经济学者或者代理人在进行教育决策时遇到的真正不确定性因素无关。卡内罗、汉森和赫克曼（Carneiro，Hansen，Heckman，2001；2003）同时评估出预期收益率的异质性以及代理人在进行教育决策时遇到的真实存在的不确定成分。他们把代理人在进行教育决策之前就知道的真实存在的不确定成分和事后意识到他们收获了什么这两件事区分开来。①

表 2.4　具有不同数学测试成绩的高中白人男性的一年制大学的收益率

	5%	25%	50%	75%	95%
人口的平均收益率	0.112 1 (0.040 0)	0.137 4 (0.032 8)	0.160 6 (0.035 7)	0.183 1 (0.045 8)	0.210 1 (0.062 2)
进入大学的群体的收益率	0.164 0 (0.050 3)	0.189 3 (0.058 2)	0.212 5 (0.067 6)	0.235 0 (0.080 1)	0.262 1 (0.096 2)
未进入大学的群体的收益率	0.070 2 (0.053 6)	0.095 4 (0.038 5)	0.118 7 (0.029 8)	0.141 1 (0.030 5)	0.168 2 (0.042 5)
位于边缘的群体的收益率	0.120 3 (0.036 4)	0.145 6 (0.030 0)	0.168 9 (0.034 5)	0.191 3 (0.045 3)	0.218 4 (0.063 1)

注：1991 年的工资额除以按每周每小时计算的年收入，再乘以 52。数学测试成绩是取学生在第十年级获得的两个数学测试分数的平均分。在样本数据中，没有退学者。教育变量为二进制形式（高中、大学）。总的大学收益已除以 3.5（这是读大学的高中毕业生和不在样本中的全国青年数据调查相似数据的白人男性高中毕业生之间受教育年数的差别）。我们因地制宜地采取了两个步骤。首先，我们用在卡内罗、赫克曼和维特拉奇尔（Carneiro，Heckman，Vytlacil，2001）研究中的当地工具变量来计算边缘处理效应。参数是边缘处理效应的不同加权平均数。其次，我们计算每个变量的加权数，并且使用这些加权数来得出边缘处理效应的加权平均数［见卡内罗（Carneiro，2002）］。位于边缘的群体对上不上大学持无所谓的态度。括号中的数字代表标准差。

卡内罗、汉森和赫克曼的研究扩充了威利斯和罗森（Willis，Rosen，1979）对受教育结果的分布的分析。图 2.14 绘制了大学毕业（与高中毕业相比）对大学毕业生和高中毕业生所产生的事后（才认识到的）影响，而这一结果呈现出与实际相反的分布状态。大概有 7%的大

① 这些作者通过推断能产生可能结果的低维度因子模型来识别反事实。他们得到证据，即低维度模型适合工资数据。为提取对学校教育收益的不确定性估计，他们估计教育的决策规则，并确定哪些因素能解释未来的结果，这对他们何时做出教育决策起作用。

学毕业生得到的事后收益是负向的。对于他们来说，去读大学反而是一个经济上的错误。对于占比更大的（14％）仍然在读高中的而且没有去读大学的群体来说，这可能是一个更大的错误。[①]

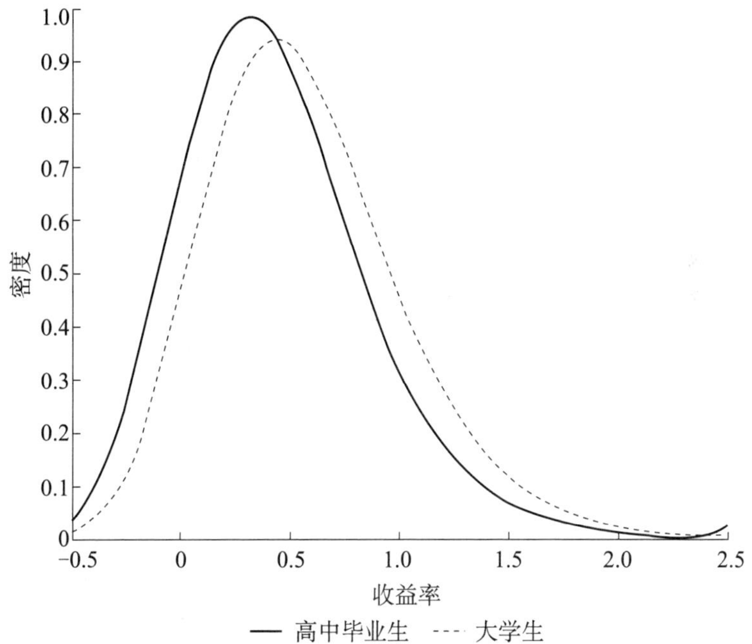

图 2.14　大学收益率的分布与高中收益率的分布（白人男性、NLSY79）

资料来源：卡内罗、汉森和赫克曼（Carneiro，Hansen，Heckman，2003）。

＊原书中数据如此，且横坐标未给出单位。——译者注

卡内罗、汉森和赫克曼（Carneiro，Hansen，Heckman，2003）估计，在群体做出是否上大学决定的时候，应该考虑到教育的实用性收益，但目前只能预测其中的一小部分变量。图 2.15 展现了一个可以总结他们成果的方法。该图说明，在无预测的情况下，假设代理人在做教育决策时能用到内容丰富的信息，则大学收益率离散分布的方差小于高中收益率离散分布的方差。卡内罗、汉森和赫克曼认为，即使在已经占有令人难以置信的丰富信息的条件下，在人们做教育决策的过程中仍然存在着大量的关于未来收益本身固有的不确定因素。这个固有的不确定因素，再加上用卡内罗、汉森和赫克曼的模型预测出来的风险规避方

① 这些收益是根据收入的现值来衡量的。但是，当我们在工具中测量这些收益时（假设一个每年的 log 效用函数，没有借款或储蓄），39％的大学毕业生事后将获得大学的负收益（如果他们上大学，55％的高中毕业生将获得负收益）。

法，将有助于解释一些难题。埃尔伍德和凯恩（Ellwood，Kane，2000）对这些疑难问题已进行了探讨，他们表示，与其他人相比，学生对成本的反应更为强烈。直接成本（比如学费）是几乎可以确定的，而教育的未来收益具有不确定性。风险规避导致代理人在与成本相关的收益问题上大打折扣。

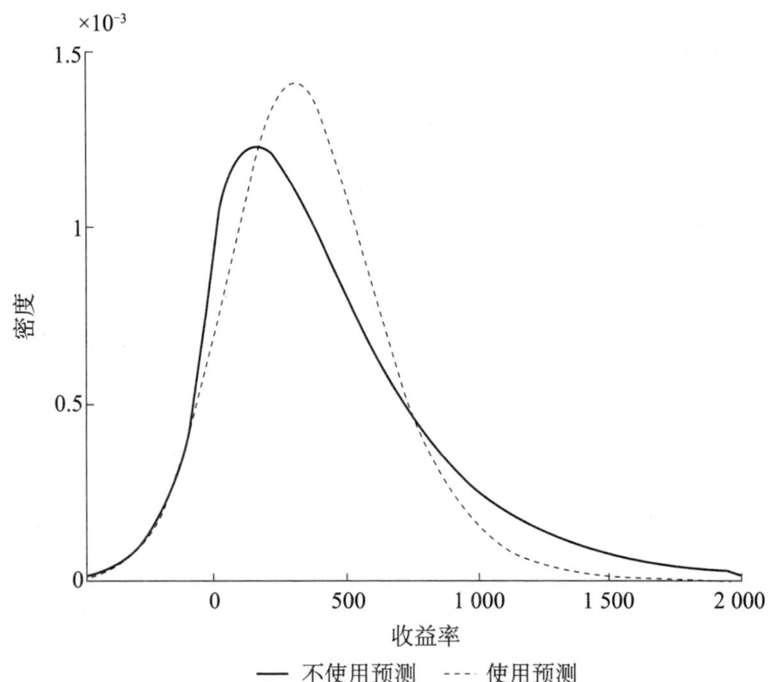

图 2.15　在不同组信息条件下的大学收益率（白人男性、NLSY79）

资料来源：卡内罗、汉森和赫克曼（Carneiro，Hansen，Heckman，2003）。

＊原书中如此，本图坐标轴刻度疑有误，横轴刻度应乘以 10^{-3}。——译者注

以上证据表明，通过搜集信息可以减少教育在未来预期报酬上的不确定性，而这种做法将会产生潜在收益。和其他主要群体相比，少数群体和主要低收入群体的事前预期存在着更大的离差，这种情况解释了为什么长期以来，少数群体和主要低收入群体的白人会对教育收益率的变化反应迟缓。

然而，风险规避并不是全部因素，甚至不是用来解释这个令人失望的大学录取率的主要因素。卡内罗、汉森和赫克曼（Carneiro，Hansen，Heckman，2003）在模拟了一个信息完备的环境之后发现，只有一小部分人会后悔他们当初所做出的接受教育的选择。这表明，非金钱因素（与心理成本、动力等相关的因素）可以有效地解释少数群体和来自低收入

家庭的群体为什么在家庭经济条件允许的情况下，还是不愿继续读大学。

那些因为学费变化而受到吸引的边际参与者的教育收益率要低于普通的就读大学群体的收益率。根据卡内罗、汉森和赫克曼的研究（Carneiro，Hansen，Heckman，2001；2003）可绘制图 2.16，该图表明，教育收益率对那些不太可能上大学的人来说更低。[①] 卡内罗（Carneiro，2002），以及卡内罗、赫克曼和维特拉奇尔（Carneiro，Heckman，Vytlacil，2003）同样建立了针对能力较差群体的教育边际收益率会更低的理论，该理论着重强调了早期能力开发的重要性。他们分析了关于美国民众的不同数据，发现对于大多数人来说，一般大学生（高水平类型的学生）的一年大学收益率是 4%～15%，比处于边缘水平的（上或不上大学都可以）的学生（低水平类型的学生）的一年大学收益率要高。因此，能力对于教育收益率的影响很大。

学校教育对标准化测试成绩的影响以及测试成绩对工资的影响 汉森、赫克曼和马伦（Hansen，Heckman，Mullen，2003）预估了学校教育对测试成绩的影响，并同时考虑了学校教育和测试成绩的共同作用。[②] 众所周知，测试成绩能够预测学校教育的收益率。但学校教育能够提高测试成绩的观点则备受争议。赫恩斯坦和默里（Herrnstein，Murray，1994）声称学校教育对测试成绩的影响是十分微弱的。温希普和科伦曼（Winship，Korenman，1997）调查了有关这个主题的相关理论。汉森、赫克曼和马伦（Hansen，Heckman，Mullen，2003）以能力超凡的 14 岁群体为测试目标，估计了他们在接受更多额外教育后其标准化测试成绩所受到的影响。[③] 他们发现，学校教育可以以每年标准差 20%的速度来提高测试者武装部队资格考试的成绩。这个结果对于具有不同潜能的群体是一致的。在高中时代，群体能得到某些在测试成绩方面的实质性收获。但是，由于学校教育对测试成绩的影响在拥有不同能力水平的群体之间是一致的，所以学校教育并不能消除测试成绩所固有的不利影响，而这种不利影响是由群体间能力水平的不同而造成的。因为记录工资和测试成绩之间的关系是非线性的［见赫克曼和维特拉奇尔（Heckman，Vytlacil，2001)］，所以教育倾向于给那些潜在能力测试成绩分布于底层的群体以等量的工资。

---

① 这是一个部分均衡声明。高中的收益会随着越来越多的人上大学而增加。当大学入学率增加时，这将降低图 2.16 的斜率。

② 他们也考虑了测试的最高限度效应。在他们的工作中，他们将测试成绩基数化。

③ 在汉森、赫克曼和马伦的论文中，潜在能力等于智商，这在 8 岁后不能被操纵。

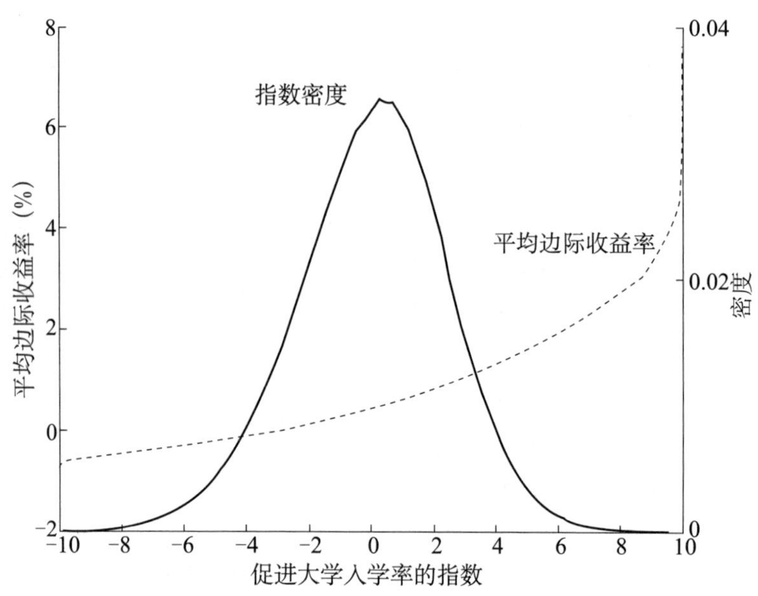

图 2.16　在大学和高中之间位于边缘群体的平均边际收益率

资料来源：卡内罗、汉森和赫克曼（Carneiro，Hansen，Heckman，2003）。

注：平均边际收益率是指在给定指数的水平下，大学和高中之间位于边缘的群体在给定进入大学学习条件后的收益率。促进学校教育的因素指有关教育的变量（更高水平的指数导致进入大学的概率更高）。密度与个人在每个等级指数中的密度一致。

汉森、赫克曼和马伦的研究表明，教育除了能够直接影响测试者的收入以外，还可以提高其能力，这可以被视为学校教育所产生的额外影响。对于教育收益率的预估已有很多，而这些研究往往是以给予能力水平较低者以更高教育收益为前提条件的。

提高教育质量　更多的教育改革措施得到了广泛的提倡，其中包括减小班级规模、设立暑假学校机构项目，以及提高教师供给与每个学生的人均教育支出。克鲁格（Krueger，1999）指出，这些干预措施都会产生成本效应。其中包括一些基于实证研究的教育创新项目，比如来自田纳西州的明星实验（STAR）就是成功的例证。来自这个项目的结论性证据其实非常模糊。最初幼儿园小班学生的测试成绩要高于在更高班级的学生，但是经过处理和控制之后，这两类学生的测试成绩变得更加接近，即便这个项目还存在一点有效的影响［见哈努谢克（Hanushek，2000）；相反的观点见克鲁格（Krueger，1999）］。没有证据表明在田纳西州的明星实验中，通过减少班级规模等手段会在实质上影响这类群体日后的经济收入，或者能够有效地减小在美国社会中存在的不同社会经济群体间的技能差距。即使从减小班级规模中得到的测试成绩是持久而稳定的，这些测试成绩也不能被用来解释这部分人群一生中所获得的大部分收入［见考利、赫克曼和维特拉奇尔（Cawley，Heckman，Vytlacil，1999）；赫克曼和维特拉奇尔（Heckman，Vytlacil，2001）］。

最近发表了一些关于测量教育质量与群体一生收入及其职业成就之间关系的研究成果，其中得到的测试成绩是按比例缩小的，以便评估出干预手段对教育质量的有效影响，因此，我们对这些结论不必过于坚持或轻易依赖。作为这些研究的结果，有一种观念正在兴起，那就是在大多数发达国家的现阶段，改变对测量对象的教育投入，比如班级规模、每个学生的花费等，只会对其未来收入产生微弱的影响［见赫克曼、莱恩·法拉和托德（Heckman，Layne Farrar，Todd，1996）；哈努谢克（Hanushek，1998；2003）］。即使有人根据文献进行了最好的预估，并且将它们与最佳情景结合在一起，比如为了提高教育质量而增加支出，将师生比例降低至五个学生配备一个教师的情况等，也并不见得这就是一个明智的投资决策。在保持招生数量不变的条件下，师生比例减小的情况会导致对新教师需求量的增加，更不用说对新教室和学校设施需求的增加了。我们估计，通过降低师生比例从而达到五个学生配备一个老师——仅仅考虑新增教师的成本支出，就可能在每个学生身上支出高达790美元的费用。[①] 通过对生产率增长、贴现率，以及基金的社会机会成本等指标进行各种假设分析，表2.5估算了师生比例下降这样的措施能够产生的净收益。[②] 五个学生配备一个老师的师生比率会带来群体未来预期收入提升4%，这一较高预估（与在文献中报告的预估有关）会造成在标准贴现率（5%～7%）的条件下，每位于1990年开始接受12年教育的高中毕业生的一生收入损失2 600美元～5 500美元。

卡德和克鲁格（Card，Krueger，1997）认为，效率工资的增长应该被归类到师生比率下降所产生的收益结果中。仅仅使用一个与以往实验一致的1%的效率工资增长率，并不能反转由这样一系列计算而得出的结论。即使使用按以往经验来看已经相当高的预估指标，即3%的效率工资增长率（未展示计算过程），也不能够抵消支出的增加，除非采

① 这里的美元价值都是以1990年的美元不变价格计算的。

② 这些计算是由萨姆·佩兹曼（Sam Peltzman）提供的。增加教师工资30%也能得出相同的结论。这里的估计最先由赫克曼和洛克纳（Heckman，Lochner，2000）给出。达亚南德·马诺利（Dayanand Manoli）根据我们的指导更新了这些估计。

取3%的贴现率。[①] 当我们把税收这样的社会成本考虑进去之后，对师生比率下降所带来的净收益的预估将变得更为消极。只有提高教育质量对收入影响的预期，并通过一个非常低的比率（3%）来计算贴现成本，我们才能够发现教育质量对群体未来收入来说具有相当大的积极影响。

表 2.5　评估教育质量政策：以在 1990 年接受 12 年教育的群体为测试对象，通过五个学生配备一个老师来降低师生比率的手段贴现其教育净收益

贴现率（%）	生产增长率（%）	包括50%的基金的社会成本	改变学校质量所带来的收入的收益（1990年美元不变价格）		
			年收益率为1%	年收益率为2%	年收益率为4%
7	0	是	−905 6	−809 2	−616 3
	0	否	−571 6	−475 2	−282 3
	1	是	−887 8	−773 6	−545 1
	1	否	−553 8	−439 6	−211 1
5	0	是	−925 5	−753 7	−410 3
	0	否	−559 7	−388 0	−445
	1	是	−888 7	−680 2	−263 2
	1	否	−523 0	−314 5	102 5
3	0	是	−884 0	−559 1	905
	0	否	−481 0	−156 2	493 4
	1	是	−803 6	−398 4	411 9
	1	否	−400 7	45	814 9

注：所有的收益为在1990年美元不变价格下6岁群体的净现值。学校改革的支出在测试对象6岁至18岁时出现，提高收入所带来的好处在测试对象19岁至65岁之间出现。支出的数据均来自国家教育统计中心的数据库（NCES1993）。增加新老师的成本支出包括工资以及资本、行政和维修方面的支出。通过五个学生配备一个老师的师生比率的下降而得到的对收入增长的预估出自卡德和克鲁格的研究成果（Card，Krueger，1992，表3），同时可以得出，收入增长预估大概为1%～4%，而大部分文献给出的预估都为1%～2%。为了得到更小班级规模所带来的收益，学生必须完成12年的更高质量的学业。我们先计算完成一年学业的成本，然后计算经过12年学校教育之后的成本的现值。

本章所提供的证据表明，与师生比率下降所带来的经济收益相比，现阶段美国花费在教育生产组织和学生身上的支出未免太多了。为学校投入更多的资金以缩小班级规模，使得每个班级人数比以前少一两个学生，从而提高花在每个学生身上的费用，这根本不能解决美国小学和初中学校教育系统的问题，更不会在促进更多少数族裔的群体和穷人上大

① 使用3%的生产增长率和3%的贴现率的计算可联系作者获取。我们感谢达亚南德·马诺利在计算中提供了帮助。

学的问题上有所作为。当然，这并不是说学校质量的提高一点作用都没有。哈努谢克（Hanushek，1971；1997），默南（Murnane，1975），以及哈努谢克与卢克（Hanushek，Luque，2000）的研究都表明，老师在提高学生测试成绩方面起着至关重要的作用。然而，传统的关于教师质量的测试并不能反映出教师质量的高低。在奖惩机制方面，如果能够给老师们提供更多具有指导性的奖励标准，将会非常有效地促进地方性知识的使用，而官僚化会阻碍对地方性知识的使用。

虽然教育质量的影响在不同环境下是不同的，而且一些学校额外的资金可能会受到调整，但是学校质量的边际提高在增加群体一生收入方面可能只会产生微乎其微的效果，此外，如果我们期望在教育系统内部看到显著的进步，则需要更多根本性的改变。

通过学校选择权来提高教育质量 我们通常认为，尽管教学方式的选择会带来较高的经济收益预估，但是美国小学和初中的教学品质整体都在下滑。与其他国家的学生相比，美国高中生在标准化考试方面的惨淡排名，再加上学生成绩一直停滞不前，成为美国教育模式失败的两个显著证据［见布劳和卡恩（Blau，Kahn，2001）；经济合作与发展组织、加拿大统计年鉴（OECD，Statistics Canada，1995）；哈努谢克（Hanushek，2000）］。要解决这个问题，首先需要了解美国学校是怎么组织和运转的。大体来说，公办学校系统都是由当地垄断企业开办的，并没有多少竞争对手。尽管有很多兢兢业业的专职人员在这些学校里努力工作，却得不到任何奖励，而且许多小学校长和老师在生产知识上的主动性非常弱。学生离开学校后即将要面对技术需求以及市场的实际需求，而教育机构对这两种需求时刻发生的变化无动于衷。教育机构是不对任何人负责的，因为监管它们是一件非常困难的事情。一个有效的信息来源声称：家长和学生所提出的关于老师和学校质量的意见，很少会被当作依据来制裁那些质量差劲的教学工作。

已经有学者主张将学校选择权作为教育改革的一项内容，以提升教育服务的质量。学校选择权改革的支持者们认为，学校为了吸引学生会展开竞争，而这种竞争会逼迫学校减少学费并提高其服务的质量。除此之外，通过让家长积极为孩子们选择学校，学校选择系统可能会增加家长在子女教育问题上的参与度。另外，反对者们则认为，被迫增加学校间的竞争会导致学生之间的阶层分化和不平等，从而削弱了基本的学校教育准则。那么，贫穷的父母就会因缺少信息和能力不足而无法有效地帮助其子女做出明智的决策。因此，学校选择系统将更有利于那些富有的家庭在现有系统里进行选择。

有关这个话题的大部分调查都是理论上的。尽管可以对现有的美国学校选择系统中的选择程度进行剖析，以理解学校选择权的运作机理，但数据也是时常缺乏的，而且可获得的时间也通常不可确定。

学费抵扣券（又称教育券）实验给出了进行学校选择权实证研究所需要的数据。该项实验给予公办学校学生学费抵扣券，以便让他们可以在私立学校上课。这些实验在几座美国城市进行，包括密尔沃基、克利夫兰、明尼阿波利斯及纽约。[①] 这些实验已经得到相关学者的系统研究，但得出的结论是具有争议性的。研究者们并不认为，学费抵扣券会对学生的教育成就有任何影响。最近的研究调查［见彼得森和哈塞尔（Peterson，Hassel，1998）］显示了学生和家长满意程度的重要差异性。相对于不允许进行学校选择的家长，可以进行学校选择的家长更容易对其子女就学的学校表示满意。学费抵扣券实验经常受到其规模的限制，而且很难把这些实验的研究成果推广到国际化层次上。任何国际性的学费抵扣券实验都带有一般均衡效应，而这些效应很难被小规模的实验预估到［见奥奇拉和谢地（Urquiola，Hsieh，2002）］。

在研究美国公办学校系统的基础上，其他学者又研究了在公办学校引入竞争机制的效果。这些研究的相关证据指出，学校竞争机制的引入和家长学校选择权的实施均提升了学校的教育质量，这一结论得到了学生考试成绩提高和学生家长满意度提高的双重验证。与学校竞争所带来的虹吸资源观点相反，卡洛琳·霍克斯拜（Caroline Hoxby，2000）的研究暗示，当公立学校同时受到来自教区和其他私立学校两方面更大的竞争时，所有学校的表现都会有所提升。更高的成就通过最低的代价获得。

盖伦、雅各布和莱维特（Gullen，Jacob，Levitt，2000）给出了芝加哥公立学校之间竞争的相关证据。他们发现，与留在原来学校，而且仅凭观察就可以推断出的常规学生相比，拥有更换学校机会的学生的高中毕业率会更高。他们认为，这个结果是由学生的分类产生的。学校选择权能够让具有更高能力的学生选择更高质量的学校，提高他们从高中毕业的可能性。这些学校选择权能够帮助质量高的学生，但同时它们也不会对能力低的学生造成什么不利的影响。

德里克·尼尔的研究（Derek Neal，1997）表明，与在公立学校就读的学生相比，天主教学校的学生具有更高的教育成就，并且在很大程

① 杰出的研究包括维特（Witte，2000），彼得森、哈斯尔（Peterson，Hassel，1998），以及劳斯（Rouse，1997）。

度上，住在市中心的居民更倾向于就读天主教学校，而住在次市中心的居民，则更倾向于选择就读公立学校。在郊区，行政区域的范围越小，每个行政区内的学校的竞争就越激烈，天主教学校与公立学校相比，其优势就变得不那么明显了，此外，与市区内的学校相比，郊区的天主教学校和公立学校的体系表现都显得更为突出。格罗格和尼尔（Grogger，Neal，2000）提供了大量一手的测量数据，这些数据都已经在研究中得到了广泛的应用，其中包括测试结果和成就。

值得注意的是，一个像美国这样对消费者主权和选择权予以坚决维护的社会，在教育领域中有关实施学校选择权和创立激励机制方面却存在着很大的阻力。针对传统教育计划的争论往往集中在家长和学生无法做出明智选择这个问题上。目前我们可得到的证据是，如果能够增加学校间的竞争，则会产生更好的结果，虽然距离最好的结果还有一定的差距。推行这种竞争的学校政策比那些单纯为了提高教育质量而不对学校的组织结构做出改变的政策来说，更有可能提升教育的表现。然而，目前还没有确切的统计方面的数据［见哈努谢克（Hanushek，2000；2002）］。

早期童年投资

本章的证据表明，群体的认知能力和非认知能力都会影响其教育和经济上的成功，如果有什么区别，那就是认知能力和非认知能力在社会经济上的不同影响会在群体幼年时期出现，即从一个人的孩提时代开始，人生的差距就已经被拉开了。我们强调，家长的教育投入与这些技能之间有着非常重要的联系。然而，这个证据未能明显地体现在政策干预中，因为一个条件好的家庭能培养出一个优秀的孩子，针对这个随意给出的定论到目前为止还未能被完全证实。也许正因为这个原因，美国社会已经对干预家庭生活产生了厌烦情绪，对群体幼年时期的干预尤其如此。

人们在针对家庭和教育这两类问题上持有完全不同的观点，这一结论得到了广泛认可。父母不能在其子女教育方面做出正确的选择的观念广泛流传。如果这个观点是正确的，那么我们如何相信家长能够在孩子学前时期会做出正确的选择？而最近的研究报告指出，这个时期对于取得人生成功而言是非常重要的。家长在为其子女选择学校时的决策往往是不明智的，因此有必要对这类家庭进行带有家长式作风的干预，这种逻辑上的推断可能暗示着，在孩子学前时期进行有效干预会产生深远而积极的影响。这是一个可能只有极少数人才会接受的观点。

针对某些功能失调的家庭对其子女进行早期阶段的家长式干预也许

是适当的。一般说来，家庭在个人学习生涯的各个阶段都享有绝对的主权，如果我们一定要突破这个准则，那只能是因为做这件事情的意义非常重大，尤其是对于学前时期的孩子来说（只是针对某些家庭），而不是在此之后接受正常教育的阶段。在这些教育阶段，针对家长式干预所产生的争议通常较多。功能失调的家庭环境是产生社会问题的主要来源。当我们将提高效率作为理由时，往往得到允许对这样的家庭施以家长式作风的干预，即使这样的干预会引起严重的质疑，即人们会认为家庭生活的神圣不可侵犯性没有得到很好的维护。

近期开展了一项对来自不利环境的孩子给予小范围资助的研究，这种资助在其童年时期就已经开始了，目前该项研究已初见成效。研究表明，在儿童早期进行干预可以有效地促进其学习，而外部的干预则可以丰富孩子们的生长环境。在孩提时代给予的高质量早期干预可以对个体的学习和积极性产生深远持久的影响。这些干预可以提高他们的成就以及非认知能力，但在提升其智商方面没有多大作用，除非像卡罗来纳初学者项目所做的那样，在孩子非常小的时候就开始进行干预，这样才会对孩子的智商产生持久的影响。在密歇根州伊普斯兰提项目中，研究人员随机选择了一些处于不利地位而且智商相对没那么高的孩子（平均智商为 80），让他们参与佩里学前教育计划，他们在四五岁的时候已受到了广泛关注。随后，虽然这些关注逐渐减少，但该计划会对参与研究的孩子进行长达一生的跟踪调查。当年实验组中的孩子，现在都已经大概 35 岁了。从他们身上得出的证据表明，参与这个项目的人比那些随机被选择进该项目的孩子，在其成长中近 20 年里都有更高的收入和更少的犯罪行为。据报道，该项目的成本收益率是很高的。通过测量 27 岁这个年龄段的人群，这个项目每投资 1 美元，将得到 5.7 美元的收益。当涉及项目参与者余生的生活收益时，1 美元可获得的收益上升到 8.7 美元。这个项目的一大部分收益（65%）被归结于犯罪行为的下降［见施温哈特、巴尼斯和魏卡特（Schweinhart，Barnes，Weikart，1993)］。锡拉丘兹的学前教育计划为那些处于劣势的孩子提供了家庭发展的支持，其中包括对他们的母亲进行产前护理等措施，这些支持一直持续到孩子 5 岁的时候。服缓刑和判有期徒刑且缓刑 10 年的人占整个随机参与项目孩子的 70%。在这个项目中，女孩有更好的学校表现［见拉里、吉欧尼和霍尼格（Lally，Mangione，Honig，1988)］。研究发现，在参与早期干预项目的孩子身上都出现了测试分数的短期增长、更低的留级率和更高的高中毕业率等现象。这些检验在对即将产生或已经产生犯罪行为的青少年研究中得到应用，我们发现，项目参与者中只有很低比例的人群会实施这些犯罪行为。表 2.6 总结了经挑选后的学生在测试成绩、

表 2.6 早期干预项目的影响

项目/研究	成本[a]	项目描述	测试分数	学校教育	青少年犯罪
初学者项目［见雷米等（Ramey等，1988）］	N/A	为儿童提供从婴儿至学前的年度全日制课程	1岁～4岁年龄段表现出更高成绩	至二年级留级率低于34%；拥有更高的阅读水平和数学能力	N/A
早期培训[b]［见格雷、雷米和克劳斯（Gray，Ramey，Klaus，1982）］	N/A	为儿童提供暑期的半日制课程；在学校就读期间每周可以回家	5岁～10岁年龄段表现出更高成绩	低于16%的留级率；高于21%的升学率	N/A
哈勒姆研究［见帕尔默（Palmer，1983）］	N/A	针对年轻男性的每两周一次的单独师生讲习会	3岁～5岁年龄段表现出更高成绩	低于21%的留级率	N/A
休斯敦PCDC[b]项目［见约翰逊（Johnson，1988）］	N/A	每两年进行一次针对家长的家访；为二年级儿童提供每周四天的托管服务（限于墨西哥裔美国人）	3岁年龄段表现出更高成绩	N/A	在母亲的管教下侵犯性与敌视程度更低（8岁～11岁年龄段）
密尔沃基项目[b]［见加伯（Garber，1988）］	N/A	为一年级儿童提供全日制、一年制班级；为母亲提供职业培训	2岁～10岁年龄段表现出更高成绩	低于27%的留级率	N/A
母子家庭规划［见莱文斯坦、奥哈拉和马登（Levenstein，O’Hara，Madden，1983）］	N/A	针对母亲及儿童的每两周一次的家访	3岁～4岁年龄段表现出更高成绩	低于6%的留级率	N/A

续表

项目/研究	成本[a]	项目描述	测试分数	学校教育	青少年犯罪
佩里学前教育计划[b]［见施温哈特、巴尼斯和魏卡特（Schweinhart，Barnes，Weikart，1993）］	13 400 美元	每周一次的家访；一至两年高质量的紧密学前服务	5 岁～27 岁年龄段表现出更高成绩	低于 21%的留级率或特别关注率；高于 21%的高中升学率	27 岁之前的终身监禁比率为 2.3%～4.6%；被捕达 5 次或以上的比率为 7%～35%
罗马启蒙计划［见门罗和麦克唐纳（Monroe，McDonald，1981）］	5 400 美元（两年）	针对儿童的半日制课程；家长参与	N/A	低于 12%的留级率或特别关注率；高于 17%的高中升学率	N/A
锡拉丘兹大学家庭发展计划［见拉里、曼焦内和霍尼格（Lally，Mangione，Honig，1988）］	38 100 美元	每周一次的家访；全年制的日间托管	3 岁～4 岁年龄段表现出更高成绩	N/A	缓刑比率为 6%～22%；犯罪概率下降
耶鲁实验	23 300 美元	家庭支持；为期 13 个月的家访和日间托管	30 个月年龄段表现出更好的语言发展前景	更理想的学校出勤和适应情况；更少的特殊调整情况；校园服务（约 12 岁半）	在老师和家长的管教下，冲动性与青少年犯罪概率下降（约 12 岁半）

资料来源：赫克曼、洛克纳、史密斯和泰伯（Heckman，Lochner，Smith，Taber，1997）。数据来自多诺霍和西格尔曼（Donohue，Siegelman，1998），施温哈特、巴尼斯和魏卡特（Schweinhart，Barnes，Weikart，1993），以及塞茨（Seitz，1990）。

注：所有的比较都是介于项目参与者和非项目参与者之间的。N/A 表示无法得到相关的数据信息。

a. 以 1990 年美元不变价格计算。

b. 休斯敦 PCDC 表示休斯敦家长-儿童发展中心。随机的任务型实验旨在确定研究计划的影响。

教育、收入和不良行为等方面的表现，从而说明了早期干预项目的积极影响。表 2.7 描述了佩里学前教育计划的发现，以及关于该项目的成本-收益分析。收益率实质上大于 1。近期关于这个项目的内在收益率的估计值是 13% [巴内特和个人沟通（Barnett，Personal Communication，2002)]。这个数字比卡内罗（Carneiro，2002）提供的教育收益率低 15%～20%。应将这个结果与低能力学生的收益率做比较，因为佩里学前教育计划只招收能力较低的孩子。表 2.4 表明，对于普通群体来说，一年制大学的收益在能力分布的第五百分位数是 11%，而普通群体在能力分布的未就读大学的第五百分位数的大学收益率为 7%。(在这个能力分布的百分位数里的大部分人没有读大学，所以后面这个数字与比较对象更相关)。如果我们检验在能力分布中第二十五百分位数的个人收益率，该收益率则会上升到 9.5%，要比佩里学前教育计划参与者的百分位数更高。我们可以推测，对于普通孩子来说，儿童早期的母亲投入的收益率将非常高，达到 13%，虽然目前并没有直接证据表明这个推测是正确的。同时，如果我们还不能提供学校教育对群体的非认知能力具有实质性收益的相关证据，那么学校教育收益率和学前教育收益率的差距将可能会变大。

更具适用性的家庭主导计划给出的证据更为模糊，不过这个研究计

表 2.7 佩里学前教育计划：27 岁及之前的成本的净现值和价值

(1) 3 岁～4 岁学前儿童的成本	12 148 美元
(2) 政府为 5 岁～18 岁孩子提供的从幼儿园到 12 年级（K-12）特殊教育课程的下降成本	6 365 美元
(3) 犯罪公平系统在 15 岁～28 岁的人口犯罪活动中下降的直接犯罪成本[a]	7 378 美元
(4) 犯罪公平系统在 29 岁～44 岁的人口犯罪活动中下降的直接犯罪成本[a]	2 817 美元
(5) 19 岁～27 岁被雇用人口的收入增长	8 380 美元
(6) 28 岁～65 岁被雇用人口的收入增出	7 565 美元
(7) 15 岁～44 岁在犯罪活动中有形损失的下降	10 690 美元
总收益	43 195 美元
总收益（去掉投资）[b]	32 813 美元
总收益减成本	31 047 美元
总收益减成本（去掉投资）[b]	20 665 美元

资料来源：卡洛里等（Karoly 等，1998）；巴内特（Barnett，1993）。

注：全部数值都是依据 1996 年美元不变价格，在 0 岁时使用 4%的贴现率计算的净现值。

a. 犯罪公平系统的直接支出属于监狱的行政支出。

b. 投资降低的犯罪活动的收益（4）和投资增加的就业率的收益（6）都被排除在外。

划具有相当高的同质性，与佩里学前教育计划相比，其所需投资更少。柯里和托马斯（Currie，Thomas，1995）发现，全部参加家庭主导计划的孩子都能够在测试成绩上得到短期的进步；然而，对于美国的孩子来说，在推出该项研究计划之后，他们大部分的所得都会迅速减少。柯里和托马斯认为，不论是地方行政项目表现出差异性，还是家庭主导计划的教育质量不同，都会造成黑人儿童和白人儿童之间结果不同。雷米等（Ramey 等，1998）认为，参加佩里学前教育计划的孩子就读的学校普遍要比参加家庭主导计划的孩子就读的学校质量高。为了更有效地培养成年技能，早期投资的缺口不得不由后期的投资来补足。对家庭主导计划几年来的积极鼓励最终却遭到失败，这有力地解释了家庭主导计划的影响力逐年减弱的原因，或许这同时解释了与佩里学前教育计划相比，该计划不具备明显有效性的原因。在最近的论文中，加尔斯、托马斯和柯里（Garces，Thomas，Currie，2002）发现了家庭主导计划对高中毕业、大学就读情况、收入和犯罪的长期有效的影响。对于那些母亲可能连高中都没有毕业的孩子来说，这个计划的效果尤为明显。在这些群体中，白人参加家庭主导计划的概率高达 28%，这大大提高了其高中毕业的可能性，大学就读率也上升了 27%，与以往的 20 年相比，所有群体的收入都增加。对于黑人来说，参加了家庭主导计划的人与没参加的人相比，被起诉或者困扰于犯罪行为的可能性降低了 12%。

我们发现，之前我们过度强调了认知能力的测试分数对群体的影响，而忽略了非认知能力的影响，其实这是错误的。这表明，在群体童年时期实施的项目将会非常有效地改变其非认知能力，即使他们也提高了成就测试分数（与智商相反）。我们同样注意到，如同在家庭主导计划中发现的，我们最初获得的测试分数最终却减少了，但就有关学业完成和社会成功所做出的长期预估而言，大多数测试项目还是受到了很大的欢迎。有关测试分数的心理学著作并没有清晰地解释早期测试分数与在校成果、高中毕业率、社会化和劳动力市场等因素之间的关系。家庭主导计划在测试分数中的影响正逐渐减弱，但不能够就此断言参与这个项目无法为群体带来长期的影响。家庭主导计划可能有助于促进参与者进行人生预期，尽管它可能只对短期的测试成绩产生一定的影响，而这些短期的测试成绩可能无法测量群体在社会和情感技能方面的表现。

佩里学前教育计划的干预同时以儿童和父母为目标。每周都有家庭前来访问。传统的早期教育项目是不太集中的。在一个项目中投入得更少，就有可能导致另一个项目的成果更小。目前的证据明显地契合了这个观点。家庭主导计划为孩子配备的人员素质要更低（以及较低的薪酬），班级是半日制的，而且父母的参与度也受到了限制。这个项目没有对家庭做出任何实质性的干预，或者说，没有明显改善来自不利条件的儿童的家庭环境，在此情况下该项目终止了。家庭主导计划的支持者们认为，家庭主导计划的某些进步很有可能和那些更为成功的小型项目所产生的效果相似。假设这样的项目有可能成功（就像佩里学前教育计划一样），那么对不同类型的规模小并具广泛性的早期干预项目而言，其长期影响将会得到更明确的解释。约翰、多诺霍和彼得·西格尔曼(John，Donohue，Peter Siegelman，1998）得出了更具挑战性的计算结果，该结果表明，针对那些具有高风险且处于不利地位的少数族裔的年轻男性，如果能够大规模地对其实施早期干预项目，则仅在犯罪支出方面省下的费用就完全有可能超过用来继续支付这些项目的资金总额了。

从佩里学前教育计划中，我们能够学到的非常重要的一点就是，一个孩子的社会技能和积极性要比他或她的智商更加容易改变，而这一结论同样能够在有关成功进行早期干预的文学著作中得到印证。这些社会技能和情感技能影响着一个人在学校学习和职场工作的表现。认知技能对于人生能否取得成功是至关重要的一个影响因素，对于这个观点学术界是非常偏重的。正因为如此，经历过童年以后，一个人的智商会随着年龄的增长逐渐降低其延展性，这导致许多人认为任何一项干预都是无效的。然而，从佩里学前教育计划中得到的证据和在表 2.8 中展示的证据都揭示了如下积极成果：犯罪活动下降，社会技能提升，处于不利条件的孩子更多地融合到社会的主流中。这些项目最有价值的地方就是它们在社会化方面发挥的作用，而不是在智商方面的影响。社会技能和动机在劳动市场上具有相当大的收益，所以，这些项目将很有可能为我们带来这些收益。

表 2.8　早期干预项目的成果

	项目（运行的年份）	成果	跟踪的年龄上限（岁）	干预效果持续具有显著统计意义的年龄(岁)	控制组	干预组的变化
认知性测试	早期培训计划（1962—1965 年）	智商	16～20	6	82.8	12.2
	佩里学前教育计划（1962—1967 年）	智商	27	7	87.1	4.0
	休斯敦家长-儿童发展中心项目（1970—1980 年）	智商	8～11	2	90.8	8.0

续表

	项目（运行的年份）	成果	跟踪的年龄上限（岁）	干预效果持续具有显著统计意义的年龄（岁）	控制组	干预组的变化
认知性测试	锡拉丘兹家庭发展计划（1969—1970年）	智商	15	3	90.6	19.7
	卡罗来纳初学者项目（1972—1985年）	智商	21	21	88.4	5.3
	护理（CARE）项目（1978—1984年）	智商	4.5	3	92.6	11.6
	婴儿健康和发展项目（IHDP）（1985—1988年）	智商（HLBW[a]样本）	8	8	92.1	4.4
教育成果	早期培训计划	特殊教育	16～20	18	29%	−26%
	佩里学前教育计划	特殊教育	27	19	28%	−12%
		高中毕业		27	45%	21%
	芝加哥儿童家长中心（CPC）项目（1967年至今）	特殊教育	20	18	25%	−10%
		留级		15	38%	−15%
		高中毕业		20	39%	11%
	卡罗来纳初学者项目	大学录取	21	21	14%	22%
经济成果	佩里学前教育计划	逮捕率	27	27	69%	−12%
		就业率		27	32%	18%
		月收入		27	766美元	453美元
		福利使用情况		27	32%	−17%
	芝加哥儿童家长中心（CPC）项目（学前教育与非学前教育的比较）	青少年逮捕率	20	18	25%	−8%
	锡拉丘兹家庭发展计划	缓刑建议	15	15	22%	−16%
	阿耳迈拉父母/早期婴儿项目（PEIP）（1978—1982年）	逮捕（高风险样本）	15	15	0.53	−45%

资料来源：卡洛里（Karoly，2001）。

注：认知测试包括斯坦福-比奈（Stanford-Binet）和韦克斯勒（Wechsler）智力量表测试、加利福尼亚成就测试和其他用来测量认知能力的智商与成就测试。所有结果都明显处于0.05或者更高的水平。每个项目所提供的关于特殊对待的讨论详见赫克曼（Heckman，2000）及卡洛里（Karoly，2001）。

a. HLBW表示巨大的、低出生率的样本。

同时，我们应该对这些项目的结论持有必要的警惕，这一点是非常重要的。因为它们能否被应用到一个更大的范围目前仍是一个问题。就像在田纳西州实施的明星实验那样，在早期干预项目中作为研究对象的老师比那些可能处于长期规模项目中的老师更具有积极性。在强有力的结论得出之前，我们应该对未来收益进行一些适当的预期。这些收益必须能够从实际中证明早期干预项目的正确性，要做到这一点，就必须要求这些收益是根据成本和收入计算得到的，并且被计入个体报酬内，能够体现出时间上的差异性。从初步印象来判断，这些收益是存在的，但是，要是能有一个强有力的实例证明就更好了。

接下来，我们会证明对稍大一些的儿童进行干预也同样是有效的。针对青少年时期的群体实施儿童干预项目，其目的在于纠正不幸童年给这部分群体所带来的不良影响。虽然大部分这类项目不能够提高参与者的智商，但至少这些干预措施是非常有效的，事实证明，如果能像卡罗来纳初学者项目那样实施得非常早，则这些干预措施对参与者的社会技能（非认知能力）将会产生一定的积极影响，因为控制人情感和行为的前额皮质层在青春期后期到来之前都具有可塑性［见宋可夫和菲利普斯（Shonkoff，Phillips，2000）］。

成年时期的干预

成年时期的干预究竟能有多大的效果呢？这些干预是否有可能弥补某些在早年受到的消极影响所造成的后果呢？这些问题都是互相关联的，因为日后的智商与当时的智商具有相当大的关联性，就这个方面来讲，个体的认知能力在相当程度上是天生注定的，并且会在 8 岁之前逐渐稳定。通过对孩子输出社会技能和动机以及改善其家庭环境，早期干预项目能够从根本上带来较高收益，同样地，在个体成年时期的干预也会得到一个较高的收益，对于这一观点的支持有很多。

表 2.9 总结了成年时期的干预在教育、收入和犯罪率等方面产生影响的有关证明。目前几乎没有任何关于这些项目的预测。该表比较了基于学校和培训的两类项目。在这里，我们先会有一个关于什么是成年时期的基于学校干预的简单讨论。一些近期关于导师项目的研究，比如大哥哥/大姐姐（BB/BS）项目、费城未来赞助者及学者一对一（SAS）项目，都已经展现出这些项目在参与测试的适龄儿童和成年人身上具有广泛而积极的社会影响与学术影响。大哥哥/大姐姐项目将原本不相关的成年志愿者和来自单亲家庭的青年人组成一对，从而为这些青年人提供成年的朋友。这个活动促进了青年的私人交往，并且起到了某些代理家长的作用。没有必要实施某些特殊的行为来改进特别明显的不足或者

促进特殊的教育目标，导师是被设想的一个更为宽泛的并具有支持性的角色。在一个随机任务的研究中，蒂尔尼和格罗斯曼（Tierney，Grossman，1995）发现，在被分配导师的 18 个月后，小弟弟和小妹妹（在匹配时为 10 岁～16 岁）更不可能开始用药或者喝酒、打人、逃课或者向自己的父母撒谎；他们有着更高的平均分，更加能够感受到他们在学校里进行的课业竞争，和父母的关系也更为融洽。

费城未来赞助者及学者一对一项目的最初目标是帮助来自费城公立高中的学生完成他们的学业，并使其顺利地就读大学。这个项目为大学申请者和申请财政补助的群体提供了一种长期的良师益友式的关系（贯穿整个高中或者至少超过一年）。这些支持从根本上帮助了参与者顺利完成学业，除此之外，还包括对某些大学相关费用开支给予资金帮助。以个人为单位的配对导师扮演着代理家长的角色，树立了一个成功的模范形象，关心照顾着学生的进步，并且提供及时的鼓励和支持。费城未来赞助者及学者一对一项目为那些选择就读指定大专院校的学生提供了贯穿整个大学生活的 6 000 美元的资金补助。这个项目同时为大约 30 名学生提供了整个团队的协助，目的是确保在导师和学生之间成功建立起关系。① 约翰逊（Johnson，1996）将来自费城高中的非费城未来赞助者及学者一对一项目的匹配学生作为研究样本，估计他们在 10 年级和 11 年级的平均学分绩点（GPA）将会得到有效的提升，同样地，在他们高中毕业之后，进入一年制大学（两年制大学）的入学率也会相应提升 22%（16%）。② 这是因为费城未来赞助者及学者一对一项目最初的目的是提高参与者的大学录取率，所以约翰逊没有选择其他的社会和心理方面的测试方法。

表 2.9　导师计划的预计收益（实验组对比控制组）

项目	成果测量	改变	参与者的人均项目成本
大哥哥/大姐姐	参与吸毒	−45.8%	500 美元～1 500 美元[a]
	参与酗酒	−27.4%	
	打人次数	−31.7%	
	偷窃次数	−19.2%	
	平均学分绩点	3.0%	
	逃课次数	−36.7%	
	学校逃课天数	−52.2%	
	对父母的信任程度	2.7%	
	对父母的依赖程度	−36.6%	
	对同伴感情的支持	2.3%	

①② 在种族、性别、就读的学校和 9 年级学业成绩的基础上，将对照组学生与参与者进行匹配。

续表

项目	成果测量	改变	参与者的人均项目成本
费城未来赞助者及学者一对一	10 年级平均学分绩点（以 100 点为范围）	2.9	1 485 美元
	11 年级平均学分绩点（以 100 点为范围）	2.5	
	就读大学比例（高中毕业一年以后）	32.8%	
	就读大学比例（高中毕业两年以后）	28.1%	
量子机会	高中毕业或者参与一般教育发展考试	26%	N/A
	被四年制大学录取	15%	
	被两年制大学录取	24%	
	目前拥有全职工作	13%	
	自己获取的福利	−22%	
	曾经被逮捕的比例	−4%	

资料来源：成果来自赫克曼（Heckman，1999）和塔格特（Taggart，1995）；成本来自约翰逊（Johnson，1996）和赫雷拉等（Herrera 等，2000）。

a. 支出以 1996 年美元不变价格为单位，基于学校的项目的人均成本低至 500 美元，而基于社区的导师项目的人均成本高达 1 500 美元。

与费城未来赞助者及学者一对一项目类似，量子机会项目为处于不利条件的少数族裔的学生提供了咨询帮助，并承诺他们，投入在这些活动上的每一小时都会有资金上的奖励（先预付一美元，另一美元则作为高校资金），其目的在于提高这些人的社会技能以及营销技能。被随机挑选参与该项目的学生从 9 年级开始都会分配到一名导师。无论这些学生在学校待多久，他们都要花 4 年时间持续地参与这个项目。4 年过后，平均来看，每个参与者在类似和导师学习或者参观博物馆这些教育活动上共花了1 286 个小时。在这个项目完成的两年后，与类似的未参与该项目的学生相比，大约有超过三分之一的参与者从高中毕业了（或者参与了一般教育发展考试）。在随后的跟踪调查中，大部分学生被大专院校录取了，但预估这个项目对参与者收入的影响是十分困难的。对于未参与项目的人来说，项目参与者的被逮捕率仅为他们的一半。然而，由于每位参与者 4 年间的花费在 10 600 美元左右，这些收益建立在大量的支出上。通过成本-效益分析估计，量子机会项目的净社会收益仍然是积极有益的［见塔格特（Taggart，1995）关于这个项目更详细的描述和对该项目影响的评判］。表 2.9 与表 2.10 展示了来自量子机会项目的随机测试的结果。有关证据表明，量子机会项目和众多类似的项目可以提高人们的社会技能，以及成年人对社会的适应能力。

还有两项研究提供了更多的实证依据，以证明记录在校成年人的创造性项目是非常具有价值的。赫克曼（Heckman，2000）以及赫克曼和洛克纳（Heckman，Lochner，2000）的研究对这些内容进行了详细的论述，在这里，我们仅仅概述一下这些内容。俄亥俄的学习、收入和父母对子女的教育项目与青少年家长示范项目都为青少年的父母提供了资金上的激励（换句话说，对未参加者实施资金惩罚），以鼓励这些家长让自己的孩子接受学校教育或者参加一般教育发展考试课程。学习、收入和父母对子女的教育项目体现了在参加项目时仍在校的随机签约参加者的高中毕业率或者一般教育发展考试培训的情况。青少年家长示范项目则表现出该项目在教育上的模糊影响。在参加这个项目前就早已离开学校的年轻女性（也包括小部分在加入该计划时仍然在校读书的群体）可能会把一般教育发展考试培训作为从高中毕业的一个替代途径，以这种更为简单的方法来满足项目的要求，这也提醒我们要更加关注那些非主观的、潜在的消极影响。[①] 这两个项目都体现出积极的事后效应，即在参加这个项目时依旧在校接受教育的学生会在未来的收入和职业发展上获益更多。然而，对于那些在参加该项目时已经离开学校的学生来说，这个项目带来的影响经常是消极的。因此，不同的研究项目都表明，仍在学校学习的学生在参加这个项目时，比那些已经退学的学生能体会到更多积极的影响。[②] 这个项目对于仍在校的学生来说是否具有积极的影响，目前为止，我们还不得而知，因为平均来看，他们要比那些退学的人具有更强的能力，或者在成年时期离开学校之前，干预能带来某些特定的优势。

目前可查阅到的教育文献表明，为处于劣势的学生提供资金激励将有助于促进其在学校学习、参与学校活动，并可以提高他们的教育和就业成果。值得注意的是，即使这些项目提供的激励已经被证实会对参与者的就业和收入产生积极的影响（同时，在量子机会项目的例子中，可以降低犯罪），但也不能期待它们会带来奇迹般的效果。虽然它们能够起到的作用是有限的，但至少这些作用是积极的（见表 2.9 中有关预测的内容）。

---

① 卡梅伦和赫克曼（Cameron，Heckman，1993）以及赫克曼（Heckman，2003）都证明了，在劳动力市场，一般教育发展考试参与者要求的工资比高中毕业生更低。

② 参见格兰杰和西特龙（Granger，Cytron，1998）对两者的讨论。

夏季培训和就业项目针对的是处于劣势的14岁～15岁的孩子，目的是在一定程度上为其弥补某些学术教育和暑期工作，见表2.10。每个夏季，参与者参加近110个小时的课程学习和90个小时的兼职工作。尽管这些项目的参与者的短期阅读能力和数学技能都有一定程度的进步，但这些不会持续很久。在项目完成后的2年～3年，我们发现，项目参与者在高中毕业率、成绩或者就业等方面没有受到积极的影响。这个项目因为没有尝试用整个学年周期去进行追踪调查而受到批评。马里兰的明日计划恰好做到了这一点：它将具有激励性质的夏季培训和就业项目与一个学年的追踪调查结合起来，为参与者提供了夏季工作和学术指导、职业发展指导、来自成年导师的咨询服务、同伴的支持，以及老师的辅导。虽然这个项目没有减少最终的退学率，但它确实在延缓退学这一点上起了一定的作用（在9年级期间，对于参与者来说，退学率降低了，但是从到12年级来看，退学率没有什么变化）。这个项目同时也提高了12年级学生参加功能性测试的通过率，这项测试与明日计划的一系列基础技能有关［见赫克曼和洛克纳（Heckman，Lochner，2000)］。

表2.10 经选择后的成年时期的社会项目在教育和犯罪方面的效果

项目/研究	成本[a]	项目描述	教育	犯罪
夏季培训和就业［见沃克和维拉-维雷兹（Walker，Viella-Velez，1992)］	N/A	针对14岁～15岁孩子的为期两个暑假的职业、学术和生存技能培训	短期测试成绩的提高；对退学率没有长期影响	N/A
量子机会[b]［见塔格特（Taggart，1995)］	10 600美元	咨询服务；教育、社区和发展服务；从9年级开始的为期4年的资金激励	高出34%的高中毕业率和一般教育发展考试参与率（在参加项目的两年后）	被判刑的比例在参与项目前后分别为16%、4%；被逮捕的平均数（参加项目两年后）在参与项目前后分别为0.56、0.28

资料来源：赫克曼、洛克纳、史密斯和泰伯（Heckman，Lochner，Smith，Taber，1997)。

注：所有的比较来自项目参与者与非项目参与者。N/A表明相关的数据不可得。

a. 以1990年美元不变价格计算而得。

b. 该项目为随机任务实验，旨在确定项目所带来的影响。

这些项目的目的都是提高处于不利条件下的年轻人的技能和收入，

从中得到的证据表明，将处在青春期并仍在学校学习的人作为目标人群，对他们实施可持续发展的干预将会积极地促进其学习、职业、收入。① 本章中讨论的相关研究成果也表明，对退学者进行同样干预的效果已经微乎其微了。可惜的是，这些研究并没有揭示出造成这个结果的原因。如果这个年轻人早就已经决定退学，或者那些选择退学的人拥有更少的动机、更低的能力，不管干预在什么时候发生，对他们来说，干预的效果是否都不会太理想呢？对此我们不得而知。然而，值得记住的是，实施诸如此类的干预项目也仅仅会减轻糟糕的家庭环境对他们童年造成的破坏，并不会扭转这一结局。

公共职业培训和私人职业培训

由于缺乏相关数据，以及对政府专项培训拨款还抱有希望，目前对私人职业培训收益的研究远不及对公共职业培训的研究。林奇（Lynch，1992；1993）、利拉德和坦（Lillard，Tan，1986）、毕肖普（Bishop，1994）及巴特尔（Bartel，1992）的研究表明，私人职业培训对个体收入有着相当大的影响。大多数研究都不会试图控制偏见的产生。因为研究者们相信，有积极性的人更有可能参加培训。所以，通过把预期收益和能力收益结合在一起，预期收益就超过了真实收益。令人惊奇的是，几乎没有任何一项研究会去控制这类选择以及能力上的偏见。管理类新职员的上限预期收益为16%～26%，这与从教育中获得的收益相当（见表2.11）。

表2.11　私人职业培训的投资收益率

数据组	收益率
收入动态追踪调查（全部为男性）	23.5%
国家纵向调查（新的年轻人群）	16.0%
国家纵向调查（旧的年轻人群）	26.0%

资料来源：明瑟（Mincer，1993）。

注：收入动态追踪调查简写为PSID。国家纵向调查简写为NLS。

私人职业培训的一个重要特征是，具有更高技能的参与者在这样的培训中做了更多关于人力资本的投资，而在这之后，会达到更高的技术层次。不同类型的培训和学习都会对其他任何一项培训产生很强的互补性。图2.6（a）和图2.6（b）中普遍适用的理论得到了来自美国最近

① 旨在提高弱势青年的技能和对收入进行更全面的调查，请见美国劳工部（U.S. Department of Labor，1995）。

相关数据的支持。表 2.12 分析了当按照人口统计学划分时不同群体的职业培训的参与情况。能力更高的人（正如武装部队资格考试测试的）和接受过更多年数教育的人更有可能参与公司推行的职业培训。这种情况支持了我们的论点，即技能能够产生技能，并为图 2.6（a）和图 2.6（b）提供了更具动态性的充足证据。然而，对于父母具有更高收入的个体（正如在 14 岁时测量的家庭收入和父亲的受教育水平），当其教育和能力被当作控制条件时，他们更有可能在完成学业以后参加公司的职业培训。员工和公司之间的私人融资安排弥补了家庭收入的限制，也同时部分弥补了最初就存在的不利条件。然而，按净值计算，在职培训既不是平等的，也不是绝对不平等的。该表也展示了在既不控制教育也不控制能力的条件下，父母背景和家庭收入对个体的净影响。对于大多数按照人口统计学来划分的群体，若仅考虑家庭背景而不考虑能力和教育等因素，私人职业培训对个体的影响则是中性的。

技能水平低的人通常都不会参加私人职业培训。根据这部分群体对私人职业培训的参与情况分析，我们发现公司可以有针对性地对员工进行职业培训，而这是政府为弱势员工提供的职业培训计划所不能达到的。处于劣势的员工往往对公司所提供的私人职业培训不感兴趣，这有可能是因为培训任务过于艰巨，超出了他们的能力范围，以及完成该项培训所获得的收益率较低。有相关证据表明，公共职业培训在培训技能转化方面是低效的，而它们为低技能成年工作者提供的投资政策也同样是低效的。我们会在后文中提供相应的证明。

与常见的公共培训和工作福利计划相关的证据　在我们开始详细讨论培训项目的好处之前，有必要重申一下我们所熟知的要点，以免严重影响我们对培训证据进行正确的解释。在评估任何一项公共项目时，都必须对两项成本进行合理解释。一项是由增加的公共基金带来的福利成本，另一项是在提供公共服务时所产生的直接成本。[①] 在解释人力资本项目时，也有必要对时间序列收益进行精确的估算，并在对比项目成本时进行适当的省略。表 2.13 说明了正确应用这些规则的重要性。通过对《职业培训合作法》项目进行定性评估分析［参见布卢姆等（Bloom 等，1993）］，可以对利益持续时间、成本、福利成本、贴现利率和公共基金福利成本等指标做出有选择的假设。这些方法可用于解释在培训过

① 正如卡普洛（Kaplow，1996）、桑德姆（Sandmo，1998）、博芬贝格和雅各布（Bovenberg，Jacobs，2001）所指出的，再分配的边际社会效益有时会降低单位资金的边际福利成本。这个边际成本的确切数字在文献中是有争议的。

表 2.12　参与者的武装部队资格考试、家庭收入、完成的年级和父亲受教育水平在公司职业培训中的平均边际效应

变量	平均边际效应					
	白人男性		黑人男性		西班牙裔男性	
	(1)	(2)	(1)	(2)	(1)	(2)
经过年龄调整后的武装部队资格考试	0.014 9	—	0.018 2	—	0.006 6	—
	(0.002 4)	—	(0.003 3)	—	(0.003 7)	—
1979 年的家庭收入（以 10 000 美元为单位）	−0.002 1	−0.000 5	−0.004 7	−0.001 9	0.001 1	0.001 5
	(0.001 2)	(0.001 1)	(0.002 4)	(0.002 3)	(0.002 4)	(0.002 3)
完成的年级	0.038 2	—	0.006 0	—	0.003 6	—
	(0.001)	—	(0.001 4)	—	(0.001 4)	—
父亲受教育水平	−0.001 4	0.000 7	0.000 3	0.001 0	0.000 2	0.000 8
	(0.000 6)	(0.000 5)	(0.000 8)	(0.000 8)	(0.000 7)	(0.000 7)
	白人男性		黑人男性		西班牙裔男性	
	(1)	(2)	(1)	(2)	(1)	(2)
经过年龄调整后的武装部队资格考试	0.007 6	—	0.016 9	—	0.015 9	—
	(0.002 5)	—	(0.003 8)	—	(0.004 5)	—
1979 年的家庭收入（以 10 000 美元为单位）	−0.000 7	0.000 1	−0.000 6	0.001 4	−0.006 5	−0.004 3
	(0.001 1)	(0.001 1)	(0.002 4)	(0.002 3)	(0.003 1)	(0.002 9)
完成的年级	0.002 7	—	0.001 4	—	0.001 3	—
	(0.001 0)	—	(0.001 6)	—	(0.001 6)	—
父亲受教育水平	0.000 1	0.000 9	0.001 5	0.002 1	−0.000 01	0.000 7
	(0.000 6)	(0.000 6)	(0.000 8)	(0.000 8)	(0.000 9)	(0.000 8)

注：该表使用了来自 1979 年至 1994 年的全国青年数据调查的数据，将 1987 年的职业培训数据与 1988 年的原始数据进行了合并。公司职业培训是由雇主开展的正式职业培训，除了基础培训之外，还包括军事化培训。

列（1）包括常住、年龄、父亲的受教育水平、母亲的受教育水平、兄弟姐妹的数量、14 岁的南方居民的虚拟变量、14 岁的城市居民的虚拟变量和年数的虚拟变量。

列（2）通过降低年龄来调整武装部队资格考试和完成的年级。通过由概率回归模型得出的平均导数可以预估平均边际效应。括号中的数值代表标准误差。

程中对评估经济收益产生重大影响的因素，其中尤为重要的是对利益持续时间做出假设。对《职业培训合作法》项目进行评估的工作只持续了30个月。当假设所提供的培训项目中的利益持续时间为7年时，会严重影响对绝对值的准确评估。[①] 另外，阿申费尔特（Ashenfelter，1978）认为13%的年贴现率影响了对收益的第一轮估值，这一结论也支持了贴现与证据不相符的假设。赫克曼、拉隆德和史密斯（Heckman，LaLonde，Smith，1999）针对公共部门培训项目的经济效益进行了一次全面的调查研究，我们在这里不会重申他们的观点。根据马丁和格拉布（Martin，Grubb，2001）最近做出的调查，表2.14支持在有关职业培训实证文献中所提到的一般结论。

表2.13 考虑贴现率、预期高度和税收的福利成本的影响：在基于持久收益、贴现和税收的福利成本的可替换假设下《职业培训合作法》的收益（减去成本）（全国《职业培训合作法》研究，30个月的样本）

收益持续时间	包括直接支出吗?	6个月的利息率	税收的福利成本	成年男性	成年女性	青年男性	青年女性
30个月	否	0	0	1 345美元	1 703美元	−967美元	136美元
30个月	是	0	0	523美元	532美元	−2 922美元	−1 180美元
30个月	是	0	0.5	108美元	−54美元	−3 900美元	−1 838美元
30个月	是	0.025	0	433美元	432美元	−2 859美元	−1 195美元
30个月	是	0.025	0.5	17美元	−154美元	−3 836美元	−1 853美元
7年	否	0	0	5 206美元	5 515美元	−3 843美元	865美元
7年	是	0	0	4 375美元	4 344美元	−5 798美元	−451美元
7年	是	0	0.5	3 960美元	3 758美元	−6 775美元	1 109美元
7年	是	0.025	0	3 523美元	3 490美元	−5 166美元	−610美元
7年	是	0.025	0.5	3 108美元	2 905美元	−6 143美元	−1 268美元

资料来源：赫克曼和史密斯（Heckman，Smith，1998）。

注：收益持续时间表明来自《职业培训合作法》的预期收益能持续多久。在首轮30个月内，实际预期被使用。在持续7年的情况下，18～24个月和25～30个月的平均总收益被当作每个未来阶段的总收益。税收的福利支出表明由于税收增加而支出的每一美元的额外花费。税收的福利成本值0.5处在布朗宁（Browning，1987）所给的建议范围内。

估计值是在把随机任务划分成6个月一组的阶段之后构建起来的。

假设所有成本将在首轮6个月中支付，然而，收益在每个为期6个月的阶段中都可以支付，此外，总额的贴现体现在表的每一行中。

① 这里选择了7年作为衡量标准，因为库奇（Couch，1992）认为，密集工资补贴计划在此期间有年度效益。

表 2.14　从评判著作文献中获得的结论

项目	出现帮助	未出现帮助	有效性的一般性观察
正式的课堂培训	女性再就业者	青壮年男性和受教育程度较低的老年工作者	至关重要的一点是，培训的课程必须与劳动力市场具有很强的相关性，或者对雇主来说更加利益相关。这种课堂培训应该更具成效，从而能够获得雇主的认可与重视。将项目控制在一个相对小的规模和范围内。
工作中的培训	女性再就业者；单身母亲	青壮年男性	这种培训必须直接符合劳动力市场的需求，因此，需要与当地雇主建立密切的联系，但是这会增加被取代的风险。
从工作中寻找帮助（工作俱乐部，个人咨询服务等）	大部分未被雇用的女性和单身父母		这类措施要求对失业者进行求职引导，对工作测试给予更多密切关注。
其中：再就业奖金	大部分未被雇用的成年人		这项措施要求同时对工作接受者及其前雇主进行详细认真的监督与控制。
针对特殊青年人的措施（培训、就业补助、直接创造就业机会的措施）		处于劣势条件下的青年人	要提高项目的有效性，需要为青年人及其家庭在教育、职业技能、基于工作的学习及支持性服务等方面进行适当的有机整合。对这类人群进行早期而持续不断的干预可能是最行之有效的。需要对这部分年轻人的不正确工作态度进行调整。成年导师可以提供相应帮助。
就业补助	长期失业人员；女性再就业者		该项措施要求对净就业收益最大化进行仔细的目标定位和足够的有效控制，但是让雇主接受这一条件也是要花费成本的。
其中：针对未就业的创业者的措施	男性（小于40岁，相对来说接受过良好教育的人员）		该项措施只服务于一小部分人。
直接提供就业机会		大部分成年人和失业的青年人	该项措施只会提供很少的长期收益，而额外原则通常意味着低于边际生产率的就业机会。

资料来源：马丁和克鲁伯（Martin，Grubb，2001）。

职业培训是一项异质性活动 其中包括课堂教育、提供工作、补贴就业和求职援助等。课堂训练的回报率是相当大的［见赫克曼等（Heckman 等，2000）］。然而，带有补贴的工作（如国家资助工作研究）似乎回报更大，其他培训的回报率普遍较低。即使找工作等活动有利可图，活动的规模和收益也很低。人们不能指望从工作培训中获得实质性的好处，文献中缺少对有关培训方案具体活动的详细成本-收益分析，尽管赫克曼、拉隆德和史密斯（Heckman，LaLonde，Smith，1999）以及马丁和格拉布（Martin，Grubb，2001）在一定程度上发展了这种分析。这种对经验证据的评估使我们的讨论好于对整个方案的笼统陈述，并使关于公共政策的讨论集中于对特定人群的有效方案制定。

学者在对教育回报的研究中发现了异质性的存在，有相当多的证据表明，在职业培训中的治疗反应也具有异质性［见赫克曼、史密斯和克莱门茨（Heckman，Smith，Clements，1997）］。提高待遇对工资分配水平较高的人最为有效，对工资水平最低的人却没有任何影响。有的放矢地解决问题当然会卓有成效，但通常无法获得有效行动所需的信息［见赫克曼、海因里希和史密斯（Heckman，Heinrich，Smith，2002）］。老年工人和流离失所的工人重新接受职业培训的比例很低，有关这一问题的文献所得出的一致性结论也与图 2.6（a）所示的情况相符。

与就业团队计划相关的研究 近期学者们采用实验方法对就业团队计划进行了评估，其结果被广泛宣传为政府培训成功的证据［见伯格哈特和肖切特（Burghardt，Schochet，2001）］。虽然一些团体的评价结果令人鼓舞，但就业团队计划的最新成果与以前的职业培训项目的文献一样。除了有关 16 岁至 17 岁的白人青少年的研究内容以外，其他有关收入和就业的结果与大多数职业培训项目如出一辙，这样的情况令人失望。我们惊讶地发现，鉴于这是一个有关一般教育发展考试的研究项目，而且一般教育发展考试的经济效益目前还处于较低水平（见图 2.17），因此就业团队计划的研究成果对劳动力市场还是具有重大影响的。在 20 岁～24 岁的白人计划和黑人男性中，就业团队计划参与者的年化影响是相当大的。然而，在 4 年的实验过程中，参与者所获得的净收益只有 624 美元（4 年以上），且不具有统计显著性。据一家颇受欢迎的出版社报道［见克鲁格（Krueger，2000）］，就业团队计划假设参与样本的收益会无限期延续，由此该项目得到了积极的预测结果。根据就业团队计划的最近研究结果，我们得到了表 2.15。就业团队计划提出了收益无限持续的假设，根据这个假设我们得到了收益，而该项收益远远超过成本。如果做出相反的假设，则收益不会持续，而且净收益是负的。即使使用阿申费尔特提出的 13%的男性贴现率进行估算，净收益还是负的。如果再考虑为就业团队计划融资所需的税收等社会成本，则收益成本账目中的负收益将进一步增加。关于该计划所提出的参与样本的收益能无限持续的假设其实是没有经验支持的，并且在就业团队计划报告中调整成本时没有用到社会福利及税收成本。如前所述，如果我们假设收益能够无限持续，并且忽略税收等社会成本，那么许多其他项目将会产生相当高的收益率。在有关政策将就业团队计划的研究成果作为参考之前，必须对这个假设进行重要的辩证。我们可以从就业团队计划的最终报告中摘录一段内容，作为对该计划（自称是最准确评估）的最好总结：

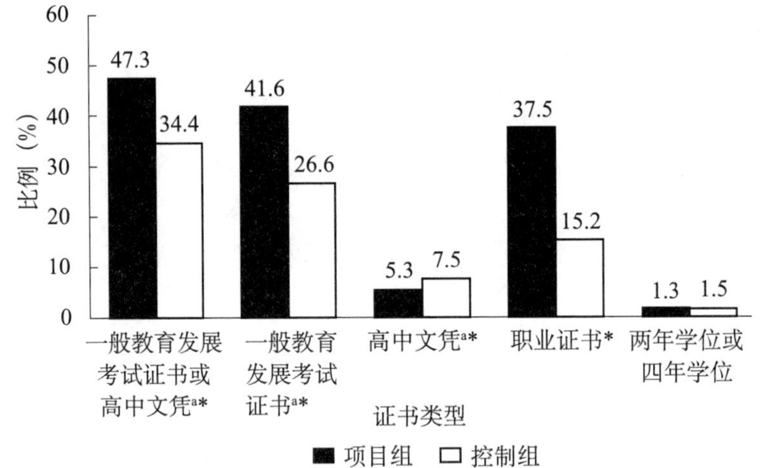

图 2.17　在 48 个月期间获得证书的人数比例

资料来源：针对那些完成 48 个月访谈的人员，分别参考其在基准线、12 个月、30 个月和 48 个月之后的访谈数据，见肖切特（Schochet，2001）。

a. 包括被随机分配的没有高中毕业证书的人。

* 项目组和控制组成员的平均产出差距在 5%的统计水平上显著。这个差距可用于估计每个合格的申请者的影响。

在整个项目周期中，就业团队计划参与者的收入比他们未参与该计划时每周多了 3 美元（或总共多了约 624 美元）。然而，这种影响在统计上是不显著的[见伯格哈特和肖切特（Burghardt，Schochet，2001）]。

表 2.15 不同角度下就业团队计划的收益或成本

	收益或成本（美元）		
	社会角度	参与者角度	社会其他成员角度
第一年	−1 933	−1 621	−313
第二年至第四年	2 462	1 626	836
观察期之后	26 678	17 768	9 009
在就业团队计划职业培训期间的产值	225	0	225
由于产值增加而产生的收益	27 531	17 773	9 758
除观察外推断的由于产值增加而产生的收益	754	5	749
由于减少使用其他项目和服务而产生的收益	2 186	−780	2 966
由于减少犯罪活动而产生的收益	1 240	643	597
项目成本	−14 128	2 361	−16 489
收益减成本	16 829	19 997	−3 168
收益减成本（扣除用外推法观测不到的收益）	−9 949	2 229	−12 177
每一美元项目支出的净收益[a]	2.02		
每一美元项目支出的净收益（扣除用外推法观测不到的收益）[a]	0.40		

资料来源：格拉泽尔曼、肖切特和伯格哈特（Glazerman，Schochet，Burghart，2001）。

注：所有价值按照 1995 年美元不变价格计算。

a. 比例的分母是项目的运营成本（16 489 美元）。比例的分子是社会的收益与学生支出、食物和衣物的成本之和（2 361 美元）。学生支出、食物和衣物的成本包含在分子中是为了抵消其不是社会成本但被包含在分母中的影响。

培训影响的总结 本节所讨论的有关职业培训项目的研究得到了几个重要的结论。第一，你付出多少就会得到多少。最近《职业培训合作法》项目中的每个订单费用都很少，随之产生的成果也很少。有一个例外情况不符合这个规律，那就是课堂培训，其投入少，但收益比较多［见赫克曼等（Heckman 等，2000）］。第二，分组不同，其处理效果也会大不相同［见赫克曼、拉隆德、史密斯（Heckman，LaLonde，Smith，1999）］。第三，职业培训项目也会对教育及工作之外的行为产生影响，这在评估其全部内容时应予以考虑。减少犯罪可能是针对男性项目的一个重要影响结果。由赫克曼、拉隆德和史密斯（Heckman，LaLonde，Smith，1999）总结的相关证据表明，尽管某些群体得到的利益可能很大，并且有些可能已经通过成本-收益测试，但大多数美国和欧洲培训项目的收益率远低于10%。我们不能寄希望于公共职业培训可以补救或减轻个体基本技能在早期出现的匮乏。接下来，我们将考虑税收和补贴政策。

税收和补贴政策

美国的渐进式所得税制度阻碍了个体技能的形成。美国的税收规则也倾向于通过实物资本的形式来促进人力资本的形成［见奎格利和斯莫伦斯基（Quigley，Smolensky，1990）］。有一些证据表明，美国税法对有更多技术和更多财富的工人往往会采取更有利的人力资本投资，尽管税法中也包含了有利于低技术工人的内容。通过对正规学校教育的投资，特别是需要大量自费或学费的教育投资，可以完成对工作的投资，美国的税收政策鼓励这一做法。虽然许多当前人力资本投资的税收制度所产生的影响是无意的，但它们可能对某些特定的工人以及某些类型的投资产生积极的实质性影响。

了解人力资本投资的成本和收益对理解税收如何影响人力资本投资是有帮助的。人力资本投资的成本是由税后的预支收入与所有额外学费或自费费用构成的。高比例税收降低了个体在教育上的边际时间成本，其结果等同于个体减少了经济活动中的边际时间收益。

最简单的情况是考虑一个实行平价（比例）税制的政权，其中人力资本投资成本的收益是可预期的。在这种情况下，平均工资税率的变化对人力资本积累不会产生任何影响。增加税率可以减少收益，与它们降低成本比例相同，所以在投资激励上没有改变。边际收益与边际成本的比率仍然没有受到影响。因此，劳动收入的比例税变化对人力资本的投资没有影响。另外，如果有不可扣税的学费，那么较高的税率会阻碍对人力资本的投资，因为由它造成的投资收益率的下降超过了成本的下降。如果税率提高10%，则投资收益率减少10%，而预期收入的成本也将下降10%，但如果学费不能从应税收入中扣除，学费成本将保持不变。因此，投资收益率下降幅度会超过成本下降幅度，从而人力资本投资会受到抑制。

人力资本投资中的劳动所得税为中性的，其背后隐含的直觉思维源自以下事实：投资过程中的时间投入会产生预期收益，这是可以扣税的。如果税率为10%，则一个人少赚10美元，他的税收就会减少1美元——一个人的净损失只有9美元。其他在职培训的投入成本通常可以由工人的雇主来支出或者通过较低的工资融资，从而使得他们的税可被扣除。人力资本投资的主要成本中唯一不可扣税的是大学学费，而学费贷款的利息可以被扣除。但在2002年到2005年，高达3 000美元（2002年和2003年）或4 000美元（2004年和2005年）的大学学费是可以扣除的。然而，有一种经济状况需要进行调查，以调整那些总收入高于130 000美元的群体的税收情况，因为文件规定他们是不具备免税资格的。尽管对大多数不读大学的青年人来说，大学学费是一笔很大的成本，但他们会参加社区学院或州立学院，那些地方的学费成本较为适中。因为大部分的投资成本可以通过预期收入获得资助，并且可以扣税，所以工资的统一税率变动幅度对人力资本积累的影响会很小。

在现代社会，人力资本是一个比土地更重要的财富，只要忽略劳动力供应的反应，人力资本的比例税就如同一个不折不扣的亨利·乔治（Henry George）税。预期的跨期劳动力供给弹性很小，且劳动力供给调整带来的福利效应可以忽略不计［见伯朗宁、汉森和赫克曼（Browning，Hansen，Heckman，1999）］。人力资本税应增加，而实物资本税应减少，以促进工资增长和效率。

然而，目前的美国税制并不统一。税收进程的发展阻碍了人力资本的投资。人力资本投资带来的收益增加导致一些个体上升到一个更高的纳税等级。对于这样的个体，投资收益会按较高的税率征税，但成本以较低的比率支付。这种做法阻碍了人力资本的积累。可以考虑实行一个累进税制度，其中唯一的投资成本是预期收益。假设个人目前的边际税率为10%，同时假设如果他选择投资，则他增加的收入将导致他转向20%的边际税。在这种情况下，征税的收益率在20%的水平上，但成本扣除比率在10%的水平上，并且和统一税制相比，累进税阻碍了人力资本投资。

有形资本税是税收制度的另一个重要组成部分，可以作为人力资本投资的决定性因素。在税后利率上升的情况下，人力资本投资的水平会下降，因为投资的贴现收益率会降低。减少利息收入税可以对人力资本积累和实际工资产生有益的效果。

根据赫克曼、洛克纳和泰伯（Heckman，Lochner，Taber，1998b；2000），以及赫克曼（Heckman，2001）的估计，对于美国经济来说，如果将税收中立转变为稳定状态下的统一消费税，则会同时提高技术工人和非技术工人的工资，并将总产量提高 5%（而总消费则会提高 3.7%），同时大学毕业生和高中毕业生的工资也会得到提高（7%）。这种举动在促进人力资本和实物资本的积累的同时，几乎不会造成总体收入的不平等。[①] 但是，这种改革的影响主要反映在物质资本上，并且也会通过劳动生产率的提高对工资产生影响。它只会对人力资本产生很小的影响。在税收制度中倾向实物资本而规避人力资本的倾斜偏差从长期来看将提高资本和劳动的收入。当前这代能力较低的非技术类工人将不会从统一税的转化中获利。大多数有能力的人都将受益于统一消费税。赫克曼（Heckman，2001）表明，税收与技术这两种类型的改革在技术变革时期更受欢迎，因为税收改革有利于过渡到新的、更高技术的平衡。

对利息收入进行改革的税收政策在热门讨论中要么被忽略，要么被误解。平民主义者认为这样的举动是支持资本（或富有的人）。要使所有工人的工资都以大体一致的方式得到提升，关键是要忽略更高水平的资本存量所带来的影响。

赫克曼、洛克纳和泰伯（Heckman，Lochner，Taber，1998b；2000）认为，在税收中立运动中统一所得税对工资的影响要比统一消费税对工资的影响更大，并且对人力资本积累也会产生某些效应。根据这些研究人员的模拟研究，我们不能期望税收改革能够实质性地改变人力资本存量，却可以转向平稳消费税——这将改善人们的福利。

我们接下来要考虑的是，在当前税收制度下，应该鼓励哪些人进行投资，以及进行什么类型的投资。目前税法的各种特点都偏向于收入更高的技术工人。对于受雇的个体，人力资本投资成本通常通过预期收益得到资助。当正规教育费用不以教育贷款的方式支付时，它们可以从总收入中扣除，条件是它们是逐项列支的，并且所有来源的分项都超过调整后总收入的 2%。税法的这个特点倾向于支持具备更高技能的个体，因为他们更有可能赚取更高的工资，从而列支相关费用。

在 1987 年之前，教育贷款的所有利息被当作消费者利息完全扣除。到了 1989 年，消费者利息扣除制度被逐步淘汰。这有利于来自

---

① 为了说明在美国经济中资本在时间上的份额的恒定性，他们使用了一个柯布-道格拉斯（Cobb-Douglas）模型（实缴股本和嵌套劳动聚合），因此没有资本技能互补性。虽然有些人声称找到了这样的互补性，但他们很难解释资本份额随时间的近似恒定性。这种资本技能互补性的缺乏表明了收入不平等从不谋取额外利益向消费税转移的实质性影响的缺失。

高收入家庭的孩子，因为他们的教育费用通常是有逐项列支记录的。有关税收的法律在最近才发生了改变：允许在某些特定情况下扣除学费。但那些并没有包括在这类法律内的项目将会产生实质性的抑制作用。尽管个人必须对存款利息缴税，但也不能扣除其在教育贷款上应该支付的利息。有房产的家庭有可能会采取抵押贷款的方式来资助其子女的教育。另外，越有技能且越富有的个体将越可能拥有房产等资本，因此只从应税收入中扣除抵押利息的税收政策对他们孩子的伤害更小。

美国的税收制度更有利于人们在公立中小学进行投资，而不利于在私立教育和其他任何高等教育领域的投资。任何一个学生都可以免费进入公立小学和公立中学，而这些公立学校的成本主要来自地方税和州税，这是完全可以减免的费用。无论是私立中小学，还是大学的学费，(直到最近）大多数都是不可以减免的，但是，最近的税收制度开始对大学教育和私立教育有所倾斜。此外，大学教育质量的提升会带来学费的上涨，因此现行的税收制度会阻碍学生进入更高质量的大学接受教育。因为私立学校的学费不可减免，而公立学校的学费可以减免，所以纳税人更愿意在他们的社区中创办质量更好的公立学校，而不是送他们的孩子去私立学校读书。

现行的税收制度更有利于在职人员而不是通过全日制形式接受教育的人员的人力资本积累。人力资本投资可以分为在职（由雇主支付）和非在职（由个人支付）两种形式。目前的财政政策更倾向于前者而不是后者，即鼓励个人接受在职培训。很显然，所有通过雇主完成的人力资本投资都可以列支在预付工资上。雇员不需要列举扣除额来获得这项税收收益。

教育援助计划从个人所得税中免除了由雇主缴纳的学费，而且所提供的培训内容也与工作相关。公司可以向员工推荐职业或以雇主为基础的培训项目，并通过降低工资的方式支付培训费用。这部分损失的收入基本上与个人所得税的免扣部分相抵。因此，当前的税法鼓励个人寻求由雇主提供的培训项目，而不是来自正规学校的培训项目。此外，公司可以及时地免去与员工工作无关的培训与教育，该项费用开销每年高达 5 250 美元。然而，直到 2001 年，学费资助仅限于本科层次教育［见《1992 年联合委员员会税收条例》（Joint Committee on Taxation 1992)］。在这之后，研究生教育［如工商管理硕士（MBA）学费］也具备免税资格。

相对于实物资本投资，某些类型的人力资本投资项目能够享受税收制度的优惠，而另一些则不能。很多人力资本投资能即时享有免税优惠，而实物资本投资必须分期偿还，由此看来，现行的税收制度相对于实物资本投资，更鼓励人力资本投资。在教育和培训费用不能得到减免的情况下（主要是正式学校教育的学费），实物资本投资会受到优待。尽管我们还不清楚具体是哪个群体（是技能最强的还是最弱的）从现行税收条款中获利最多，但接受雇主提供的培训肯定要比接受工作场所以外的培训得到的优惠更多。这种对两类培训采取不同做法的财政政策经常得到以下观点的支持：学术性教育要比工作职业培训具有更广阔的消费价值，因此这部分消费价值应该被征税。①

还有一种关于税收和人力资本津贴备受争议的情况，即特有风险的存在。贾德（Judd，2000）认为，在劳动供给参数、实物资产风险以及特有风险水平等因素给定的条件下，如果特有风险是外生性的，则税收政策处于最理想范围内，也就是说，税收政策不会受到个人决策的影响。如果存在道德风险，且该风险不是外生性的，那么最佳税收政策可以干预的范围就会更加有限。事实上，如果企业能够通过理想契约形式保护工人不受特有风险的侵害，那么政府税收或转移政策就没有任何可调整的余地，因为市场提供了有效的风险分担机制。②

转变带来的问题

技能倾向型的技术变革使得那些由旧体制培养出来的工人逐渐被新体制下的现行工资制度淘汰。这种现象是伴随着东欧地区和拉丁美洲的经济转型计划而出现的，在此期间，国内市场日益开放，现货交易执行的是世界价格。

只接受过陈旧技术培训的年轻工人可以通过再培训和再教育的方式来适应新技术的要求，事实上他们已经这样做了。但对于那些年龄较大而且眼界有限、技能及能力较低的工人来说，接受这样的再教育通常不

① 对税收制度的描述过于简化了现实。对税收制度的偏见是否支持人力资本的分析仍有待发展。

② 在对本章的评论中，雅各布关于最佳税收和补贴政策的创新研究早已为我们所熟知。博芬贝格和雅各布（Bovenberg，Jacobs，2001）表明，对于穷人，最优税会导致高边际税率，这需要同时设置教育补贴以避免生产中的扭曲。一个更全面的分析应该考虑税收和补贴两者结合的设计，这种政策同时考虑了税收的再分配利益和教育补贴的生产效益，以抵消累进税导致的人力资本生产的扭曲。

会产生任何经济效益。那些40多岁的流离失所的美国工人会得到可观的再培训津贴资助，但他们通常会予以拒绝，因为重新参加这样的培训其实是事倍功半的［见赫克曼、拉隆德和史密斯（Heckman，LaLonde，Smith，1999)］。针对不同能力和技能水平的工人而构建出来的迭代模型显示：技能倾向型的技术变革在变革后的经济中创造了一批赚钱能力低的工人群体［见赫克曼、洛克纳和泰伯（Heckman，Lochner，Taber，1998b)］。他们的孩子会通过人力资本投资来适应新经济的发展。从长远来看，经济社会将不断调整到技能要求更高的新阶段，但这个转变过程可能要持续30年甚至更久，而新出现的弱势工人则引发了严重的社会问题和经济问题。如上所述，对于这类工人所进行的人力资本投资通常不具有经济效率。根据最有效的证据，改善低技能成年人收入的最经济合理的策略是更多地投资于高技能的人，并对他们征税，然后将税收重新分配给穷人。

很多人将工作伦理看作一种基本价值观，然而，他们可能会争辩说培养一个庞大的转移受益人阶层会滋生贫穷和无助的文化。如果将工作价值视为对个人尊重的行为，那么出于对家庭，尤其是幼儿的早期成长环境，以及对社区和整个社会等综合利益的考虑，社会可能会对那些低效益的工作准备施以补贴。增加的就业补贴将人们从犯罪行为中吸引过来［见洛克纳（Lochner，1999)］。补贴也刺激了产量的提高，从而部分抵消补贴所投入的成本，这样就有了另外一种比提高福利更经济的替代措施［见菲尔普斯（Phelps，1997)］。将这样的补贴发放给成年人可能会产生这样的问题：如果补贴惠及年轻人群，则会阻碍他们的技能形成［见赫克曼、洛克纳和科萨（Heckman，Lochner，Cossa，2003)］。为了部分减轻这些不利奖励的影响，应该根据群体的具体情况给予工资补贴。有证据表明，工资不平等问题具有群体特殊性［见麦柯迪和麦鲁兹（MaCurdy，Mroz，1995)］。

然而，工作补贴与投资补贴不是这样。相关证据指出，补贴以低技能且处境不利的工人为目标人群的人力资本投资项目是效率低下的。

移民政策

正如博尔哈斯、弗里曼和卡茨（Borjas，Freeman，Katz，1997）以及博尔哈斯（Borjas，1999）所指出的，移民是造成低技能劳动力增长的重要因素。图2.2（c）显示了近年来接近50％的美国高中毕业生都是移民。原则上，可以通过重新调整移民政策来减少不平等问题的产生，比如只允许技术类移民进入美国。有一个办法可以实现这个目的，就是出售入境签证。这将识别出那些低技能的移民申请人。

考虑到在美国的非技术移民中有大量的墨西哥人，同时美国边界与墨西哥有很多接壤，因此，我们尚不清楚这项移民政策是否可行。而且，非技术移民对不同群体造成的得失也不尽相同。尽管美国与墨西哥的边界有可能有效地限制移民行为，从而使移民政策变成一个更有可能被采纳的措施，但如果充分考虑到移民政策的利弊得失，我们仍然应该采纳有利于技术性工人的移民政策。

总结和结论

本章提出了人力资本政策的思考框架。该框架强调，我们应该认识到人力资本积累过程的动态性，以及决定人力资本投资的行动者和机构的多样性。它还强调了收益的不确定性，以及在设计促进技能的政策时需要考虑经济收益的异质性和不确定性。该框架支持成本-收益分析，并认为应严格地对提出的政策进行排序。

本章描绘了一个关于人力资本积累的生命周期分析蓝图，这需要进一步的详细阐述。在生命周期技能形成的证据中有许多空白需要填补。一个更清晰、更具动态的理论是需要考虑不确定性因素以便指导未来的实证工作。只有修改这里所提出的蓝图并将其转化为一个可操作、可实证的工具，我们才能够以一个更深入和更全面的方法来评估人力资本政策。

由于人力资本是一种投资产品，因此在设计有效的人力资本政策时需要考虑到学习和技能获取的生命周期的动态性，这是很重要的。学校教育只是终身技能积累过程的一个阶段。家庭、公司和学校都创造了人力资本。我们在对任何人力资本政策进行全面分析时都必须考虑到产生它的各个主体。

由于动态的互补性，学习过程中也会产生学习动机。本章中提出的经验证据都指向这个研究方向。最近的研究表明，早期能力及动机的培养对于个体学习与后来的生产力都会产生重要的影响。最近的研究还表明了认知能力和非认知能力在个体职业发展和技能获取中的重要性。非认知能力是人力资本的一种表现形式，可以被生产出来。一些最有效的干预措施会对非认知能力起激励作用。来自功能失调的家庭的证据显示了身心健康个体的价值。

本章还强调了我们需要了解问题产生的根源，以便制定有效的解决方案。我们已经证明了能力和动机在产生技能中的一阶重要性。认知能力和非认知能力缺陷在个体接受教育前就已经出现，如果不及时校正，将导致出现低技能的成年人。需要重点强调家庭政策。一项针对小规模群体所进行的高质量干预的研究项目表明：可以对早期认知缺陷和非认知缺陷部分地加以补救。证据是具有吸引力的，却不是决定性的。

人力资本政策的传统做法更侧重于学校。在促进人力资本方面，家庭的重要性即使赶不上学校，但至少也与学校一样重要。失败家庭的证据表明，政策的干预可能带来某些收益。由此提出了一个新的问题，即在考虑到某些功能失调的家庭时，是否应当尊重家庭的神圣不可侵犯性。

学校很重要。证据表明教师很重要，但是很难使用传统的教育质量标准来评价谁是一个好教师。校长和家长都知道这一点。为了提高教育生产率，应该允许代理人利用他们的当地知识来创造正确的激励措施。选择、竞争和地方激励可能会提高教育的生产力。

证据还表明，仅仅基于客观质量标准（如班级规模、教师薪酬等）的教育政策不可能在美国教育成就方面取得显著成效。在目前的教育水平下，常规质量标准的边际变化只会产生适度的效益，且通常不能通过成本-收益测试。

有关信贷约束的证据表明，在图 2.4 和图 2.5 中，短期家庭收入约束在教育差异方面并不重要。有大量证据表明，在大学教育经费筹措过程中普遍存在着信贷问题，但在审查后发现这些问题并不具有明确的重要性。与此同时，我们确定了对于一小群受到了限制的高中毕业生（0～8％）而言，转移政策可能会有效。广泛的政策，比如希望奖学金计划，削减了太多的有效工作。正如本章所述，超过 90％的受试者将在没有计划的情况下上大学，因此这将产生巨大的无谓损失。

我们已经明确了人力资本投资的普遍特征体现为经济收益的异质性和不确定性。减少不确定性是有益的，并且会促进教育分类。针对可以从干预中获益的群体来制定措施，将提高干预措施的效率。诀窍是先确定干预措施可能奏效的群体。在许多人力资本项目中，这已经被证明是一个难以实现的目标。我们已经确定某些类型的针对性方案可能是有效的，但仍要去做更多的工作和确定有效的目标。

我们也在这一章中强调，需要用全部生命周期流来仔细评估人力资本干预措施的成本和收益。常规方案的评价方法常常会忽略成本，而且对于受益期限的处理是随意的。对于很多大规模的干预措施，预估大致均衡影响必不可少，这将扭转或减少政治影响所带来的有关部分均衡的预估［见赫克曼、洛克纳和泰伯（Heckman，Lochner，Taber，1998a；1998b；1998c；2000）］。

在推动人力资本发展方面，税收政策不可能是一个强有力的杠杆。与此同时，促进资本积累的有效税收政策对工资有一个持续的积极影响。

我们这章讨论的所有内容都涉及美国经济政策，认识到这一点非常重要。这些政策都有一个可观的人力资本补贴结构。我们只考虑了在给定体制结构内政策的变化，而没有考虑是否应该对人力资本进行补贴这样更广泛的问题，然而，尽管定量标准不同，但本章提出的许多观点都坚持相同的基本原则，即为美国经济的发展而服务，而且这些观点将得到更加广泛的应用。

我们在这一章的分析重点是差距以及如何消除这些差距，而不是趋势，同样，认识到这一点很重要。图 2.1 提供了教育参与率产生停滞趋势的相关证据，但目前这些证据是有限的。[①] 我们已经表明非熟练工人的迁移对这种停滞是一个次要的影响因素。我们预计美国家庭的消亡和单亲家庭的增长都助长了这种停滞趋势。图 2.18 显示，随着时间的推移，美国来自恶劣成长环境的儿童比例将会越来越小。我们在这一章的分析中展现了恶劣家庭环境的有害后果。这对停滞的教育参与率本身就是一种解释，然而这种解释过于简单化了。失败家庭的变化趋势在继续恶化，然而教育参与率的变化趋势是平稳的。在不良家庭环境中成长仍然是解释图 2.1 相关数据的最佳备选答案。也许教育对工资差异趋势的反应只是抵消了教育对不利环境趋势的反应。如果这个猜想被证实，那么它会有力地支持我们在本章中强调的早期家庭政策。

---

① 见卡德和勒米厄（Card，Lemieux，2000；2001）。卡德和勒米厄对大学录取率的放缓和高中辍学率的增加使用“队列大小”的解释是多余的。

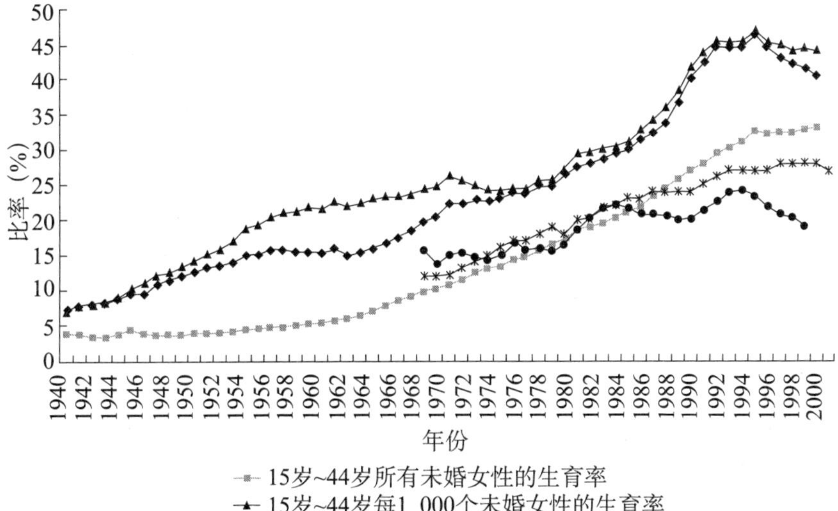

图 2.18　不健康儿童环境的趋势

注：生育率的数据来自文图拉和巴卡拉克（Ventura，Bachrach，2000）；所有 18 岁以下与一位家长同住的孩子比率的数据可在美国人口普查局官网获得；所有 18 岁以下生活在贫困中的孩子比率的数据可查阅孩子趋势数据银行网站。

附录 2A　人力资本投资项目的收益率、内部收益率和贴现率

在本章的部分内容中，我们遵循业已建立起来的良好惯例，使用收益率来比较不同人力资本计划的生产力。[①] 许多劳动经济学家会使用收益率、内部收益率（IRR）、边际内部收益率和学校教育系数等术语，而这些概念有着截然不同的内涵。内部收益率通常根据没有收益或成本的无效项目计算。边际内部收益率在计算时使用相对“贴近”项目的数据进行合适度量。赫克曼、洛克纳和托德（Heckman，Lochner，Todd，2003）表明，在限定一系列条件后，明瑟系数是一个边际内部收益率，在最近几十年中，这些限定条件都没有得到满足。在分析教育、经验与可忽略成本之间的可分性时需要构建收入函数，在此过程中需要进行的假

① 本章附录是在哈佛大学的辩论中由劳伦斯·萨默斯的评论所激发出的成果。

设与近期获得的数据不相符，因此近年来，在估算边际内部收益率时明瑟系数是不可靠的［参见赫克曼、洛克纳和泰伯（Heckman，Lochner，Taber，1998a)］。

众所周知，根据最高内部收益率选中的投资项目不一定伴随着最高的现值。然而，很多人力资本项目都有一个显著的特征，那就是在其生命周期早期只会产生成本，只有在后期才会出现投资收益。与低成本的人力资本项目相比，高成本的项目（比如包含更多教育内容的项目）在带来较高年收益率之前，往往会经历一个时间更长、数额更大的前期投入过程。当对比一个高投资人力资本项目和一个低投资人力资本项目时，成本收益年限模式的差值起初是负向的，而后是正向的。替代项目的支付流向会有交叉。当对比高教育投资项目和低教育投资项目时，边际内部收益率的比值和比率会对实物资本产生一定的影响，而这种影响完全符合决策规则（例如，只要信贷市场不存在缺陷，那么所选择的项目就一定会带来最高的现值收益）。如果边际内部收益率等于甚至超过两个人力资本项目的利率之和，那么能够带来现值最大化的最理想决策将是挑选其中包含人力资本更多的那个项目［见赫希莱弗（Hirschleifer，1970)］。相比于传统教育投资政策，人力资本投资项目的某些特征更具政策指导性，并能更好地解释收益率的应用原理。与此同时，目前，我们仅涉及人力资本项目的边际收益，认识到这一点对我们的研究至关重要。如果要改变一个大型项目的价格与收益，则需要进行一个全面的均衡分析［见赫克曼、洛克纳和泰伯（Heckman，Lochner，Taber，1998a；1998b；1998c；2000)］。

我们都习惯用常规的方法（与零投资项目相比）来计算一个投资项目的内部收益率，并在此基础上得到一个项目的排名结果，但实际上在此过程中，我们往往会受到某种潜在规则的误导［见赫希莱弗（Hirschleifer，1970)］。由此构建出来的人力资本项目可能会带来最高的投资收益率，其现值却有可能低于其他与之竞争的项目。支付流在几个年龄层中的案例已经成为教科书式的案例。尽管这与典型的教育问题并不存在经验上的联系，但与职业培训政策相比，它与再教育政策密切相关。同样，在有可选价值的情况下，支付流多次交叉的情况与不稳定的人力资本投资收益率存在经验上的联系［见赫克曼、洛克纳和托德（Heckman，Lochner，Todd，2003)］。

例如，我们考虑两个项目。一个是职业培训项目：参加者为 18 岁，此时会涉及成本的支出，收益在培训结束后产生但会迅速缩减。图 2A.1 展现出一个职业培训项目中支付流的典型形态。另一个是内容更为丰富的学前教育项目：具有早期成本支付特征、潜伏期长、收益晚，并且持续时间长。该图展现出在参加者多个年龄段（6 岁、19 岁、25 岁）的收益序列。职业培训项目的内部收益率是 25%，学前教育项目的内部收益率是 7%。当内部收益率是 5%的时候，职业培训项目的净现值是 13.6，而学前教育项目的净现值是 17.3。

通过这个例子，我们应该更积极地用净现值来估计替代项目，只要情况允许。可以通过更为全面的分析来计算影子价格及投资收益，以丰富人力资本投资项目的投资组合，从而构建出最佳的人力资本投资策略。但实施这一策略需要搭建起完备的理论框架，而这超出了本章的研究范畴。而且实现这个框架所需要的理论证据还有待充实。

关于如何选择合适的人力资本流贴现率以提高评估的质量这个问题未免有些老调重弹。有时候，由于能够消除这一特殊的不确定因素，某些人认为人力资本项目需要得到资助（或者得到一个比市场利率低的贴现率）。这种观点忽视了两个关键点。第一个关键点是由贾德（Judd，2000）提出的，他认为，人力资本政策中的特殊风险与道德风险两者之间具有相关性。而员工与企业之间所签订的私人用工合同也许就是一项最好的保险措施。因此，不需要通过政府税或补贴等形式来减轻贴现率

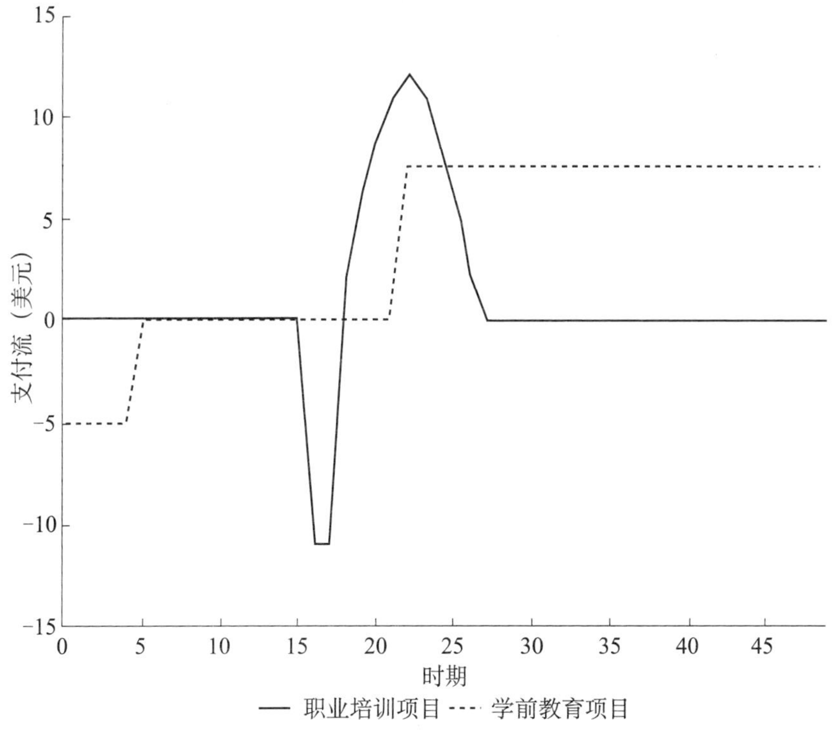

图 2A.1　支付流

对评估人力资本投资项目的消极影响。第二个关键点是由阿罗和林德（Arrow，Lind，1970）提出的，他们认为，只有当政府接管了项目的全部成本与收益，而纳税人不再分摊任何成本及风险时，政府才会颁布一个更低的项目贴现率，并为此提供担保。但在人力资本投资项目的例子中，除非为了抵御收入风险，政府会为该项目提供全额保险，否则个体代理人将需要承担所有风险。如果真是这样，就会导致道德问题的产生，所以这样的政策是行不通的。出于这个原因，即使采取一个比市场利率还低的贴现率可以增加政府收入来源，也会得不偿失。

附录 2B　信贷约束计算辅助表

信贷约束计算辅助表如表 2B.1、表 2B.2、表 2B.3 所示。

表 2B.1　白人男性的家庭背景差异，NLSY79（权衡中相对最高的家庭背景/武装部队资格考试四分位数）

差距	大学注册情况			两年制大学完成情况		
	系数	标准误差	标准差	系数	标准误差	标准差
q4－q1	0.580	0.042	13.810	－0.374	0.154	－2.429
q4－q2	0.370	0.034	10.882	－0.189	0.077	－2.455
q4－q3	0.299	0.029	10.310	－0.124	－0.067	－1.851
	四年制大学完成情况			无延迟入学比例		
	系数	标准误差	标准差	系数	标准误差	标准差
q4－q1	0.615	0.108	5.694	0.499	0.159	3.138
q4－q2	0.337	0.060	5.617	0.188	0.075	2.507
q4－q3	0.137	0.043	3.186	0.099	0.056	1.768
	四年制大学注册 vs 两年制大学注册					
	系数	标准误差	标准差			
q4－q1	0.040	0.084	0.476			
q4－q2	0.133	0.045	2.956			
q4－q3	0.054	0.034	1.588			

注：q4－q1：q4 与 q1 之间的注册、完成、无延迟入学比例以及院校类型的差距。
q4－q2：q4 与 q2 之间的注册、完成、无延迟入学比例以及院校类型的差距。
q4－q3：q4 与 q3 之间的注册、完成、无延迟入学比例以及院校类型的差距。

表 2B.2 注册、完成、无延迟入学比例以及院校类型的差距：白人男性，NLSY79（权衡中相对最高的家庭背景/武装部队资格考试四分位数）

小组 A——两年制大学和四年制大学的注册情况

变量	最低武装部队资格考试三分位			中间武装部队资格考试三分位			最高武装部队资格考试三分位		
	系数	标准误差	标准差	系数	标准误差	标准差	系数	标准误差	标准差
q4－q1	0.118	0.072	1.640	0.081	0.069	1.180	0.037	0.068	0.540
q4－q2	0.081	0.067	1.200	0.058	0.058	1.010	0.040	0.057	0.700
q4－q3	0.087	0.066	1.310	0.013	0.051	0.250	0.097	0.052	1.860
14 岁居住在南部	0.012	0.047	0.260	0.006	0.047	0.130	－0.070	0.049	－1.430
离异家庭	0.076	0.051	1.500	－0.002	0.060	－0.040	0.069	0.057	1.200
14 岁居住在城市	－0.054	0.048	－1.120	－0.042	0.048	－0.870	0.013	0.047	0.280
母亲受教育水平	－0.024	0.011	－2.310	－0.035	0.011	－3.150	－0.023	0.011	－2.100
父亲受教育水平	－0.029	0.008	－3.640	－0.042	0.008	－5.390	－0.042	0.008	－5.160
常数项	0.213	0.138	1.550	0.347	0.136	2.550	0.133	0.137	0.970

小组 B——两年制大学完成情况

变量	最低武装部队资格考试三分位			中间武装部队资格考试三分位			最高武装部队资格考试三分位		
	系数	标准误差	标准差	系数	标准误差	标准差	系数	标准误差	标准差
q4－q1	0.538	0.354	1.520	0.052	0.171	0.300	0.058	0.066	0.880
q4－q2	0.247	0.234	1.060	0.116	0.145	0.800	0.035	0.055	0.640
q4－q3	0.098	0.224	0.440	－0.072	0.138	－0.520	－0.040	0.053	－0.750
14 岁居住在南部	－0.010	0.204	－0.050	0.156	0.119	1.310	－0.046	0.050	－0.900
离异家庭	0.188	0.268	0.700	0.057	0.154	0.370	－0.240	0.056	－4.320
14 岁居住在城市	0.084	0.182	0.460	0.247	0.139	1.770	0.036	0.045	0.790
母亲受教育水平	0.067	0.053	1.270	－0.020	0.028	－0.720	0.012	0.012	0.990
父亲受教育水平	－0.007	0.038	－0.190	－0.012	0.021	－0.570	－0.010	0.010	－1.090

续表

变量	最低武装部队资格考试三分位			中间武装部队资格考试三分位			最高武装部队资格考试三分位		
	系数	标准误差	标准差	系数	标准误差	标准差	系数	标准误差	标准差
常数项	−1.510	0.618	−2.450	−0.133	0.340	−0.390	−0.040	0.136	−0.290

小组 C——四年制大学完成情况

变量	最低武装部队资格考试三分位			中间武装部队资格考试三分位			最高武装部队资格考试三分位		
	系数	标准误差	标准差	系数	标准误差	标准差	系数	标准误差	标准差
q4−q1	−0.281	0.144	−1.960	0.070	0.112	0.630	−0.038	0.091	−0.420
q4−q2	−0.294	0.142	−2.080	0.071	0.088	0.810	0.032	0.071	0.440
q4−q3	−0.192	0.138	−1.390	−0.066	0.072	−0.920	0.068	0.064	1.070
14 岁居住在南部	0.040	0.107	0.370	−0.008	0.074	−0.110	−0.015	0.060	−0.240
离异家庭	0.186	0.120	1.550	−0.091	0.100	−0.910	−0.008	0.077	−0.110
14 岁居住在城市	−0.004	0.128	−0.030	−0.121	0.075	−1.610	−0.007	0.061	−0.120
母亲受教育水平	−0.029	0.023	−1.230	−0.027	0.017	−1.610	−0.017	0.013	−1.320
父亲受教育水平	−0.035	0.018	−1.960	−0.026	0.012	−2.260	−0.015	0.009	−1.640
常数项	0.584	0.378	1.550	0.223	0.214	1.050	−0.338	0.169	−2.000

小组 D——无延迟入学比例

变量	最低武装部队资格考试三分位			中间武装部队资格考试三分位			最高武装部队资格考试三分位		
	系数	标准误差	标准差	系数	标准误差	标准差	系数	标准误差	标准差
q4−q1	0.164	0.211	0.780	−0.038	0.154	−0.240	−0.148	0.132	−1.130
q4−q2	0.421	0.193	2.180	0.062	0.109	0.560	0.079	0.092	0.860
q4−q3	0.372	0.191	1.950	−0.060	0.089	−0.670	0.053	0.093	0.570
14 岁居住在南部	−0.209	0.145	−1.440	−0.023	0.092	−0.250	0.090	0.086	1.040
离异家庭	−0.023	0.185	−0.120	−0.117	0.119	−0.980	0.242	0.095	2.540

续表

变量	最低武装部队资格考试三分位			中间武装部队资格考试三分位			最高武装部队资格考试三分位		
	系数	标准误差	标准差	系数	标准误差	标准差	系数	标准误差	标准差
14 岁居住在城市	0.180	0.152	1.190	−0.142	0.096	−1.480	−0.009	0.080	−0.110
母亲受教育水平	−0.056	0.030	−1.860	−0.022	0.024	−0.930	−0.025	0.020	−1.280
父亲受教育水平	0.028	0.027	1.030	−0.013	0.015	−0.870	−0.010	0.014	−0.680
常数项	−0.511	0.488	−1.050	−0.151	0.289	−0.520	−0.371	0.258	−1.440

小组 E——四年制大学注册 vs 两年制大学注册

变量	最低武装部队资格考试三分位			中间武装部队资格考试三分位			最高武装部队资格考试三分位		
	系数	标准误差	标准差	系数	标准误差	标准差	系数	标准误差	标准差
q4−q1	0.040	0.126	0.320	0.009	0.081	0.110	0.110	0.076	1.440
q4−q2	0.219	0.112	1.950	0.045	0.066	0.680	0.117	0.061	1.920
q4−q3	0.270	0.107	2.520	−0.036	0.056	−0.650	0.020	0.056	0.350
14 岁居住在南部	−0.044	0.089	−0.490	0.057	0.055	1.030	−0.014	0.052	−0.260
离异家庭	−0.103	0.104	−0.990	0.012	0.073	0.170	0.019	0.065	0.290
14 岁居住在城市	−0.128	0.096	−1.330	0.055	0.057	0.960	0.045	0.052	0.850
母亲受教育水平	0.014	0.020	0.700	−0.027	0.012	−2.210	−0.025	0.011	−2.170
父亲受教育水平	0.007	0.015	0.480	−0.013	0.009	1.550	−0.013	0.009	−1.540
常数项	−0.963	0.301	−3.200	−0.298	0.157	−1.900	−0.340	0.147	−2.320

注：q4−q1：q4 与 q1 之间的注册、完成、无延迟入学比例以及院校类型的差距。

q4−q2：q4 与 q2 之间的注册、完成、无延迟入学比例以及院校类型的差距。

q4−q3：q4 与 q3 之间的注册、完成、无延迟入学比例以及院校类型的差距。

表 2B.3 构建家庭背景指数的系数：南方城市居民的大学注册、离异家庭、父母受教育程度，回归对象为白人男性、NLSY79

变量	系数	标准差
南方出生	0.026 6	0.023 3
离异家庭	−0.054 4	0.027 0
城市出生	0.060 3	0.023 5
母亲受教育水平	0.031 0	0.005 4
父亲受教育水平	0.040 0	0.003 3
武装部队资格考试	0.004 6	0.000 6
常数项	−0.681 4	0.053 8

参考文献

Acemoglu，Daron，and Joshua Angrist. 2001. “How Large are the Social Returns to Education? Evidence from Compulsory Schooling Laws.” In *NBER Macroeconomics Annual 2000*，Ben Bernanke and Kenneth Rogoff，eds. Cambridge：MIT Press.

Altonji，Joseph，and Thomas Dunn. 1996. “The Effects of Family Characteristics on the Return to Education.” *Review of Economics and Statistics* 78，no. 4：692 - 704.

Arrow，Kenneth，and Robert Lind. 1970. “Uncertainty and the Evaluation of Public Investment Decisions.” *American Economic Review* 60，no. 3：364 - 378.

Ashenfelter，Orley. 1978. “Estimating the Effect of Training Programs on Earnings.” *Review of Economics and Statistics* 6，no. 1：47 - 57.

Autor，David，and Lawrence Katz. 1999. “Changes in Wage Structure and Earnings Inequality.” In *Handbook of Labor Economics*，vol. 3A，Orley Ashenfelter and David Card，eds. Amsterdam：Elsevier Science/North-Holland. 1463 - 1555.

Barnett，W. Steven. 1993. “Benefit-Cost Analysis of Preschool Education：Findings from a 25-Year Follow-Up.” *American Journal of Orthopsychiatry* 63，no. 4：500 - 508.

Barnett，W. Steven. 2002. Personal Communication with Author，February 26.

Bartel, Ann. 1992. "Productivity Gains from the Implementation of Employee Training Programs." NBER working paper no. 3893.

Becker, Gary. 1964. *Human Capital: A Theoretical and Empirical Analysis with Special Reference to Education*. New York: Columbia University Press.

Ben-Porath, Yoram. 1967. "The Production of Human Capital and the Life Cycle of Earnings." *Journal of Political Economy* 75. No. 4 (part 1): 352 - 365.

Bishop, John. 1994. "Formal Training and Its Impact on Productivity, Wages and Innovation." In *Training and Tire Private Sector: International Comparisons*, Lisa Lynch, ed. Chicago: University of Chicago Press.

Blau, Francine, and Lawrence Kahn. 2001. "Do Cognitive Test Scores Explain Higher US Wage Inequality?" NBER working paper no. 8210.

Bloom, Howard, Larry Orr, George Cave, Stephen Bell, and Fred Doohnle. 1993. *The National JTPA Study: Title II-A Impacts on Earnings and Employment at 18 Months*. Bethesda, Md: Abt Associates.

Blossfeld, Hans-Peter, and Yossi Shavit. 1993. *Persistent Inequality: Changing Educational Attainment in Thirteen Countries*. Boulder, Colo.: Westview.

Boesel. David, Nabeel Alsalam, and Thomas Smith. 1998. *Educational and Labor Market Performance of GED Recipients*. Washington, D.C.: U.S. Department of Education.

Borias, George. 1999. *Heaven's Door*. Princeton: Princeton University Press.

Borjas, George, Richard Freeman, and Lawrence Katz. 1997. "How Much Do Immigration and Trade Affect Labor Market Outcomes?" *Brookings Papers on Economic Activity*, vol. 1, 1 - 67.

Bovenbcrg, A. Lans, and Bas Jacobs. 2001. "Redistribution and Education Subsidies Are Siamese Twins." Center for Economic Policy Discussion paper 3099.

Bowles, Samuel, and Howard Gintis. 1976. *Schooling in Capitalist America*. New York: Basic.

Bowles, Samuel, Howard Gintis, and Melissa Osborne. 2001. "The Determinants of Earnings: A Behavioral Approach." *Journal of Economic Literature* 39, no. 4: 1137–1176.

Browning, Edgar. 1987. "On the Marginal Welfare Cost of Taxation." *American Economic Review* 77, no. 1: 11–23.

Browning, Martin, Lars Hansen, and James J. Heckman. 1999. "Micro Data and General Equilibrium Models." In *Handbook of Macroeconomics*, John Taylor and Michael Woodford, eds. Amsterdam: Elsevier.

Bureau of Labor Statistics (BLS). 2001. *NLS Handbook 2001*. Washington, D. C.: U. S. Department of Labor.

Burghardt, John, and Peter Schochet. 2001. *National Job Corps Study: Impacts by Center Characteristics*. Executive Summary. Princeton: Mathematica Policy Research.

Cameron, Stephen, and James J. Heckman. 1993. "The Nonequivalence of High School Equivalents." *Journal of Labor Economics* 11, no. 1 (part 1): 1–47.

Cameron, Stephen, and James J. Heckman. 1998. "Life Cycle Schooling and Dynamic Selection Bias: Models and Evidence for Five Cohorts of American Males." *Journal of Political Economy* 106. No. 2: 262–333.

Cameron, Stephen, and James J. Heckman. 1999. "Can Tuition Policy Combat Rising Wage Inequality?" In *Financing College Tuition: Government Policies and Educational Priorities*, Martin Kosters, ed. Washington, D. C.: American Enterprise Institute Press.

Cameron, Stephen, and James J. Heckman. 2001. "The Dynamics of Educational Attainment for Black, Hispanic, and White Males." *Journal of Political Economy* 109, no. 3: 455–499.

Cameron, Stephen, and Christopher Taber. 2000. "Borrowing Constraints and the Returns to Schooling." NBER working paper no. 7761.

Card, David. 1999. "The Causal Effect of Education on Earnings." In *Handbook of Labor Economics*, vol. 3A, Orley Ashenfelter, and David Card, eds. Amsterdam: Elsevier Science /North-Holland.

Card, David. 2001. "Estimating the Return to Schooling: Progress on Some Persistent Econometric Problems." *Econometrica* 69, no. 5: 1127 - 1160.

Card, David, and Alan Krueger. 1992. "Does School Quality Matter? Returns to Education and the Characteristics of Public Schools in the United States." *Journal of Political Economy* 100, no. 1: 1 - 40.

Card, David, and Alan Krueger. 1997. "Comment on 'Class Size and Earnings'." *Journal of Economic Perspectives* 11, no. 4: 226 - 227.

Card, David, and Thomas Lemieux. 2000. "Dropout and Enrollment Trends in the Post-war Period: What Went Wrong in the 1970s?" In *An Economic Analysis of Risky Behavior among Youth*, J. Gruber, ed. Chicago: University of Chicago Press.

Card, David, and Thomas Lemieux. 2001. "Can Falling Supply Explain the Rising Return to College for Younger Men? A Cohort-Based Analysis." *Quarterly Journal of Economics* 116, no. 2: 705 - 746.

Carneiro, Pedro. 2002. "Heterogeneity in the Returns to Schooling Implications for Policy Evaluation." Ph. D. diss., University of Chicago.

Carneiro, Pedro, Karsten Hansen, and James J. Heckman. 2001. "Removing the Veil of Ignorance in Assessing the Distributional Impacts of Social Policies." *Swedish Economic Policy Review* 8: 273 - 301.

Carneiro, Pedro, Karsten Hansen, and James J. Heckman. 2003. "Estimating Distributions of Treatment Effects with an Application to the Returns to Schooling." *International Economic Review* 44, no. 2: 361 - 422.

Carneiro, Pedro, and James J. Heckman. 2002. "The Evidence on Credit Constraints in Post-secondary Schooling." *Economic Journal* 112, no. 482: 705 - 734.

Carneiro, Pedro, James J. Heckman, and Edward Vytlacil. 2003. "Understanding What Instrumental Variables Estimate: Estimating Marginal and Average Returns to Education." University of Chicago working paper (revised from 2001 version).

Carnevale, Anthony, and Richard Fry. 2000. "Crossing the Great Divide Can We Achieve Equity When Generation Y Goes to College?" Educational Testing Service Leadership 2000 Series. Princeton, N. J.

Cawley, John, James J. Heckman, Lance Lochner, and Edward

Vytlacil. 2000. "Understanding the Role of Cognitive Ability in Accounting for the Recent Rise in the Return to Education." In *Meritocracy and Economic inequality*, Kenneth Arrow, Samuel Bowles, and Steven Durlauf, eds. Princeton: Princeton University Press.

Cawley, John, James J. Heckman, and Edward Vytlacil. 1999. "On Policies to Reward the Value Added by Educators." *Review of Economics and Statistics* 81, no. 4: 720 - 727.

Coleman, James, and Thomas Hoffer. 1983. *Public and Private High Schools*. New York: Basic.

Cossa, Ricardo. 2000. "Determinants of School Attainment in Argentina: An Empirical Analysis with Extensions to Policy Evaluation." Ph. D. diss., University of Chicago.

Couch, Kenneth. 1992. "New Evidence on the Long-Term Effects of Employment Training Programs." *Journal of Labor Economics* 10, no. 4: 380 - 388.

Cullen, Julie, Brian Jacob, and Steven Levitt. 2000. "The Impact of School Choice on Student Outcomes: An Analysis of the Chicago Public Schools." NBER working paper no. 7888.

Currie, Janet, and Duncan Thomas. 1995. "Does Head Start Make a Difference?" *American Economic Review* 85, no. 3: 341 - 364.

DeLong, J. Bradford, Claudia Goldin, and Lawrence Katz. 2003. "Sustaining U. S. Economic Growth." In *Agenda for the Nation*, Henry Aaron, James Lindsay, and Pietro Nivola, eds. Washington, D. C.: Brookings Institution Press.

Donohue, John, and Peter Siegelman. 1998. "Allocating Resources among Prisons and Social Programs in the Battle against Crime." *Journal of Legal Studies* 27, no. 1: 1 - 43.

Duncan, Greg, and Jeanne Brooks-Gunn. 1997. "Income Effects across the Life Span: Integration and Interpretation." In *Consequences of Growing Up Poor*, Greg Duncan and Jeanne Brooks-Gunn, eds. New York: Russell Sage.

Dynarski, Susan. 2000. "Hope for Whom? Financial Aid for the Middle Class and Its Impact on College Attendance." *National Tax Journal* 53, no. 3 (part 2): 629 - 662.

Dynarski, Susan. 2001. "Does Aid Matter? Measuring the Effects of Student Aid on College Attendance and Completion." Harvard University working paper.

Edwards, Richard. 1976. "Individual Traits and Organizational Incentives: What Makes a Good Worker?" *Journal of Human Resources* 11, no. 1: 51-68.

Ellwood, David. 2001. "The Sputtering Labor Force of the 21st Century: Can Social Policy Help?" Harvard University working paper.

Ellwood, David, and Thomas Kane. 2000. "Who is Getting a College Education? Family Background and the Growing Gaps in Enrollment." In *Securing the Future: Investing in Children from Birth to College*, Sheldon Danziger and Jane Waldfogel, eds. New York: Russell Sage.

Fryer, Roland, and Steven Levitt. 2002. "Understanding the Black-White Test Score Gap in the First Two Years of School." NBER working paper no. 8975.

Garber, Howard. 1988. *The Milwaukee Project: Preventing Mental Retardation in Children at Risk.* Washington, D.C.: American Association of Mental Retardation.

Garces, Eliana, Duncan Thomas, and Janet Currie. 2002. "Longer-Term Effects of Head Start." *American Economic Review* 92, no. 4: 999-1012.

Glazerman, Steven, Peter Z. Schochet, and John Burghardt. 2001. *National Job Corps Study: The Impacts of Job Corps on Participants' Literacy Skills.* Washington, D.C.: U.S. Department of Labor.

Granger, Robert, and Rachel Cytron. 1998. "Teenage Parent Programs: A Synthesis of the Long-Term Effects of the New Chance Demonstration, Ohio's Learning, Earning, and Parent (LEAP) Program, and the Teenage Parent Demonstration (TPD)." MDRC working paper.

Gray, Susan, Barbara Ramey, and Rupert Klaus. 1982. *From Three to Twenty: The Early Training Project.* Baltimore: University Park.

Griliches, Zvi. 1977. "Estimating the Returns to Schooling: Some Econometric Problems." *Econometrica* 45, no. 1: 1-22.

Grogger, Jeffrey, and Derek Neal. 2000. "Further Evidence on the Effects of Secondary Schooling." *Brookings-Wharton Papers on Urban Affairs*, Washington, D.C.: Brookings Institution Press: 151 - 193.

Hansen, Karsten, James J. Heckman, and Kathleen Mullen. 2002. "The Effect of Schooling and Ability on Achievement Test Scores." NBER working paper W9881. Forthcoming in *Journal of Econometrics*.

Hanushek, Eric. 1971. "Teacher Characteristics and Gains in Student Achievement: Estimation Using Micro-data." *American Economic Review* 61, no. 2: 280 - 288.

Hanushek, Eric. 1997. "Budget, Priorities and Investment in Human Capital," In *Financing College Tuition: Government Policies and Social Priorities*, Michael Kosters, ed. Washington, D.C.: American Enterprise Institute Press.

Hanushek, Eric. 1998. "The Evidence on Class Size," In *Earning and Learning: How Schools Matter*, Susan E. Mayer and Paul Peterson, eds. Washington, D.C.: Brookings Institution Press.

Hanushek, Eric. 2000. "Further Evidence of the Effects of Catholic Secondary Schooling Comment." *Brookings-Wharton Papers on Urban Affairs*, Washington, D.C.: Brookings Institution Press: 194 - 197.

Hanushek, Eric. 2002. "Publicly Provided Education." NBER working paper W8799.

Hanushek, Eric. 2003. "The Failure of Input Based Schooling Policies." *Economic Journal* 113, no. 485: F64 - F98.

Hanushek, Eric, and Javier Luque. 2000. "Smaller Classes, Lower Salaries? The Effects of Class Size on Teacher Labor Markets." In *Using What We Know: A Review of the Research on Implementing Class-Size Reduction Initiatives for State and Local Policymakers*. Sabrina Laine and James Ward, eds. Oak Brook, Ill.: North Central Regional Educational Laboratory .

Hauser, Robert. 1993. "Trends in College Attendance among Blacks, Whites, and Hispanics." In *Studies of Supply and Demand in Higher Education*, Charles Clotfelter and Michael Rothschild, eds. Chicago: University of Chicago Press.

Heckman, James J. 1995. "Lessons from The Bell Curve." *Journal of Political Economy* 103, no. 5: 1091 - 1120.

Heckman，James J. 1999. "Education and Job Training：Doing It Right." *Public Interest*，no. 135：86－107.

Heckman，James J. 2000. "Policies to Foster Human Capital." *Research in Economics* 54，no. 1：3－56.

Heckman，James J. 2001. "Micro Data，Heterogeneity，and the Evaluation of Public Policy：Nobel Lecture." *Journal of Political Economy* 109，no. 4：673－748.

Heckman，James J.，ed. 2003. *The GED*. Unpublished manuscript，University of Chicago.

Heckman，James J.，Carolyn Heinrich，and Jeffrey Smith. 2002. "The Performance of Performance Standards." *Journal of Human Resources* 37，No. 4：778－811.

Heckman，James J.，Neil Hohmann，Michael Khoo，and Jeffrey Smith. 2000. "Substitution and Dropout Bias in Social Experiments：A Study of an Influential Social Experiment." *Quarterly Journal of Economics* 115，no. 2：657－694.

Heckman，James J.，Jingjing Hsee and Yona Rubinstein. 2001. "The GED Is a 'Mixed Signal'：The Effect of Cognitive and Noncognitive Skills on Human Capital and Labor Market Outcomes." University of Chicago working paper.

Heckman，James J.，and Peter Klenow. 1998. "Human Capital Policy." In *Policies to Promote Capital Formation*，Michael Boskin，ed. Stanford，Calif.：Hoover Institution.

Heckman，James J.，Robert LaLonde，and Jeffrey Smith. 1999. "The Economics and Econometrics of Active Labor Market Programs." In *Handbook of Labor Economics*，vol. 3A，Orley Ashenfelter and David Card，eds. Amsterdam Elsevier.

Heckman，James J.，Anne Layne-Farrar，and Petra Todd. 1996. "Human Capital Pricing Equations with an Application to Estimating the Effect of Schooling Quality on Earnings." *Review of Economics and Statistics* 78，no. 6：562－610.

Heckman，James J.，and Lance Lochner. 2000. "Rethinking Myths about Education and Training：Understanding the Sources of Skill Formation in a Modern Economy." In *Securing the Future：Investing in Children from Birth to College*, Sidney Danziger and Jane Waldfogel, eds. New York: Russell Sage.

Heckman, James J., Lance Lochner, and Ricardo Cossa. 2003. "Understanding the Incentive Effects of the EITC on Skill Formation." In *Designing Inclusion*, Edmund Phelps, ed. Cambridge: Cambridge University Press.

Heckman, James J., Lance Lochner, Jeffrey Smith, and Christopher Taber. 1997. "The Effects of Government Policy on Human Capital Investment and Wage Inequality." *Chicago Policy Review* 1, no. 2: 1 - 40.

Heckman, James J., Lance Lochner, and Christopher Taber. 1998a. "Explaining Rising Wage Inequality: Explorations with a Dynamic General Equilibrium Model of Earnings with Heterogeneous Agents." *Review of Economic Dynamics* 1, no. 1: 1 - 58.

Heckman, James J., Lance Lochner, and Christopher Taber. 1998b. "General Equilibrium Treatment Effects: A Study of Tuition Policy." *American Economic Review* 88, no. 2: 381 - 386.

Heckman, James J., Lance Lochner, and Christopher Taber. 1998c. "Tax Policy and Human Capital Formation." *American Economic Review* 88, no. 2: 293 - 297.

Heckman, James J., Lance Lochner, and Christopher Taber. 2000. "General Equilibrium Cost Benefit Analysis of Education and Tax Policies." In *Trade, Growth and Development: Essays in Honor of T. N. Srinivasan*, Gustav Ranis and Lakshmi K. Raul, eds. Amsterdam: Elsevier Science.

Heckman, James J., Lance Lochner, and Petra Todd. 2003. "Fifty Years of Mincer Earnings Regressions." NBER working paper W9732.

Heckman, James J., and Yona Rubinstein. 2001. "The Importance of Noncognitive Skills: Lessons from the GED Testing Program." *American Economic Review* 91, no. 2: 145 - 149.

Heckman, James J., and Jeffrey Smith. 1998. "Evaluating the Welfare State." In *Econometrics and Economic Theory in the 20th Century: The Ragnar Frisch Centennial Symposium*, S. Strøm, ed. Cambridge: Cambridge University Press.

Heckman, James J., Jeffrey Smith, and Nancy Clements. 1997.

"Making the Most out of Programme Evaluations and Social Experiments: Accounting for Heterogeneity in Programme Impacts." *Review of Economic Studies* 64, no. 4: 487 - 535.

Heckman, James J., and Edward Vytlacil. 2001. "Identifying the Role of Cognitive Ability in Explaining the Level of and Change in the Return to Schooling." *Review of Economics and Statistics* 83, no. 1: 1 - 12.

Herrera, Carla, Cynthia Sipe, Wendy Mcclanahan, Amy Arbreton, and Sarah Pepper. 2000. *Mentoring School-Age Children: Relationship Development in Community-Based and School-Based Programs*. Philadelphia: Public/Private Ventures.

Herrnstein, Richard, and Charles Murray. 1994. *The Bell Curve*. New York: Free Press.

Hill, Martha. 1992. *The Panel Study of Income Dynamics: A User's Guide*. Newbury Park, Calif.: Sage.

Hirschleifer, Jack. 1970. *Investment, Interest and Capital*. Englewood Cliffs, N. J.: Prentice Hall.

Hoxby, Caroline. 2000. "Does Competition among Public Schools Benefit Students and Taxpayers?" *American Economic Review* 90, no. 5: 1209 - 1238.

Johnson, Amy. 1996. *An Evaluation of the Long-Term Impacts of the Sponsor-a-Scholar Program on Student Performance*. Princeton: Mathematica Policy Research.

Johnson, Dale. 1988. "Primary Prevention of Behavior Problems in Young Children: The Houston Parent-Child Development Center." In *14 Ounces of Prevention: A Casebook for Practitioners*, Richard Price, Emory Cowen, Raymond Lorion, and Julia Ramos-McKay, eds. Washington, D. C.: American Psychological Association.

Joint Committee on Taxation, United States Congress. 1992. *Description and Analysis of Tax Provisions Expiring in 1992: Scheduled for Hearings before the House Committee on Ways and Means on January 28 - 29 and February 26. 1992*. Washington, D. C.: U. S. Government Printing Office.

Jorgenson, Dale, and Mun Ho. 1999. "The Quality of the U. S. Work Force, 1948 to 1995." Harvard University working paper.

Judd, Kenneth. 2000. "Is Education as Good as Gold? A Portfolio Analysis of Human Capital Investment." Stanford University working paper.

Kane, Thomas. 1994. "College Entry by Blacks since 1970: The Role of College Costs, Family Background, and the Returns to Education." *Journal of Political Economy* 102, no. 5: 878-911.

Kane, Thomas. 1996. "College Costs, Borrowing Constraints and the Timing of College Entry," *Eastern Economic Journal* 22, no. 2: 181-194.

Kane, Thomas. 1999. *The Price of Admission: Rethinking How Americans Pay for College*. Washington, D. C.: Brookings Institution.

Kane, Thomas. 2001. "College Going and Inequality: A Literature Review." Russell Sage Foundation working paper.

Kaplow, Louis. 1996. "The Optimal Supply of Public Goods and the Distortionary Cost of Taxation." *National Tax Journal* 49. No. 4: 513-533.

Karoly, Lynn. 2001. "Investing in the Future: Reducing Poverty through Human Capital Investments." In *Understanding Poverty*, S. Danzinger and R. Haveman, eds. New York: Russell Sage.

Karoly, Lynn, Peter Greenwood. Susan Everingham, Jill Hube, M. Rebecca Kilburn, C. Peter Rydell, Matthew Sanders, and James Chiesa. 1998. "Investing in Our Children: What We Know and Don't Know about the Cost and Benefits of Early Childhood Interventions." ED 419 621. Santa Monica, Calif.: RAND.

Keane, Michael, and Kenneth Wolpin. 2001. "The Effect of Parental Transfers and Borrowing Constraints on Educational Attainment." *International Economic Review* 42, no. 4: 1051-1103.

Klein, Roger, Richard Spady, and Andrew Weiss. 1991. "Factors Affecting the Output and Quit Propensities of Production Workers." *Review of Economic Studies* 58, no. 2: 929-954.

Krueger, Alan. 1999. "Experimental Estimates of Education Production Functions," *Quarterly Journal of Economics* 114, no. 2: 497-532.

Krueger, Alan. 2000. "Economic Scene: A Study Backs Up What George Foreman Already Said," *New York Times*, 30 March.

Lally，J. Ronald，Peter Mangione，and Alice Honig. 1988. "The Syracuse University Family Development Research Program：Long-Range Impact on an Early Intervention with Low-Income Children and Their Families." In *Parent Education as Early Childhood Intervention*，Douglas Powell，ed. Norwood，N. J.：Ablex.

Laurence，Janice. 2000. "The Military Performance of GED Holders." In *The GED*，James J. Heckman，ed.，Unpublished manuscript. University of Chicago. Department of Economics.

Levenstein，Phyllis，John O'Hara，and John Madden. 1983. "The Mother-Child Program of the Verbal Interaction Project." In *As the Twig is Bent：Lasting Effects of Pre-school Programs*. Consortium for Longitudinal Studies，Hillsdale，N. J.：Erlbaum.

Lillard，Lee，and Hong Tan. 1986. "Private Sector Training：Who Gets It and What Are Its Effects?" R-3331-DOL/RC. Santa Monica，Calif.：RAND.

Lochner，Lance. 1999. "Education，Work，and Crime：Theory and Evidence." University of Rochester working paper.

Long，David，Charles Mallar，and Craig Thornton. 1981. "Evaluating the Benefits and Costs of the Job Corps." *Journal of Policy Analysis and Management* 81：55 - 76.

Lynch，Lisa. 1992. "Private-Sector Training and the Earnings of Young Workers." *American Economic Review* 82，no. 1：299 - 312.

Lynch，Lisa. 1993. *Training and the Private Sector：International Comparison*. Chicago：University of Chicago Press.

MaCurdy，Thomas，and Thomas Mroz. 1995. "Estimating Macro Effects from Repeated Cross-Sections." Stanford University discussion paper.

Martin，John，and David Grubb. 2001. "What Works and for Whom：A Review of OECD Countries' Experience with Active Labour Market Policies." *Swedish Economic Policy Review* 8，no. 2：9 - 56.

Meghir，Costas，and Marten Palme. 1999. "Assessing the Effect of Schooling on Earnings Using a Social Experiment." IFS working paper no. W99/10.

Mincer，Jacob. 1974. *Schoolings，Experience，and Earnings*. Cambridge, Mass.: NBER, distributed by Columbia University Press, New York.

Mincer, Jacob. 1993. "Investment in U. S. Education and Training." Columbia University discussion paper no. 671.

Monroe, Eliza, and Morris, S. McDonald. 1981. "Follow up Study of the 1966 Head Start Program, Rome City Schools, Rome, Georgia." Unpublished manuscript.

Mulligan, Casey. 1997. Notes on Credit Constraints. Unpublished manuscript. University of Chicago, Department of Economics.

Murnane, Richard. 1975. *The Impact of School Resources on the Learning of Inner-City Children*. Cambridge, Mass: Ballinger.

National Center for Education Statistics (NCES). 1997. *The 1997 Digest of Education Statistics*. Washington, D. C.: NCES.

Neal, Derek. 1997. "The Effects of Catholic Secondary Schooling on Educational Achievement." *Journal of Labor Economics* 15, no. 1: 98-123.

Orfield, Gary. 1992. "Money, Equity, and College Access." *Harvard Educational Review* 2, no. 3: 337-372.

Organization for Economic Cooperation and Development (OECD) and Statistics Canada. 1995. *Literacy, Economy and Society: Results of the First International Adult Literacy Survey*. Toronto: Federal Publications, Inc.

Palmer, Francis. 1983. "The Harlem Study: Effects by Type of Training, Age of Training and Social Class." In *As the Twig is Bent: Lasting Effects of Pre-school Programs*, Consortium for Longitudinal Studies. Hillsdale, N. J.: Erlbaum.

Peterson, Paul, and Bryan Hassel. 1998. *Learning from School Choice*. Washington, D. C.: Brookings Institution Press.

Phelps, Edmund. 1997. *Rewarding Work: How to Restore Participation and to Self-Support Free Enterprise*. Cambridge: Harvard University Press.

Phillips, Meredith, Jeanne Brooks-Gunn, Greg Duncan, Pamela Klebanov, and Jonathan Crane. 1998. "Family Background, Parenting Practices, and the Black-White Test Score Gap." In *The Black-White Test*

Score Gap, Christopher Jencks and Meredith Phillips, eds. Washington, D. C. : Brookings Institution press.

Quigley, John, and Eugene Smolensky. 1990. "Improving Efficiency in the Tax Treatment of Training and Educational Expenditures." In *Labor Economics and Public Policy: Research in Labor Economics*, vol. 11, Lauri Bassi, and David Crawford, eds. Greenwich, Conn. : JAI Press.

Ramey, Craig, Donna Bryant, Frances Campbell, Joseph Sparling, and Barbara Wasik. 1988. "Early Intervention for High-Risk Children: The Carolina Early Intervention Program." In *14 Ounces of Prevention: A Casebook for Practitioners*, Richard Price, Emory Cowen, Raymond Lorion, and Julia. Ramos-McKay, eds. Washington, D. C. : American Psychological Association.

Rouse, Cecilia. 1997. "Private School Vouchers and Student Achievement: An Evaluation of the Milwaukee Parental Choice Program." NBER working paper no. 5964.

Sandmo, Agnar. 1998. "Redistribution and the Marginal Cost of Public Funds." *Journal of Public Economics* 70, no. 2: 365 - 382.

Schochet, Peter, John Burghardt, and Steven Glazerman. 2001. *National Job Corps Study: The Impact of Job Corps on Participants' Employment and Related Outcomes*. Washington, D. C. : U. S. Government Printing office.

Schweinhart, Lawrenee, Helen Barnes, and David Weikart. 1993. *Significant Benefits: The High-Scope Perry Pre-school Study through Age 27*. Ypsilanti, Mich. : High Scope Press.

Seitz, Victoria. 1990. "Intervention Programs for Impoverished Children: A Comparison of Educational and Family Support Models." In *Annals of Child Development: A Research Annual*, vol. 7, Ross Vasta, ed. London: Kingsley.

Shea, John. 2000. "Does Parents' Money Matter?" *Journal of Public Economics* 77, no. 2: 155 - 184.

Shonkoff, Jack, and Deborah Phillips, eds. 2000. *From Neurons to Neighborhoods: The Science of Early Childhood Development*. Washington, D. C. : National Academy Press.

Spence, A. Michael. 1974. *Market Signaling: Informational Transfer in Hiring and Related Screening Processes*. Cambridge: Harvard University Press.

Stanley, Marcus. 1999. "Education, Opportunity, and the Mid-Century G. I. Bills." Harvard University working paper.

Sternberg, Robert. 1985. *Beyond IQ: A Triarchic Theory of Human Intelligence*. Cambridge: Cambridge University Press.

Taber, Christopher. 2001. "The Rising College Premium in the Eighties: Return to College or Return to Unobserved Ability?" *Review of Economic Studies* 68, no. 3: 665 – 691.

Taggart, Robert. 1995. *Quantum Opportunity Program Opportunities*. Philadelphia: Industrialization Center of America.

Tierney, Joseph, and Jean Grossman. 1995. *Making a Difference: An Impact Study of Big Brothers/Big Sisters*. Philadelphia: Public/Private Ventures.

United States Department of Labor. 1995. *What's Working (and What's Not): A Summary of Research on the Economic Impacts of Employment and Training Programs*. Washington, D. C.: U. S. Department of Labor.

United States General Accounting Office. 1996. *Job Training Partnership Act: Long-Term Earnings and Employment Outcomes*. Report no. GAO/HEHE 96 – 40. Washington, D. C.: U. S. General Accounting Office.

Urquiola, Miguel, and Chang-Tai Hsieh. 2002. "When Schools Compete, How Do They Compete? An Assessment of Chile's Nationwide School Voucher Program." Cornell University working paper.

Ventura, Stephanie J., and Christine A. Bachrach. 2000. "Nonmarital Child-bearing in the United States, 1940 – 1999." *National Vital Statistics Reports*, 48 (16). Hyattsville Md.: National Center for Health Statistics.

Walker. Gary, and Frances Viella-Velez. 1992. Anatomy of a Demonstration. Philadelphia: Public/Private Ventures.

Willis, Robert. 1986. "Wage Determinants: A Survey and Reinterpretation of Human Capital Earnings Functions." In *Handbook of Labor Economics*, vol. 1, Orley Ashenfelter and David Card, eds. New York: North-Holland.

Williis，Robert，and Sherwin Rosen. 1979. "Education and Self-Selection." *Journal of Political Economy* 87，no. 5：S7 – S36.

Winship，Christopher. and Sanders Korenman. 1997. "Does Staying in School Make You Smarter? The Effect of Education on IQ in The Bell Curve." In *Intelligence，Genes，and Success：Scientists Respond to the Bell Curve*，Bernie Devlin，Stephen Feinberg，Daniel Resnick，and Kathryn Roeder. eds. New York：Springer and Copernicus.

Witte，John. 2000. *The Market Approach to Education：An Analysis of America's First Voucher System*. Princeton：Princeton University Press.

3 评论

乔治·J. 博尔哈斯（George J. Borjas）
埃里克·A. 哈努谢克（Eric A. Hanushek）
劳伦斯·F. 卡茨（Lawrence F. Katz）
莉萨·M. 林奇（Lisa M. Lynch）
劳伦斯·H. 萨默斯（Lawrence H. Summers）

乔治·J. 博尔哈斯的评论

佩德罗·卡内罗、詹姆斯·赫克曼和艾伦·克鲁格对工资的不平等和人力资本政策之间的关系进行了到目前为止最具先进性的调查研究。前两章都使用了人力资本理论框架和大量的实证证据，并着重讨论了如何通过具体政策的实施来调整现有劳动力的技能禀赋及工资分布的状态，而且就政策的有效性提出了意见。

在我看来，前两章针对重大事件的辩论具有很大程度的一致性。卡内罗、赫克曼和克鲁格都认为，某些低收入人群确实受到来自资金方面的约束，并且所获得的学校教育程度要低于社会所需。在怎样的实证证据才足以让个体相信并得出这个结论的问题上，前两章还存在分歧，与卡内罗和赫克曼相比，克鲁格更加注重对工具变量估计的有效性研究。这在我们看来是有据可依的。前两章得出了相同的结论，即长期因素例如某一个体的能力及其家庭资源的长期水平是人力资本投资的重要决定因素，并且政府政策是不大可能改变这些资源禀赋的。前两章都表明，即使很少有人力资本文献明确分析这一观点，但不可否认非认知能力——持久性、动机、驱动力——才是经济成功的决定性因素。前两章还揭示了通过实施人力资本政策来提高弱势工人的技能禀赋是可行的，同时分析了其中的限制因素。

克鲁格的结论比卡内罗和赫克曼的结论更进一步。他认为，目前美国社会存在的不平等就是“我们拥有太多好东西”。无论是借助理论研讨还是通过这两章总结出的经验证据，我个人都不相信这样的结论是必然的。更坦率地说，以现有证据表明，克鲁格还应该在其标题末尾加上一个问号。

虽然现在美国社会的不平等差距比 30 年前更大，但仍然有一个问题未能得到回答：即使这样，那又如何？目前不平等程度是否比社会最优的水平还高，对此我们尚未可知。毕竟，不平等的“自然”水平并不一定是一个常数。不平等的“自然”水平在 20 世纪 50 年代和 60 年代可能会更低，但由于美国及全球经济结构发生变化而开始提高。此外，即使美国民众普遍赞同是因为“太多”才造成现在的不平等，但通过人力资本政策支出更多资金来实现工人收入平等的做法是否能够迎合社会的需要，对此我们还不清楚。有成千上万个项目纷纷竞争政府早已稀缺的财政资源。人们有理由认为，空间探索计划或为中东地区政局动乱提供更有价值的情报等，都会带来远高于额外大学教育补贴或削减班级规模所产生的收益率，并且将会极大提高所有美国民众的生活水平，其中包括低收入人群。

有诸多论文及原始草案呈现在座谈会上，卡内罗、赫克曼和克鲁格列出了一份有关人力资本政策的长名单，着重讨论了“嫌疑人常用列表”，却忽视了移民的作用。大规模美国移民现象自 20 世纪 60 年代中期以来开始复苏，这彻底改变了过去 30 年间美国劳动力的技能禀赋。正如我接下来所要展示的，美国近年来推动的移民政策使技能水平非常低的工人数量急剧增加，进而使人力资本政策要达到卡内罗、赫克曼和克鲁格所讨论的平衡状态变得越来越困难，也越来越昂贵。

《1965 年美国移民和国籍法修正案》（1965 Amendments to the Immigration and Nationality Act）极大地推动了向美国大规模移民的复兴运动，在这之前，到美国的移民都受国家起源配给制度的指导，这大大限制了向美国移民的流动规模，并且在国家间以分配签证的方式进行强制配额。1890 年美国人口的种族结构具有很强的代表性，因此成为给其他国家配给签证数量的重要依据。由此带来的结果是，在所有有效签证中，多达 60%的配额分给了来自德国和英国这两个国家的移民申请人。

《1965年美国移民和国籍法修正案》废除了国家起源配给制度，随着少数立法法案的相继出台，美国对全球的移民数量都设置了更高的限制标准，并在很多申请人中都规定了分配入境签证的新标准：移民后的家庭要重新统一起来。1965年移民政策的转变对进入美国的移民人数具有历史性影响。即使在20世纪50年代，每年也只有250 000名合法移民进入美国，到了20世纪90年代，每年几乎有100万人入境。1970年，4.8%的人口是在国外出生的；到了2000年，这个数据为11.1%。事实上，在美国，移民占人口增长的一半以上。

同时，非法移民也大量增加。最近一次非法移民浪潮开始于20世纪60年代后期，即短工项目结束之后，该项目是针对墨西哥人的一个农业外籍工作人员项目，由于被指控严重损害了当地工人的经济机会而被勒令终止。据美国移民规划局（INS）于1996年10月的报告，目前有500万名非法外国人居住在美国。然而，2000年美国人口普查的数据表明，美国移民规划局可能大大低估了美国境内非法外国人的数量，实际上现在可能有多达1 000万名非法外国人居住在美国。

很多文献都广泛研究了大规模移民运动的复兴对移民技术结构造成的影响［参见博尔哈斯（Borjas，1999）的证据摘要］。这个文献中的一个关键发现是，在过去的几十年间，美国移民的相对经济地位是明显下降的。以典型的1960年为例，一名男性移民要比当地工人多赚4%的工资。但到了1980年，移民比当地人少赚8%。到2000年，移民所遭受的工资下浮幅度已增至20%。有大量的证据表明，这两类人口之间的工资差距之所以会不断加大，主要原因是与当地居民相比，移民的人力资本在不断下降。

图3.1显示了在2000年移民和当地居民教育程度的累积分布的差距。该图揭示了两个重要的发现。[①] 首先，移民比本地人更可能缺少高中文凭。特别是32%的移民人口没有完成12年的学业，相比之下，当地居民的这项数据只有11%。其次，高中辍学率这一指标在两类人口中也有很大的区别。特别是，只有3%的本地工人的教育年限不足10年。相比之下，24%的移民的教育年限不到10年，19%的学生的教育年限不到8年。总之，不仅移民中的高中辍学人数相对较多，而且在移民和当地居民的高中辍学人口之间也有巨大的技能差距。

---

① 所讨论的数据摘自2001年3月对当前人口调查的补编。本部分将分析年龄为25岁～64岁的工人。

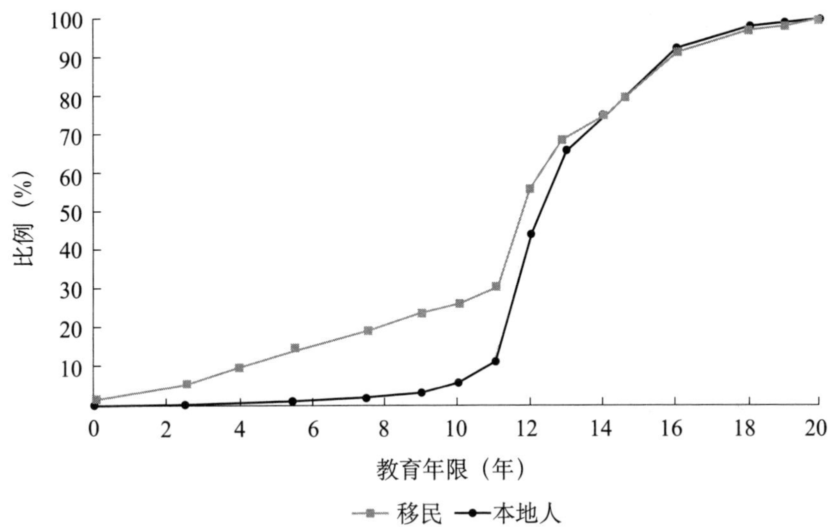

图 3.1　2000 年教育程度的累积分布

图 3.2 以另一种方式描述了移民和当地居民教育程度的分布情况，同时也显示了 1970 年与 2000 年的分布变化。[①] 1970 年，每个教育小组中在国外出生的工人比例为 5%～15%。例如，约 15%的有 6 年学校教育的工人是在国外出生的，约 5%的有 12 年学校教育的工人是在国外出

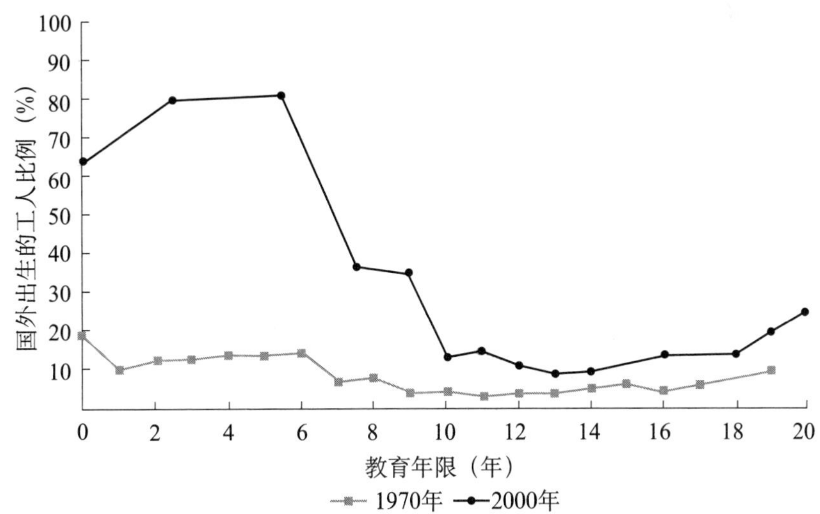

图 3.2　1970 年和 2000 年移民的教育程度

① 1970 年的数据来自美国 10 年普查一次的 1%随机样本。如前所述，分析仅限于 25 岁～64 岁的工人。

生的。大规模移民运动的复苏明显地揭示出，各个教育程度群体的国外出生比例的曲线是向上移动的。更有趣的是，大量低技术工人移民的增加，以及没完成高中学业的本地工人人数的减少，大大改变了国外出生比例曲线的形状，在技能分布的底部呈现出一个更显著的模式。2000 年，在只有 8 年或更少受教育年限的人中，约有 80%是在国外出生的，而且在有 12 年受教育年限的工人中，只有约 10%是在国外出生的。

正如卡内罗、赫克曼和克鲁格的调查所显示的，政府为提高弱势群体的教育程度而先后设计了数百个项目。低技能工人的大规模移民显然增加了这些项目解决这个问题的难度，且大大增加了这种政策的执行成本。

为了进行更好的说明，我们假设美国政府会出台一项政策，以试图提高处于教育成就分布底层的移民的技能水平。更特别的是，该项政策会对某些项目进行投资，而这些措施必须能够把高中辍学的一般移民的技能水平提高至同样情况下当地工人的水平上。换句话说，如果这项政策可以成功实施，那么平均来看，这两类群体中的高中辍学者将会拥有同等教育程度。以 2000 年的数据为例，当地居民中高中辍学者的受教育年限是 9.7 年，而外国移民中高中辍学者的受教育年限仅有 6.9 年。因此，对于 750 万名高中辍学的移民来说，每个人都需要“注入”2.8 年的学校教育，以使他们达到与本地出生的高中辍学者相同的教育水平。霍克斯拜（Hoxby，2002）估计，每人每个学年需要投入的成本约为 8 100 美元。政府为此支付的总成本约为 1 700 亿美元。总之，即使是一项目标设定非常有限的政策——使低技能移民达到低技能当地居民同等水平——其成本也远远超出大多数在公众辩论中讨论的人力资本政策的成本。例如，我们可以思考一下克林顿政府在 1993 年高调宣扬（而结局糟糕）的工人投资计划。这一主要政策建议的预算为每年 165 亿美元。为提高低技能移民的技能——使他们与低技能本地人一样有技术——需要将这个完全针对移民人口的项目持续实施 10 年。

不足为奇，大量低技能移民的涌入必然会对美国工资分配造成实质性的结构影响。图 3.3 显示出 1970 年和 2000 年国外出生的工人在工资分布的每十分位数上的分数。1970 年，国外出生工人的数据是非常均匀的，在每个十分位，约 10%的工人是在国外出生的。2000 年，每个十分位数的移民份额的数据呈现 U 形，在一定程度上，这说明处于上端分布的移民份额过多，而处于低端分布的移民份额完全过多。即使在 2000 年，有略超过10%的劳动力是在国外出生，但在顶部十分位数中的移民工人达到近14%，而在底部十分位数中，移民工人达到约25%。换一种说法，大量低技能移民的进入有效地导致了美国低收入劳动力的“异化”。

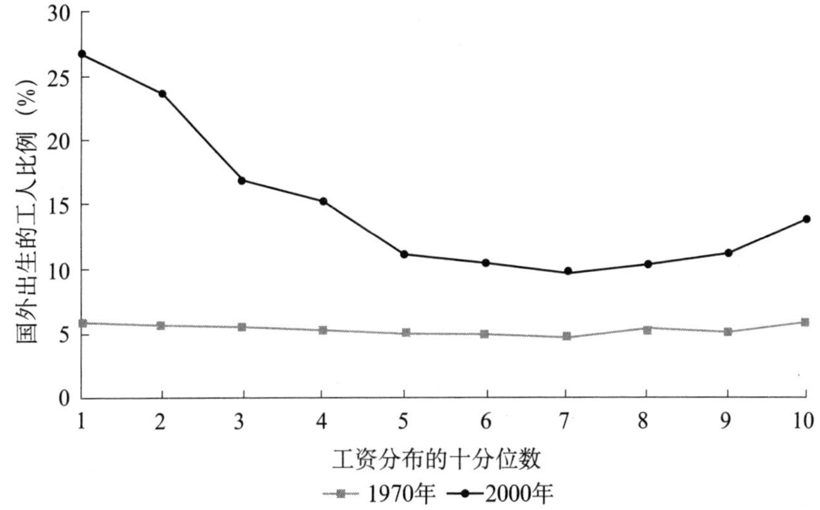

图 3.3 1970 年和 2000 年男性移民的工资分布

此外，图3.3所示的影响是完全模糊不清的：它忽略了大量低技能移民的进入所造成的劳动力供应过剩这一事实，而这将会改变低技能工人（以及高技能工人）的工资。虽然在文献中有大量关于不同技能群体的边际产品价值的重要性的辩论，但美国在过去几十年里经历的移民类型很有可能增加了高技能工人与低技能工人之间的工资差距。

还值得注意的是，即使不考虑低技能移民对低技能工人的相对工资所造成的潜在影响，采取限制某些低技能人员进入的移民政策也会对美国工资分配产生重大的影响。我们应该注意到，这个政策不是拒绝所有高中辍学的移民，它只是拒绝教育程度大大低于本地出生的最低技能工人的移民的进入。

图3.4显示出，采用这种移民政策将会改变工资分布在每个十分位数上的国外出生工人的比例。2000年，在工资分布的底端十分位数上，国外出生的工人比例约为27%。如果美国禁止不到10年教育年限的工人进入，那么该比例只有17%。同样，在工资分布的第二个十分位数上，国外出生的工人比例为24%，如果政策提案获得通过，这个数据将下降至约17%。换句话说，采取这项特别的移民政策将大大削减美国人口中的低收入者人数。

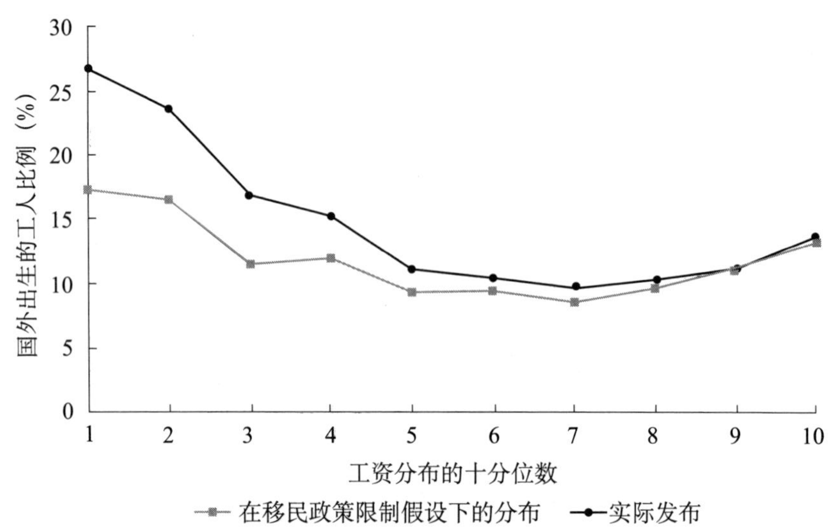

图 3.4 移民政策限制对男性移民工资分布的影响

有关移民人口技能结构的主要观点是直接而明确的：执政者希望政策能够影响到国家劳动力的人力资本禀赋，因此在他们的政策清单中，移民政策是一个重要的项目。美国所贯彻的移民政策的类型——多少人以及哪类人被允许进入这个国家——对国家劳动力的人力资本禀赋会产生重要的影响，而对那些致力于改善国民经济中人力资本禀赋的政策而言，其成本和效率也同样会受此影响。特别是，过去几十年来，大规模移民运动的复苏已经导致美国人口中低技能工人数量的大幅增加，同时也导致了在实施旨在提高弱势工人技能的政策时成本的大幅增加。

参考文献

Borjas, George J. 1999. *Heaven's Door*: *Immigration Policy and the American Economy*. Princeton: Princeton University Press.

Hoxby, Caroline. 2002. "The Cost of Accountability." Unpublished paper. Harvard University.

埃里克·A. 哈努谢克的评论

我认为，2002 年阿尔文·汉森学术研讨会讨论的问题之一也是当今社会最关键的问题：在制定国家政策时，应该追求怎样的人力资本投资？佩德罗·卡内罗、詹姆斯·赫克曼和艾伦·克鲁格作为向研讨会提交论文的作者，是为面临困境的政策制定者提出选择路径和阐明难点的理想人选。

我们需要重点说明前两章的共同点。第一，前两章都坚信人力资本投资是重要的，并且不应该被忽视。第二，它们都提倡对政策选择采取拓展性思维，包括尝试在儿童教育上施加影响或取代家庭。第三，它们都声称政府在促进人力资本投资方面会起到合法且重要的作用。第四，前两章都认为我们可以做得比目前更好。

从前两章的诸多共同点中我们可以看出，它们达成了观念上的一致，这对后面的研究非常重要。但政策制定者和其他学者目前还没有对这些观点达成共识。因此，当这两章构思严谨的受人尊敬的作者检验了现有证据和基本概念性观点，以便对这些核心结论取得一致性意见的时候，人们应该对此予以充分关注。

令人印象深刻的是，前两章在基本观点和方向上取得一致后，又为政策制定者提出了在我看来是截然不同的提案，以使他们可以就这些观点达成共识。

而处于不同立场的人们实际上早已经铺设好了另外一条道路，以引领国家向不同的方向发展，虽然这只是推断，但通过现有证据至少可以看到这种可能性。

政策观点的不同

我想通过突出前两章在重要观点上的不同来为我们的讨论制定一个框架。表 3.1 提供了前两章的不同观点和建议。克鲁格希望以现有的投资计划为基础，并进一步从学前教育扩展至职业培训。而卡内罗和赫克曼将投资目标更多地指向年轻人，并且注重对现有投资计划的质量改进。正如下面将要讨论的，上述观点的不同将会带来完全不同的政策建议。国家采取的发展路径不同可能给未来带来不同的重要结果。

表 3.1 克鲁格、卡内罗和赫克曼提出的主要政策建议的总结

	克鲁格	卡内罗和赫克曼
学前	扩展当前项目，包括领先计划的全部筹资	对早期年龄群体的高质量项目进行最大的投资
学前班与 12 年学校教育	用更多的时间和更小的班级扩展当前的项目和组织	改变学校的激励措施来提高质量
针对年龄	在学前到职业培训的更大范围内进行投资	对个人生命周期早期进行投资

当前教育表现的背景

我们可以通过美国教育表现的总体数据来看上述不同的观点。在思考前两章提出的两种政策建议之前，我们有必要先了解一下美国投资政策的发展历史和美国教育所处的地位。

也许在目前有关教育的讨论中最容易造成误解的事项就是在过去几十年里美国教育投资所采取的模式和界定的范围。许多关于教育政策的热门讨论通常会建议我们早就应该削减教育开支，而现实的表现为我们目前对教育结果的不满提供了一个显而易见的解释。

表 3.2 显示了在 1960—2000 年提供给美国公立学校的资源模式。从该表中可以看出几个问题。第一，美国在过去的 40 年里一直在进行一个班级规模实验。1960—2000 年，美国学校的学生与教师比例下降了三分之一以上。第二，教师质量的传统测量方法在同一时期也有所拓展，如涉及研究生教育和从教经验等指标。具有硕士及以上学位的教师的百分比在这段时间增长了一倍多，同时一般的教师现在也拥有了一个高级学位。教师从教经验年数的中位数也达到了新的高度。

表 3.2　1960—2000 年美国公立学校资源

	1960 年	1980 年	2000 年
学生与教师的比例	25.8	18.7	16.0
有硕士及以上学位的老师比例	23.5	49.6	56.2[a]
老师经验年数的中位数（年）	11	12	15[a]
实际支出/平均每天参与度（2000—2001 年美元不变价格）	2 235	5 124	7 591

资料来源：2002 年美国教育部。
a. 1996 年的数据。

这些学校实际资源的变化明显意味着，在过去的 40 年间，学校的支出是显著增加的。教师教育和从教经验是决定教师薪酬的主要因素，学生与教师的比例决定了这些薪酬分摊到学生身上的比例。因此，如表 3.2 最后一行所示，学校在 2000 年对每个学生的实际支出是 1960 年的 240%。也就是说，根据通货膨胀对数据进行调整之后，在过去 40 年间我们已经真正明显增加了教育支出，但这个增加幅度似乎远远超出公众的期待。

教育资源增加与学生表现变化之间的对比令人吃惊。图 3.5 显示了 1969—1999 年来自全国教育进展评估委员会（NAEP）的美国 17 岁青年的表现模式。全国教育进展评估委员会为所有随机挑选的学生提供了相同的性能测试。如图所示，在这期间，学生在数学和阅读上的表现略有提高，而在自然科学方面的表现是下降的。① 对于这个时期学生总体表现的一个最简单的总结就是表现平平。虽然教育资源比以前增加了3倍，但学生表现没有一个明显改观。

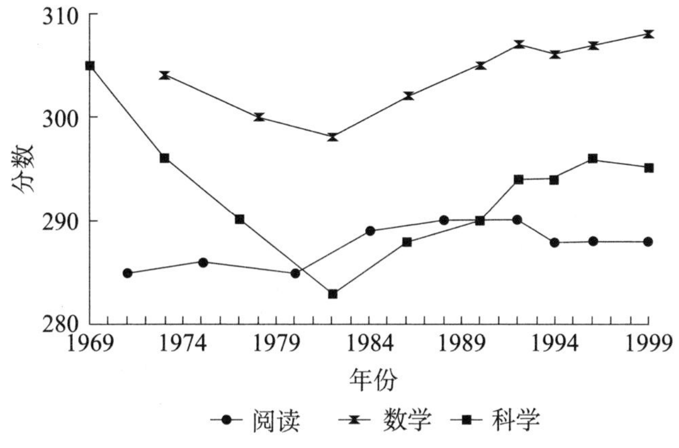

图 3.5 全国教育进展评估（17 岁）

当然，总体趋势可能是误导性的，特别是假如在此期间学生人数或学校的体制结构发生了重大变化，则更是如此。例如，经常被提到的是现在的家庭不如三四十年前那么稳定，或者与之前相比，有更多难以接受教育的移民。表 3.3 强调了在这段时间内一些家庭发生的重大变化。事实上，直到 20 世纪 90 年代，美国的贫困儿童比例一直在上升。相应地，单亲家庭中的儿童比例也在不断上升。另外，作为不利于取得成就的一个消极因素——在家不说英语的家庭现在更为普遍。

但这些不利的变化往往伴随着其他通常被视为对儿童和学习有利的变化一同出现。如表 3.3 所示，现在父母受教育的程度比 30 年前更高，家庭规模也更小。另外，4 岁～5 岁参加学前班的儿童也更多。

很难确定这些因素是否会对学生产生某种净效应。如果存在这种净效应，那么能够得到的最理想的估计就是，这种净效应对学生来说是积

① 1984—1996 年评估了测试者的写作表现，但此处没有呈现评估结果。尽管关于写作考试的评分的可靠性有很多问题，但在这一时期学生的写作能力确实大幅下降。学术能力评估测试考试提供了一个有关写作表现的更长时间跨度的证据，然而，学术能力评估测试考试是一种自愿测试，参与率随着时间的推移会显著增加。尽管如此，通过对这些分数变化的分析，特别是对较早的分数变化的分析，有证据显示，分数下降是考试选择性降低以及技能和绩效的实际变化共同作用的结果［见国会预算办公室（Congressional Budget Office，1986；1987)］。

极的［见格里斯默尔等（Grissmer 等，1994)］。通过证据来加以判别更能表明我们的立场，我们可以充分推断出这些证据不能充分证明“学生输入质量”是明显下降的。

表 3.3　1970—2000 年家庭特点的改变

	1970 年	1980 年	1990 年	2000 年
对成就不利的改变				
贫苦儿童的比例（%）	15	18	20	16
18 岁以下不和父母住的儿童的比例（%）	15	23	27	31
5 岁～17 岁在家不说英语的儿童的比例（%）	N/A	9	13	17
对成就有利的改变				
25 岁～29 岁中高中毕业或更高学历人口的比例（%）	74	85	86	88
有 3 个或更多孩子的家庭比例（%）	36	23	20	15
5 岁儿童学前入学率（%）	69	85	89	89
4 岁儿童学前入学率（%）	28	46	56	69

资料来源：美国人口普查局《当前人口报告》(*Current Population Reports*)。

在产生成本的诸多因素中，除了学生总体结构发生变化以外，一个更重要的因素是，联邦立法现在要求必须对有特殊疾病的儿童提供特别服务以满足他们对教育的需求。特殊教育学生人数的增幅很大，导致他们在学生总体人数中的比重从 1977 年立法时的 8%增加到 2000 年的 13%以上。因为针对这类学生的投资项目比大多数针对其他学生的投资项目要贵得多，同时这些学生经常被排除或豁免于其他学生参与的测试项目之外，所以，即使这类学生没有在测试表现上得到相应的改进，针对他们的教育支出也是增加的。直接数据分析表明，用于满足特殊学生教育需求的项目支出增加数额尽管非常庞大，却只占教育总支出增加额的一小部分［见哈努谢克和里夫金（Hanushek，Rivkin，1997)］。

总而言之，即使在过去几十年里我们已经加快了为教育提供资源的速度，但总体数据并不能说明美国现有的教育制度一直运行良好。

然而，也可能存在着不同的看法。如果美国教育制度一直以来都运行良好甚至已经超过其他国家，那么我们也许不需要为一直以来表现平平的美国教育担心。在这种情况下，我们需要考虑的主要问题将是如何缓解支出增加所带来的持续压力（这意味着政府提供学校教育的低效现象不断加剧)。不幸的是，这样一个解释经不住证据的检验。表 3.4 显示了 1995 年美国学生的数学和科学测试成绩在国际上的排名。第三届国际数学和科学研究显示，美国 12 年级学生的数学和科学测试成绩在 21 个参与方中分别排名第19和第16，根本不能与其他国家的学生成绩相竞争。

表3.4　1995年美国在第三届国际数学和科学研究上的排名

	4年级	8年级	12年级
数学	12/26	28/41	19/21
科学	3/26	17/41	16/21

注：12/26表示在26个参与方中排名第12，其他类似。

克鲁格、卡内罗和赫克曼提出的政策建议

我们关于美国教育的总体概述对考虑采纳克鲁格、卡内罗和赫克曼所提出的政策建议是非常重要的一个支持。前两章都对美国教育体系进行了研究实证和现状分析。由于其他评论家都关注于其中有关在职培训的内容，所以本部分的讨论完全着眼于针对年轻人的政策：学前班和12年学校教育。

克鲁格的项目　从不同的潜在投资领域来看，艾伦·克鲁格的项目的核心是扩大现有项目的规模，同时保持现有结构和激励。因此，该项目认为目前政府的规定是令人满意的，只是做得还不够。

在股权和分配方面，他也相信弱势儿童和工人对政府方案做出的反应比处于优势地位的人要多。因此，他在提议的方案中强调，现有方案的扩大应该是补偿性的，应该重点关注可以改善弱势群体的方案。

克鲁格的项目的研究内容从领先计划开始，这是一个为3岁和4岁的低收入儿童设计的联邦学前项目。目前，领先计划服务了900 000名儿童，估计其中60%的参与者是合乎资质要求的。政府为该计划每年拨款60亿美元。2000年，政府在每个参与者身上的平均支出约为6 600美元，接近每个学生在学前班和12年学校教育上的花费。

除了给领先计划全额资金，克鲁格还试图延长美国学校的学时和学年。世界上其他国家通常实行较长的学年，有些甚至延长了30%。他们通常也有较长的学时。如果把这两个因素结合在一起，我们将可以肯定地说，通常美国小学学生或中学学生每个学年获得的教育时间比世界上其他地区他们的同龄人明显要少得多。克鲁格希望改变这两种教育时间，特别是针对弱势学生。

此外，他将通过减小班级规模增加学校教育的强度。他提出的班级规模减小方案是顺应潮流的，其中包括最近由1997年加利福尼亚班级规模减小引发的缩减浪潮［见斯特克和博尔施泰特（Stecher，Bohrnstedt，1999)］。

克鲁格还建议增加教师的工资，以作为提高教师质量的一种方式。虽然他在这方面的提议并不具体，但这种增加工资的措施会在部分地区实行，以提高当地低收入教师群体的工资，同时也将引起各个教育领域教师的全面加薪。

克鲁格提出的方案与过去30年里我们坚持实行的教育政策在某种程度上多少有些接近（除了延长学校的学时这部分举措）。为什么人们总是期望在未来会有与以往不同的结果呢？就这一点来说，克鲁格并没有偏袒我们一直以来贯彻执行的政策，而是提出了几个目前可以得到的针对当前教育系统的研究证据。如果要评判克鲁格的方案，就必须考虑到他所强调的证据。

他认为在20世纪80年代中期田纳西州开展的班级规模实验（明星实验）中，如果能够在早期就开始大幅减小班级的规模，那么将会呈现出积极的成果。对此他的基本观点是，在所有关于班级规模的研究证据中，只有明星实验的证据是具有相关性的，因为这个证据来自随机分配的实验。

想要看到班级规模减小的实际效果的人普遍都会援引明星实验来帮助自己做出判断，但是该实验得到的证据和政策结论还不是我们所认为的那样直接或显著。由此会产生两个问题：质量的随机性，以及结果的说服力和重要性。明星实验是一个随机分配的实验，它将一组幼儿园学生分成小型班（15名学生/班）和常规班（23名学生/班）。每年都会测试学生的成绩，而且这部分样本学生会一直留在原来分配好的班级里，直到他们升至三年级。在第四年年底，原样本学生中只有不到一半的人会留下来继续参加实验，而很多放弃实验的学生都来自常规班；很大一部分学生都会越过控制组，以非常惊人的比例转到小型班中；每年都会有高达12%的学生无法通过成绩测试；同时关于教师在不同组别间随机调配的问题仍然存在。虽然很难确切地评估出这些证据的来源，但将所有事实综合在一起后都支持这样一个结论：小型班对学生的影响更大[见哈努谢克（Hanushek，1999）]。

即使明星实验的研究结果从表面上看被接受了，但其政策影响极不显著。实验表明，小型班的影响几乎在实行小规模班级的第一年里就完全显现出来：幼儿园或者小学一年级。[①] 实验进而表明，只有当班级规

① 这种影响模式当然不符合关于小型班的共识，因为它们允许更多的个性化教学，允许更多和更好的与教师的互动，以及引发更少的实验中断等。如果持有这些观点，在实验的后期，小型班应该取得更大的成就。

模被大幅减小至每班 15 个学生的时候，其效果才会显现出来，而对于其他幅度的班级规模减小情况，该实验没有提供任何信息。并且这种结果带来的影响微乎其微，尤其是当与这种班级规模减小所需的可观成本相比时更是如此。克鲁格对班级规模减小的好处只进行了粗略的估计，而且这些估计是依赖于事前夸张的假设、较少的数据以及乐观的预测——甚至不能对班级规模减小提供有力的政策性支持。

克鲁格对班级规模研究结果的解释有一个关键的地方就是，他只把重点放在了田纳西州的明星实验的随机分配结果上，而忽视或至少没有考虑到过去 40 年里所搜集到的关于实际改变班级规模的结果的现有证据。他也没有关注任何计量经济学方面的证据（这些证据并不支持他所倡导的班级规模减小的结论）。

除了关于班级规模影响的相关证据外，克鲁格还指出暑期学习在计量经济学研究中是效率低下的（即“夏季淡出”）。他引用的研究表明，抵制“夏季淡出”对弱势儿童更为重要，这促使他提倡实行更长的学年和新的暑期学习方案，特别是针对来自低收入家庭的儿童。有趣的是，克鲁格甚至没有注意到夏季培训和就业项目的存在，这个项目涉及随机分配实验，其提供的证据与他所倡导的政策（为赫克曼的分析提供了部分证据基础）是相抵触的。

为了支持他资助领先计划的政策提案，克鲁格提供了关于佩里学前教育计划的相关证据，这是一个用来强化学前教育的小型实验项目：孩子们在一个规模非常小的班级里学习，在此期间会有老师经常性地进行家访，而这些老师都拥有硕士学位。他对参与该计划的 58 名儿童进行了研究，得到了他们后来所取得成就的相关积极结果，以支持对领先计划的拓展。但是领先计划与佩里学前教育计划相去甚远。对于领先计划的一致性评价是，它最多只为参与者带来了有限的教育收益。有这样的评价不足为奇，因为领先计划在执行期间，很多时候都致力于提高人们的健康与营养状况，这使得人们习惯于把它视作一项社区发展项目而不是教育改革项目（例如，佩里学前教育计划要求所有参加计划的教师都要有儿童发展硕士学位，与之形成对比的是，领先计划最近重新得到了授权，目的是要求参加该计划的半数老师都要具备准学士学位）。因此，佩里学前教育计划提供给参与者的收益很少，如果有，则可以为领先计划的扩展提供相关的证据。

克鲁格倡导实施一个提高教师工资以提高教师质量的计划。虽然他对这项计划没有提出相关证据，但该计划也得到了强有力的支持。在过去的几十年里，教师的工资虽然实际有所增长，但如图 3.6 所示，教师工资的增长并没有赶上其他领域的薪酬增长。教师，特别是女教师，在大学毕业生职业分布问题上的处境与之前相比更艰难。有趣的是，这个政策的改变——一边将班级规模变小，一边使老师工资下降——一直是教育选择的结果。然而，鉴于已经出现的教师薪水下降的问题，我们仍然不清楚应该采取什么样的政策来加以应对。有证据表明，高质量教师以及专业性教师，如数学和科学教师，目前是缺乏的。克鲁格的建议是，提高包括教育在内的所有行业人员的薪酬水平，以引导人们在进行职业选择时参与教育行业，而且，这些新加入的人员将成为高质量的教师，致力于发展师资力量紧缺的教育领域。然而没有证据证明，如果我们充分满足了提升教育成果的要求，上述设想就能够变为现实。

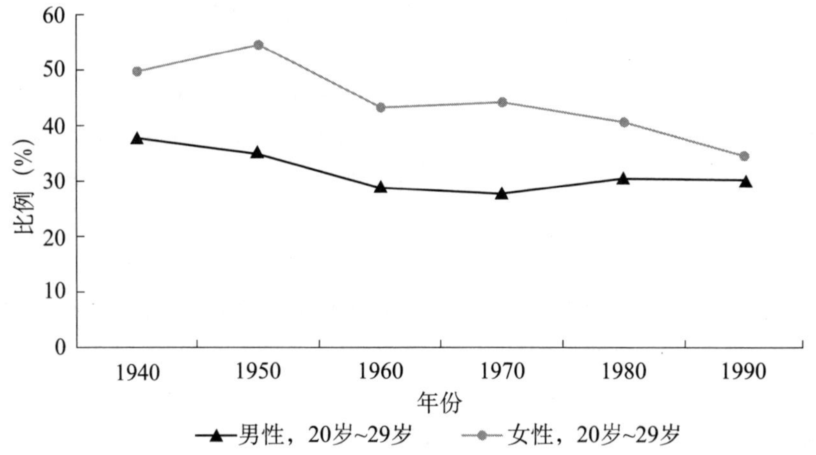

图 3.6　工资高于有学士及以上学位的非教育工作者的教师比例

总之，克鲁格倡导的政策组合看起来更像是提供给现有工作者的一项劳动和就业政策，而不是针对青年人的改善人力资本的政策。这些政策与过去执行的教育政策的结果，以及完整的研究记录里的证据都没有紧密的相关性。

卡内罗和赫克曼的项目　在了解了克鲁格的项目及其相关证据后，我们深入地研究卡内罗和赫克曼的项目的分析结果与政策建议开始变得简单。在他们坚持的基本立场中有三个核心元素。第一，早期人力资本投资（学前班和早期小学教育）会比后期人力资本投资（高中和职业培训）产生显著的更高的投资收益。第二，方案的质量才是重中之重。现有公共项目的异质性是一个重要特征，必须在政策审议和筛选过程中予以考虑。第三，现有的教育体制并没有彰显出会获得良好结果的能力。

因此，我们需要一种替代机制，如教育决策的改变或家长对教育的更大选择权。

在发展这个项目以及在对人力资本投资项目进行更广泛的评论中，卡内罗和赫克曼仔细地利用了现有的证据。当然，这些证据中有很大一部分是由赫克曼提出的，特别是在职业培训领域，所以在此领域使用适当的数据是非常正常的。然而，他们的研究并不止步于此，因为他们对其他领域的人力资本投资也进行了同样深入的评估。

然而，他们仍然不能确定到底什么样的政策才是适合的。例如，他们必须借助于佩里学前教育计划的分析和某些其他小规模学前班的经验，才能提出有关拓展学前班项目的范围及提高其质量的政策建议。同样，他们也必须依靠目前大量具有代表性的研究结论，才能够决定如何调整招聘的评价标准以提高教师的素质。

针对上述问题和其他未提及的问题，卡内罗和赫克曼利用现有证据进行了全面而详细的分析，并从这些证据中得到了政策性结论。即使对我们应该执行的政策做出了最好的预期，但同时他们也承认那些结论具有不确定性。尽管如此，他们仍提供了一整套结论和建议，这应该得到决策者的认真关注。

人们很容易只见树木不见森林。卡内罗和赫克曼提出了一个潜在的基于概念和经验的思维框架来研究人力资本政策。他们分析的另一层潜在含义就是，我们不应该只关注于个别领域的研究和投资，而应该把它们放在一个统一的框架内。一旦做到这一点，关于投资时间和各种政策的想法就会变得更加清晰。具体来说，我们在研究和制定政策时往往倾向于孤立地看待个别区域，而无法看到它们彼此之间如何交互影响。卡内罗和赫克曼建议，如果从更具战略性的角度来考虑投资的领域，则会获得更大的收益，因此，他们强调，应该尽可能早地开展人力资本投资，而不是像目前政策那样界定出一个明确的时间范围。

总之，卡内罗和赫克曼提供了一个比克鲁格的项目看起来更能够提高人力资本存量的教育发展项目。因此，即使他们有着相似的目标和愿望，但卡内罗和赫克曼所提出的适于政策的观点明显不同于克鲁格。在我看来，卡内罗和赫克曼的观点更好。

最后的话

在整个讨论中有一个方面值得我们特别注意。关于什么才是人力资本投资中最好的政策，所有的作者都应对此提出自己的理解。辩论的双方带着从自身过去的研究工作中获得的能量及技能接受了这项任务，并且双方根据现有证据提出了一套政策建议。

在许多情况下，现有证据是相当薄弱的。比如，将少数学生限定在某个特定的项目内，实行一个单一的有缺陷的随机分配实验等，不一而足。当具备了计量经济证据时，这个项目会受到各种各样的关注。我们应该在人力资本投资这个经济和公共政策都尤为重要的领域开展一个更积极的项目，以扩充我们的知识存量，针对这一战略方案，辩论双方都没有得出相关的结论。从更广泛的视角来看，目前的政策已经考虑到激励、方案及资源等相关知识的积累，并且迅速地得以贯彻与执行。

在任何一项人力资本投资项目中，都应该有一部分内容用来强调对人力资本投资的研究，通常在任何政策讨论结束时都要求进行更多的深入研究。这种情况是自然的，也通常是自发的。但在人力资本投资领域，很少需要证明现有证据存在着某些薄弱环节，当与正在制定的决策规模相比时，更是如此。例如，学前班和 12 年学校教育目前是一个每年需要投入 3 500 亿美元的教育产业，但是做出此项投资决策的依据是 15 年～30 年前所提出的证据解释。这些选择不是那么多，由于研究证据是具有决定性的，因此没有太多的选择余地，但更主要的原因是相关领域中所做出的任何分析都是不可复制的。

如果我必须判断，在未来的 50 年内，是在当前预测效果最好的项目上进行投资所带来的收益更大（即有一个更高的人力资本存量），还是投入相同的资金开发新的知识所带来的收益更大，我会选择后者。考虑到产生更高质量结果的方式也具有不确定性，那么对于我来说，一个类似于 20 世纪 70 年代的社会实验方案似乎比将资金投入新计划更有效率。

参考文献

Congressional Budget Office. 1986. *Trends in Educational Achievement*. Washington, D. C. : Congressional Budget Office.

Congressional Budget Office. 1987. *Educational Achievement: Explanations and Implications of Recent Trends*. Washington, D. C. : Congressional Budget Office.

Grissmer, David W. , Sheila Nataraj Kirby, Mark Berends, and

Stephanie Williamson. 1994. *Student Achievement and the Changing American Family*. Santa Monica, Calif.: RAND.

Hanushek, Eric A. 1999. "Some Findings from an Independent Investigation of the Tennessee STAR Experiment and from Other Investigations of Class Size Effects." *Educational Evaluation and Policy Analysis* 21, no. 2 (Summer): 143-163.

Hanushek, Eric A., and Steven G. Rivkin. 1997. "Understanding the Twentieth-Century Growth in U.S. School Spending." *Journal of Human Resources* 32, no. 1 (winter): 35-68.

Stecher, Brian M., and George W. Bohrnstedt. 1999. *Class Size Reduction in California: Early Evaluation Findings, 1996—1998*. Palo Alto, Calif.: American Institutes for Research.

U.S. Department of Education. 2002. *Digest of Education Statistics, 2001*. Washington, D.C.: National Center for Education Statistics.

劳伦斯·F. 卡茨的评论

艾伦·B. 克鲁格以及佩德罗·卡内罗与詹姆斯·J. 赫克曼都完成了水平精湛的论述，其中包括有关美国最近的不平等趋势，以及适当的人力资本政策的设计和评价等相关证据与概念。赫克曼团队和克鲁格双方都强调了在过去 25 年里美国家庭经济财富的差距在显著增加。就美国民众在工资、家庭收入和财富方面的经济不平等程度而言，20 世纪 90 年代中期的水平比过去 60 年间任何时候都要高。在 20 世纪 90 年代后期，工资不平等程度明显降低（至少处在收入分布的下半部分）。劳动力市场的变化大大提高了美国整体工资水平，调整了偏重于受过更多教育和更有技能的人的工资和就业机会。在这个过程中，劳动力市场起到了资源整合的作用。

我想用一个简短的论述将近期人力资本政策的有关问题放到长期的历史视角中。我还想提及一下当前美国人力资本政策的一些重要问题，这些问题在赫克曼团队和克鲁格的分析中多少被忽视了，即刑事司法政策的影响和监禁率的急剧增加会对低收入家庭和少数民族家庭的经济和社会状况产生影响。贫困人口在地理区域上的不断集中以及经济地位的不断提升使得美国家庭居住空间日益分散。

历史观点：人力资本世纪

因为不平等的加剧以及教育工资的差异化，美国过去 25 年的模式从整个 20 世纪的普遍模式中突显出来。20 世纪的大部分时间是一个“人力资本世纪”，在这期间，美国民众在教育程度上达到了世界领先的地位，首先是 20 世纪上半叶的“高中”运动，然后是第二次世界大战后高等教育的扩张［见戈丁（Goldin，2001)］。美国民众教育普及范围的迅速扩大是与强劲的技术研发能力、快速的经济增长，以及下降或稳定的工资不平等和教育工资差距密切相关的。与该变化趋势相同，技能供给的快速增长与以技能为导向的技术变化所导致的技能需求的快速增长是同步的［见戈丁和卡茨（Goldin，Katz，2001)］。但教育工资差异和总体工资不平等在 20 世纪 80 年代到 90 年代初迅速加剧，如上所述，在 20 世纪 90 年代后半期有所减缓。

一个简单的劳动力市场框架会强调供应因素、需求因素和劳动力市场制度之间的相互作用，这对解释美国教育工资差异的演变历史有着相当大的作用［见卡茨和奥特尔（Katz，Autor，1999)］。在整个 20 世纪，发生在工业化及职业化的雇用制度中的新技术变化与转型一直都是以技能为导向的（也是以教育为导向的）。但在 20 世纪的大多数时候，针对技能的相对需求增长已经远远超过了与之匹配的相对供给的增长速度（教育升级）。伴随着 20 世纪 40 年代末至 50 年代早期出生的美国大学生的教育程度增长速度的急剧减缓，某些情况发生了改变。在经历了连续几代人的劳动力市场补给后，美国的教育发展进程开始放慢，人口统计结果也发生了改变（例如，婴儿潮群体的日趋衰老以及进入劳动力市场人口数量的不断萎缩），这两种情况叠加在一起意味着相对于以往几十年，过去 20 年中美国人口技能的相对供给率（“大学水平”的工人的相对供给）呈现明显的下降趋势。

图 3.7 显示了出生在 1950 年左右的美国民众在教育程度增长率上的放缓。对在 1876 年至 1950 年出生的人来说，每个出生群体的平均教育程度增加了 0.08 年（或按每 25 年为一代人，每代人将增加两个完整的教育年度）。但在 1950—1975 年，年轻群体的教育程度仅增加了 0.68 年（或每个出生群体为 0.027 年）。类似的放缓模式也体现在上过大学或从 1970 年起大学毕业（出生于 1950 年左右的群体）的工人增长比例上，同时在过去的 10 年间，最近一代人的大学入学增长率和毕业

率都有一个新的增长。由此我们得到的结果是，美国劳动力的教育生产力（通过由教育工资差距衡量的教育成就）是提升的，从1940年到1980年每年提升0.55%（20世纪60年代和70年代每年超过0.6%），在1980年至2000年期间减少到每年仅提升0.35%［见德朗、戈丁和卡茨（DeLong，Goldin，Katz，2003）］。劳动力教育程度的增长放缓通过放慢劳动力"质量"的增长直接降低了经济增长，并可能对技术进步的速度产生不利影响。同时，技能的相对供给增长也在发生变化，这对工资不平等也有着重大的影响。

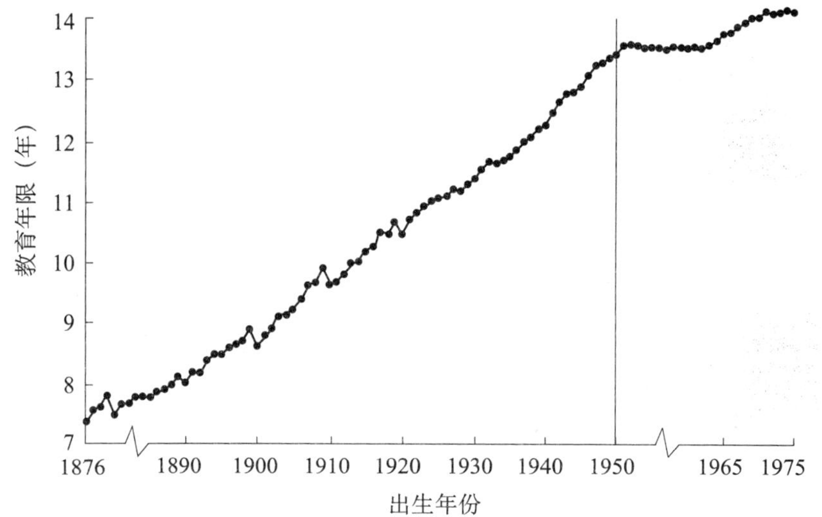

图3.7 出生群体的教育年限（美国本地人，35岁）

资料来源：1940年、1950年、1960年、1970年和1990年美国人口普查及世界人口微观共享数据库（IPUMS）的相关数据；1999年和2000年的当前人口调查数据；35岁或所用人口普查样本中最接近35岁年龄组的出生群体的学校教育年限。详情见德朗、戈丁和卡茨（DeLong，Goldin，katz，2003）。

特别是，劳动力需求的增长趋势是极其平稳的，这对于受过更多教育的工作者是有利的，而教育发展的日趋缓慢往往与这种趋势有关，这将会增加教育工资差异和总体工资不平等。在美国，具有大学教育程度的工作者的相对供给增长率从1960年至1980年的每年3.8%减少到20世纪80年代至90年代的每年2.5%以下［见卡茨和奥特尔（Katz，Autor，1999）］。凡是近几代民众的教育程度增长率出现下滑的国家（美国、英国和加拿大），往往都经历了教育工资差异的显著增加，特别是对于年轻人而言更是如此［见卡德和勒米厄（Card，Lemieux，2001）］。

美国大学入学率和毕业率增长速度的放缓主要集中于低收入和少数族裔家庭群体中。大部分早期增长速度的放缓可能会缓解自 20 世纪 50 年代和 60 年代初出生的大规模婴儿潮群体的教育资源的紧张程度。越南草案回避行为引发了 20 世纪 60 年代末男性大学毕业率的“异常”高水平，从这之后该指标开始下降，并与 20 世纪 70 年代出现的大学工资水平下降相互呼应。正如卡内罗和赫克曼所强调的，20 世纪 80 年代和 90 年代上涨的大学工资溢价导致中产阶级青年大学入学率的大幅上升，但对低收入青年来说，该指标的增幅不大。

制定政策需要考虑的一个关键问题是，在父母收入、种族及民族等因素中，哪一个会导致青年大学入学率和毕业率的差距越来越大呢？卡内罗和赫克曼认为，由家庭收入所造成的大学入学率差距可以归因于个体生命周期早期教育投资的不同，而这一不同又来自家庭投入、邻里影响，以及幼儿园、小学和中学的教学质量等方面。这个观点表明，最近几十年家庭成分的变化，如在双亲家庭中长大的儿童比例下降，可能会加强这些因素的影响。虽然克鲁格不反对这个论点，但他也指出，信贷约束仍然可能是许多中低收入家庭的青年进入大学的重要障碍。

最近我们在评估教育收益率时通过采用“准实验”变量方法系统地分析了大学入学率及大学就读成本的变化，而这一做法会引起受到政策干预影响的边缘化（通常是低收入）家庭的教育收益率的提升［见卡德(Card，1999)］。这一证据表明，一些家庭在其子女进入大学时仍然面临融资及信息等条件的阻碍，如果提高大学经费资助、更早实施辅导政策，以及建立更加透明的财政援助申请和信息系统等手段能够实施，那么弱势青年早就可以获得巨大的积极收益，而且反过来也可以提高其在中学时期的表现，因为这些做法会使他们更加积极地争取更高的学术成就。

犯罪、监禁和人力资本政策

美国在制定针对弱势群体的人力资本政策时，需要考虑犯罪行为、罪犯的劳动就业机会及刑事司法体系等因素对贫困家庭及其社群所造成的日益巨大的影响。美国的监禁率在过去 30 年里以每年 8%的比率增长——从 1970 年 1 000 个成年人中有 1 个监禁犯人增加到 1998 年的 1 000 个成年人中有 9 个。这个比率自 20 世纪 80 年代中期就在成倍增长。如今大约有 200 万美国成年人被关押，约有 700 万人处在刑事司法系统的管控下（包括受制于看守所、监狱、处于缓刑或假释中的人）。大部分被监禁的人都是教育程度较低的男性，尤以来自穷困社区的美国黑人男性为主。对美国黑人男性来说，刑事控制率甚至比大学毕业率还要高。分配给刑事司法系统的资源不断增加，而且远远超过了在高等教育及拥有弱势背景的辍学男性青年身上投入的教育费用。

未来我们还需要进一步研究人力资本政策在犯罪预防方面的作用。对弱势背景下群体的人力资本投资会产生一定的社会收益，而且这个社会收益要远远高于通过治理犯罪行为、刑事司法系统及受害成本所产生的个人收益。受过拘捕及监禁的经历会为个体的人力资本带来污点及损失，从而使其在劳动力市场上受到收入方面的歧视，因此，我们也需要更好地了解这种现象所产生的深远影响。这些影响使得我们要在人力资本政策所导致的犯罪率降低与工作机会受限及丧失这两种效应之间进行权衡。

经济状况导致日益严重的居住分异问题

美国的贫困问题越来越集中于中部城市及贫穷地区。表 3.5 显示了 1959—2000 年美国中心城市的郊区及非核心城区的贫困率虽有大幅减少，但中心城市的贫困问题依旧严重。尽管在此期间，近郊化发展削减了大量中心城市的人口，但该区域的贫困人口比率从 1959 年的 26.9% 增长到了 2000 年的 41.6%。从宏观来看，自 1970 年以来，美国人口数据中由经济状况（家庭收入）引起的居住分异现象也显示出非常明显的特征［见沃森（Watson，2002）］。经济状况划分会引起日益严重的居住分异现象，一个具体表现就是，富裕的家庭在小区生活便利设施上的投入要多于贫困家庭，而不断加剧的收入不平等问题会对这一现象产生重大影响。

表 3.5　1959—2000 年美国中心城市日益增长的贫困集中情况

A 组：居民的贫困率				
年份	总体（%）	核心城区（%）	郊区（%）	非核心城区（%）
1959	22.4	18.3	12.2	33.2
1973	11.1	14.0	6.4	14.0
1994	14.5	20.9	10.3	16.0
2000	11.3	16.1	7.8	13.4
B 组：中心城市的总人口比例和贫困率				
年份	总人口比例（%）	贫困率（%）		
1959	32.2	26.9		
1973	29.6	37.4		
1994	29.4	42.2		
2000	29.1	41.6		

资料来源：美国人口普查局 2002 年调查数据，表 2 和表 8。

存在于内部城市中的贫困现象日益严重，这会引发令人担忧的潜在社会问题，因为居住环境与居民的当前福利及未来机遇都有着密切的联系。在许多社会经济领域中，成长在贫困环境下的孩子要比成长在富裕环境下的孩子更难取得成功。对这些发现的一种解释就是，居住地点极大地影响了个体幼年时接受良好同伴影响的机会。另外，贫困家庭的孩子也更加缺少获取社区财富的机会，如高质量的学校、低犯罪率，以及受看管的课后活动数量等。尽管我们很难分析出社区环境因素与其他（难以观察的）家庭背景因素之间的真正因果关系，但近期进行的“准实验”性的高特兹项目及随机分配的“向机会迁居”换住项目均显示出，当从极度贫困的环境搬到较贫困的环境中时，这种做法会对孩子的人力资本发展产生积极的影响［见卡茨、克林和利伯曼（Katz，Kling，Liebman，2001）；路德维希、拉德和邓肯（Ludwig，Ladd，Duncan，2001）；罗森鲍姆（Rosenbaum，1995）］。

贫困居民人口集中度的改变可以极大地提高教育在解决社会问题及改善弱势群体状况上的能力。我们应该了解教育在这种情况下所采取的政策。换住政策（住房券）是教育政策的一个重要互补性政策，可以促进人力资本的发展。

另外，克鲁格指出，关注弱势青年的就业培训项目是以居住环境为研究基础的，相对于那些类似的但没有考虑居住因素的就业项目而言，它们的成功有力地证明了我们在设计教育与培训项目时必须考虑到同伴与居住环境的交互影响。

参考文献

Card，David. 1999. “The Causal Effect of Education on Earnings.” In *Handbook of Labor Economics*，vol. 3A. O. Ashenfelter and D. Card，eds. Amsterdam：Elsevier.

Card，David，and Thomas Lemieux. 2001. “Can Falling Supply Explain the Rising Return to College for Younger Men? A Cohort-Based Analysis.” *Quarterly Journal of Economics* 116，no. 2：705 - 746.

DeLong，J. Bradford，Claudia Goldin，and Lawrence F. Katz. 2003. “Sustaining U. S. Economic Growth.” In *Agenda for the Nation*，H. Aaron，J. Lindsay，and P. Nivola，eds. Washington，D. C.：Brookings Institution Press， forthcoming.

Goldin, Claudia. 2001. "The Human Capital Century and American Economic Leadership: Virtues of the Past." *Journal of Economic History* 61, no. 2: 263 - 291.

Goldin, Claudia, and Lawrence F. Katz. 2001. "Decreasing (and Then Increasing) Inequality in America: A Tale of Two Half Centuries." In *The Causes and Consequences of Increasing Income Inequality*, F. Welch, ed. Chicago University of Chicago Press.

Katz Lawrence F., and David H. Autor. 1999. "Changes in the Wage Structure and Earnings Inequality." In *Handbook of Labor Economics*, vol. 3A. O. Ashenfelter and D. Card, eds. Amsterdam: Elsevier.

Katz, Lawrence F., Jeffrey R. Kling, and Jeffrey B. Liebman. 2001. "Moving to Opportunity in Boston: Early Results of a Randomized Mobility Experiment." *Quarterly Journal of Economics* 116, no. 2: 607 - 654.

Lochner, Lance, and Enrico Moreni. 2001. "The Effect of Education on Crime Evidence from Prison Inmates, Arrests, and Self-Reports." NBER working paper no. 8605.

Ludwig, Jens, Helen F. Ladd, and Gregory J. Duncan. 2001. "The Effects of Urban Poverty on Educational Outcomes." *Brookings-Wharton Papers on Urban Affairs 2001*, 147 - 201.

Rosenbaum, James E. 1995. "Changing the Geography of Opportunity by Expanding Residential Choice: Lessons from the Gautreaux Program." *Housing Policy Debate*, Ⅵ, 231 - 269.

U. S. Bureau of the Census. 2002. "Historical Poverty Tables-People."

Watson, Tara. 2002. "Inequality and the Rising Income Segregation of American Neighborhoods," Unpublished manuscript. Harvard University.

莉萨·M. 林奇的评论

当评价人力资本政策在解决美国日益严重的不平等问题方面的潜在作用时，我们发现，佩德罗·卡内罗、詹姆斯·赫克曼和艾伦·克鲁格在很多观点上并不存在分歧。这些作者都认为，接受过大学教育的人的收入情况要远远好于那些只接受过高中或基础教育的人。除此之外，对幼儿早期的认知能力进行政策干预将会产生成本效应，从而为类似的实验奠定基础。人力资本会衍生人力资本，从而使得那些走上正确投资轨道的人们进入一种良性循环。最后，能够带来成功教育成果的一个主要决定因素就是拥有成功的父母（依据其收入、教育及家庭环境等因素来判断）。这种跨代传递的良好教育环境对孩子们的认知能力和态度有着很大的影响。

这些作者也认为，尽管劳动力市场对教育的重视程度越来越高，但进入大学的孩子还是以富人家庭为主。更令人沮丧的是，正如卡内罗和赫克曼所论述的，与30年前相比，美国现在正在生产一批低技术的辍学青年。因此，美国生活在社会底层的无技术文盲的数量是整个北欧地区都无法相比的。如图3.8所示，20世纪90年代中期，在经济合作与发展组织（OECO）开展的国际成人读写能力调查中，25%左右的16岁～25岁的美国年轻人不会简单的加减法运算，而北欧国家的这个比率只有5%～8%。

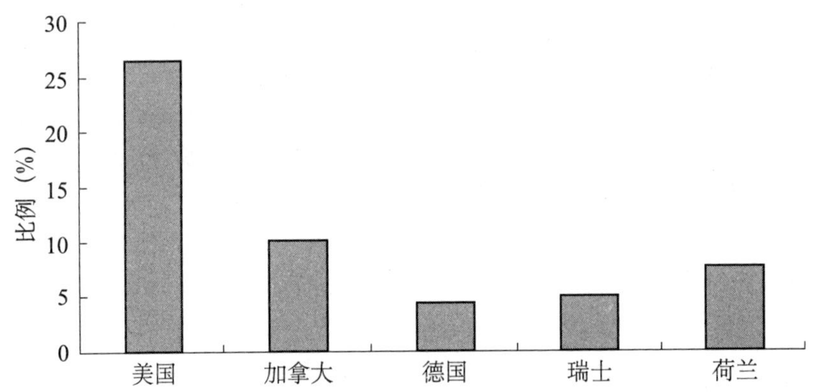

图3.8　16岁～25岁拥有最低技能的人的比例

资料来源：经济合作与发展组织针对国际成人读写能力调查获得的1994年最低量化分数。

尽管前两章在许多方面都有一致性的观点，但作者对下面所提到的政策制定者关心的三个重要议题持有不同的看法：家长在进行子女教育决策时所受到的短期信贷约束的影响、以更小班级规模作为教育质量的衡量方法，以及针对年纪稍大的青少年和成年人的培训项目的有效性。其他学者已经讨论过短期信贷约束以及班级规模的问题，所以我的评论主要集中于培训项目在解决不平等问题的作用上。

我们可以用类比的方法把这个议题简单化。想象一下，你正准备把变温的洗澡水加热。一种解决的方式是打开热水龙头，然后将热水倒入浴缸里。但这需要较长的时间，在此期间，洗澡水的整体温度会变低。另一种选择是可以采用其他方法，如使用加热器来加热已经有的洗澡水。前两章在探讨如何制定人力资本政策上持有的不同观点就如同在加热洗澡水时所选择的不同方法一样。卡内罗和赫克曼的论文关注的是如何提高进入劳动力市场的人力资本质量，而克鲁格则注重于探讨如何解决现有的劳动力问题。这并不是说卡内罗和赫克曼没有为那些发现自身技能在劳动力市场上不受欢迎的工人提出任何相应的建议。他们提出，我们应当（在特定情况下）为这些工人提供一笔工资补贴，而不是把钱投在补救项目上。

政策制定者最终如何选择分配有限的资金——是把钱投在工资补贴上还是投在补救项目上——在很大程度上取决于我们是否相信有一种成本低而又高效的方法来提升劳动力市场中现有工人的技术水平。撇开一些记录在案的失败的政府培训项目不谈，还是有很多能够适当提升学校教育质量的协议，以及一些特别成功的针对弱势工人的公共培训项目。例如圣何塞就业培训中心就是成功的政府培训项目，其中的参与者都获得了很高的收益率。但这类项目之所以取得成功，有一部分原因应该归功于这些项目与当地私人雇主建立了非常紧密的合作关系。

这就引出了我接下来要关注的内容。每个阅读本书的人都会评判前两章所达到的广度和深度，然后决定应该如何对人力资本问题进行研究。但要牢记于心的是，这些研究并没有覆盖所有的人力资本领域。卡内罗和赫克曼提出了一个需要深入研究的议题，即个体非认知能力的发展。但是现在还有一个需要进行深入研究的问题，即私营部门在技术教育上的作用。正如卡内罗和赫克曼所说的，进入学校之后，在职培训大概占人力资本积累的三分之一到二分之一。近期的研究表明，个体回到私营部门接受培训的比率非常高，尽管我们都明白这种情况是因为没有具体指出究竟是谁可以得到由雇主提供的培训项目。正如林奇（Lynch，1992）的研究所表明的，雇主给那些没有大学文凭的青年所提供的半年期培训项目相当于给这些人再上一年大学。有证据表明，针对低技术工人的培训，只要跟私营部门有关，这种培训就会产生效果。

而前两章也都提到，低技术工人比高技术工人更难获得在私营部门进行培训的机会。前两章没有讨论的是公司的规模似乎也在很大程度上影响工人得到培训的可能性。在规模小一点的公司，员工更难受到培训，即使小公司的教育管控比大公司好［参见林奇和布莱克(Lynch，Black，1998)］。

那么我们如何让更多的低技能工人在私营项目中获得培训呢？第一个必须解决的问题是，我们需要认识到低薪酬的工人的技能和时间都更匮乏。由于低技能工人看到在过去的20年里他们的时薪是下降的，所以许多人都会通过增加工作量来弥补相差的小时数以获得损失的收入。这样的情况在20世纪90年代末尤其普遍。这个时间约束(这可以很好地解释为什么成年人很少参与增加其人力资本积累的政府项目)减少了应该分配给掌握技能的时间。这同时也减少了作为父母的低技能工人用来陪伴孩子的时间。对于父母以及孩子来说，这是一个双重打击。因为我们知道父母的陪伴对于孩子的认知能力以及非认知能力的发展非常重要。当前的政策讨论侧重于试图激励更多的工作日培训，这么做的目的就是解决这种时间与技能不足相混合的问题。

第二个必须解决的问题是，我们如何资助由国家设立的政府支持培训项目。克鲁格说过，可以通过颁布劳动力投资相关法案来解决目前劳动力市场中存在的工人技能缺陷问题。但是我不明白对于国家的政府支持培训项目，怎么可能在经济不断发展时减少拨款，而在经济发展减速时增加拨款。这意味着用在国家的政府支持培训项目上的资源在20世纪90年代的繁荣时期急剧下降，雇主抱怨他们缺少大批技能型员工，而低技能员工看到的是他们的薪酬在下降。很多国家都试图通过设立国家资助-雇主提供的培训项目来填补这一差距。但是当税收下降的时候，他们长期贯彻此项措施的能力遇到了挑战。

由于缺乏相关的私营培训数据，我们很难评估这些新发布的国家资助-雇主提供的培训项目在过去10年间有多么成功。结果是，由于缺乏相关的教育质量数据和国家的政府资助培训项目，公共政策中针对人力资本的争议被搁置一边。如果我们希望未来能够提出更好的方案，那么目前就必须着手解决这一匮乏问题。

我们需要得到更多的有关培训的数据，以及开展更加深入的关于私人培训项目和公共培训项目的成本-收益分析。我们需要考虑的事实是：可以通过被研究者忽视的其他方式来证明培训的利益所在。这种收益就是人力资本积累带给劳动者子女的影响。我们都知道，如果父母是老师，那么他们会为自己的子女进行更多有关认知和非认知能力发展的投资。所以，像岗位培训（特别是一些提高读写、计算、解决问题、计算机以及沟通技巧等能力的项目）这样的干预措施或许也能帮助家长变成孩子更好的导师。就如同通过改变进出流量可以使浴缸里的水更快升温一样，这种双管齐下的措施反过来会造福于未来的一代人。

参考文献

Lynch, Lisa M. 1992. "Private Sector Training and the Earnings of Young Workers." *American Economic Review* 82 (March): 299 - 312.

Lynch, Lisa M., and Sandra E. Black. 1998. "Determinants of Employer-Provided Training." *Industrial and Labor Relations Review* 52 (October): 64 - 81.

劳伦斯·H. 萨默斯的评论[①]

首先，我声明劳动经济学家决不能忽视的一个重要问题就是要对公共支出进行分析。我会对艾伦·克鲁格所采用的成本-收益分析法和他引用的文献，以及佩德罗·卡内罗和詹姆斯·赫克曼的观点提出一些问题。其次，我会对人力资本及其不平等问题进行宏观上的反思。

进行公共支出分析的正确方法

首先，我们在公共财政学的第一堂课上都会告诉学生不要按内部报酬率进行项目排序。我们认为，项目的内部报酬率高就代表着资源分配是有效的这种想法是错误的。每个项目的规模也是很重要的影响因素。因此，应该根据贴现净收益来比较各个项目。而且对于存在"再转换"现象的项目（也就是先投资再收益，最后进行更大投资的项目）而言，根据收益率来分配资源是相当误导人的。好比领先计划，它的其中一个预期收益是参与者能提高大学录取率——达到这个

① 我做这些评论不是以我作为哈佛大学校长的身份，而是作为经济学教授的身份。

收益从一开始就需要更长远的投资。在这种情况下，只凭利率的单方面作用将不足以说明领先计划是否有利可图。因此，在用投资收益率来衡量项目建议时一定要牢记这并不是衡量投资的正确方式。

其次，克鲁格建议在决定人力资本项目时用收益率基准作为衡量标准。他提出以股市上6.3%的平均收益率作为合适的基准。然而投资者希望看到的是资本投资所能获得的社会收益，其中也包括政府以企业税收获得的一部分社会收益。如果按利润率来估算资本投资的社会收益，那么这一预估比率会介于10%和11%之间。然而，即使这个基准是有问题的，我们也应该假设个体在制定决策时会受到人力资本干预措施的影响。许多美国贫困家庭承担着利息率高达18%的债务，他们会选择去租房而不是购置房产、家具或汽车，因为做出后面这些选择将意味着他们的贴现率会远远超过11%。诚然，教育的社会收益很大，我也是这么认为的，但即使我们认为接受继续教育的提案能够带来8%的投资收益率，这也不能成为政府支持人力资本投资的有利佐证。

再次，公共投资支持项目的预估收益必须要在一定程度上贴现。而所有的公共支出都是由政府税收提供资金的，因此公共财政收入每提高1美元都会包含某些无谓损失。预计收益则会根据包含的无谓损失相应发生变化。保守派认为每得到1美元的收益要花费1.5美元～2美元；自由派则认为每得到1美元的收益只需花费1.2美元，但即使是如此小幅的跳跃也会极大地影响预期收益率。如果公共投资以发行统一公债的形式筹集资金，那么我们必须用1美元除以1.2美元来计算投资收益率。反之，如果是今天花费1美元，明年赚回1.1美元，那么投资的1美元实际上是花了1.2美元，即投资收益率发生了改变，从正的10%变到了负的10%。我们在这两个案例中所讨论的教育投资问题可能会有时间限定。但重要的是扭曲性税收会极大地减少投资的收益率。

最后，当我们用小规模干预会引发巨额公共支出的事例来提供相关证据时，必须认识到扩大项目规模会同时得到收益递减与价格递增的双重结果。想象一下，如果田纳西州决定实施明星实验所推荐的小型班级制，则他们需要雇用更多的老师。这就可能意味着雇用了低质量的老师却支付了更高的工资。相似的一般均衡效应在其他项目中也会发生。经验告诉我们，如果不去奖励部分进行中的活动，政府就很难开展更多的活动。此外，就业团队计划之所以会开展起来，这在一定程度上是以取消现有的雇主提供的在职培训项目为代价的。同样的，如果联邦基金被分配到各个州的职业培训项目中，那么可能取代一些州政府本来用自有资金就可以运作的培训项目。毕竟资金至少在一定程度上是可替代的。因此，即使能达到10%的投资收益率，我也会持审慎的态度，对于我们来说，通过在相似的人力资本项目中进行大规模投资来获取巨大的收益的做法所带来的结果是差强人意的。

劳动经济学家为我们提供了有关教育和职业培训项目的有价值的分析。但当我们在评估哪种人力资本政策能实现收益大于成本，即社会应该采用哪种政策时，我们也同样需要得到公共经济学家的参与。

对人力资本和不平等现象的宏观观察

第一，我想要重申卡内罗和赫克曼关于如何让人力资本生产更加高效的观点，这个观点之所以这么重要，是因为我们可以从中学到更多并思考更多。例如，虽然我对于教育券是不是不公正且纵容不平等，或者教育券能否减少教育系统中的无效率等问题并没有肯定的答案，但我认为，让社会每年花费6 000亿美元在教育上，却不去系统地回答这些问题是绝对荒谬的。找出让教育系统更加高效的解决办法需要大量的研究。

第二，很多证据都表明，同龄群体对孩子的成长及生活都有着巨大的影响。把不同背景的孩子组合起来的干预政策会带来很大的潜在收益。就如我们在找有关人力资本的替代方法时所建议的，这类项目也需要放在相似的投资收益率情景下进行分析。

我将要陈述的第三个话题很敏感。无论是半天学习日、每周5天学习日，还是每年8个月学习时间，领先计划都会对孩子未来25年的生活产生深远的影响，卡内罗和赫克曼对此进行了非常激烈的讨论，而克鲁格的观点与之相似。在我看来，如果一个人在4岁之前有着非常强的可塑性，那么人们必须相信照看孩子的方式——无论是父母在家照顾，还是交给托儿所照顾——必定对他们的未来产生巨大的影响。这种可塑性论证的逻辑思维将我们引入一个重要的而且非常复杂的研究方向。它促使我们推行一个强有力的政策来提高孩子的日托质量。它同样使我们思考应该制定什么样的政策才能平衡家长上班和照顾孩子之间的关系。什么是正确的结论，我不知道。但我认为我们很难相信如领先计划所证实的那样，孩子有这么强的可塑性，并且也很难相信对孩子来说，所有的托儿所都达到了很高的照看质量。然而，当今社会上很多人都相信这是真的。

第四，还没有人提及我所怀疑的对于不平等问题来说非常重要的内容，即劳动力市场的需求。当市场竞争不够完善时，雇主根据实际生产率大幅压缩工资的问题就会突显出来。因此，我们观察到的工资不平等程度反映出两种情况：一种是生产率不平等的程度，另一种是由生产率的不平等而转化的工资的不平等程度。似乎随着时间的推移，生产率差异被转化为工资差异的程度变得更加显著。有趣的是，25 年前美国学术界对于工资下降的了解似乎比今天更为普遍。我认为大多数人会这样说：在其他经济领域中，工资下降的模式都是类似的。现在生产率对工资的影响要比过去更大，所以近期工资不平等的变化不是来自人力资本不平等（或更大范围的生产率差异），而是来自工资政策或规范的改变。

第五，戴维·埃尔伍德（David Ellwood，2001）估计从大学毕业的劳动力在过去的 20 年里增长了近 50%，并且 25 岁～54 岁的人口比例大大增加。在接下来的 20 年，上大学的劳动力增加的比例将会微乎其微，而 25 岁～54 岁的人口将会大幅下降。在过去 20 年里，我们的经济表现得到了改善，这也意味着人力资本上升了，虽然这种上升还不足以令我们感到吃惊，并且，我们相信在未来人力资本再不会受到如此大的推动而得以大幅提升。基本上，在 20 世纪早期出生的那些人进入退休年龄，将有利于平均人力资本的增长，但如果现在这部分人已经退休，则意味着生产力增长的源头已经枯竭。既然我们预期人力资本质量的提高在未来带来的收益会更小，那么我们必须将关注的重点从提高人力资本的质量上转移到解决我们在这次研讨会上所探讨的不平衡问题及燃料增长问题上。

参考文献

Ellwood，David T. 2001. “The Sputtering Labor Force of the 21st Century：Can Social Policy Help?” In *The Roaring Nineties：Can Full Employment Be Sustained?* A. Krueger and R. Solow，eds. New York：Russell Sage.

Harris，Judith Rich. 1998. *The Nurture Assumption：Why Children Turn Out the Way They Do*. New York：Free Press.

4 回 复

艾伦 · B. 克鲁格的回复

我想要感谢佩德罗 · 卡内罗和詹姆斯 · 赫克曼以及所有讨论者能够分享他们对这个重要议题的深刻评价。在许多方面我和卡内罗、赫克曼达成了共识，同时在另外一些方面我们也存在不同的观点。在讨论不同观点之前，需要先强调以下 7 个达成共识的内容。

● 所有参会者都同意在过去的 20 年间，美国的确存在着日益显著的收入不平等现象，这是大家所不愿看到的。参会者也都同意针对技能的报酬上升是导致收入不平等现象日益显著的一个重要原因。

● 参会者认同现在熟练工的供给增长速度已经减缓。这个观点在劳伦斯 · 卡茨的评论中非常清晰，同时在埃尔伍德（Ellwood，2011）的研究中也有详细记载。奥特尔、卡茨和克鲁格（Autor，Katz，Krueger，1998）强调，熟练工供给的减缓增长以及员工组群的规模缩小是学校教育回归增长的主要因素。尽管劳动力的教育成果呈现增长趋势，但在过去的 20 年里，这个趋势比之前已减缓许多。

● 与高收入家庭的孩子相比，低收入家庭的孩子较少从高中毕业并上大学。通常，低收入家庭的孩子比中等收入或高收入家庭的孩子在人力资本上得到的投资更少。

● 在青少年人力资本上的投资，比如用于学前项目的投资，会对经济、认知和社会方面的产出带来影响，当这种项目是针对低收入家庭的孩子时更是如此。

● 与经济产出相关的技能范围要比用标准化考试衡量的认知能力类型更宽泛，这些技能往往涉及态度、志向、毅力等特性。

● 当进入劳动力市场时，在学校投入更多时间的个人往往能获得更高收入，并且这些收入差距似乎主要是由他们的课外教育造成的，而不是由其他一些不可控因素影响的。

● 卡内罗、赫克曼和我都赞同除教育之外能提高增长率的外部因素在实证方面获得的支持很薄弱。但这并不代表除教育之外的其他形式，比如减少的犯罪率或增长的公民参与度是无关紧要的。

我在后文中将着重阐述存有争议的内容。最重要的是，我认为图 2.6（a）所提供的证据太贫乏且不成熟，它显示人力资本的投资收益和接受者年龄为反比关系，所以很难对人力资本政策起到重要作用。事实上，卡内罗和赫克曼认为，对 5 岁之后（也就是在学前年龄之后）低收入家庭的孩子就要开始通过教育和培训项目提高其人力资本，否则要么太迟，要么太贵。我认为这个结论太悲观，并且与证据不一致。我猜想技能的获得更多涉及的是人力资本累积的过程，这个过程可以在更大的年龄范围内展开。

从我的角度出发，我认为图 2.6（a）的横轴标记有错误。我认为就人力资本政策而言，家庭收入应该是一个重要的影响因素，而不是接受者的年龄。在我看来，理论和证据显示教育和培训的社会收益对于收入分布底层的人和顶端的人至少是一样的，与接受者的年龄无关。这就解释了为什么定向的人力资本政策能够作为有效手段来扭转美国日益增长的收入不平等趋势。但是我不想过分吹嘘这个结论，因为教育和培训项目不能创造奇迹。它们确实会有所收益，但是忽略了出身贫寒的孩子们具有多种劣势的事实，人力资本政策只能提高他们的生活机遇。天底下没有免费的午餐。

我在第 1 章中提到的证据显示，就收益而言，人力资本的投资收益率小于或等于接受者家庭的收入。比如，戴尔和克鲁格（Dale，Krueger，2002）发现，相对于高收入家庭的孩子，低收入家庭的孩子就读一所收费更高（或排名更靠前）的大学将会产生更高的收益。另外，许多学前项目和就业团队计划都是专门为处于年龄范围两端的贫困青年设立的，它们的收益率超过了通常针对广大民众做出的教育明瑟收益率[见耶格尔（Jaeger，2002）的结论]，并且传统的明瑟收益率是被高估的，因为它忽视了教育的直接货币成本。小型班的学生在测试中获得的收益要高于那些没有进入小型班的学生在测试中获得的收益，也就是说，前一种学生享受到了“免费的午餐”，而后一种学生没有享受到。这个证据说明，人力资本的投资收益率正在下降，正如很多其他领域的投资收益率也在下降一样。这就能解释人们为什么会先去学习最有价值的技能，比如基本读写和基础数学，再接着学习价值较低的技能。因为低收入家庭的孩子在人力资本上获得的投资更少，所以就收益而言，他们更有可能从额外的人力资本投资上获利。同时我猜测，教育程度低也可能带来外部效应，而贫困人口会强化这个效应。

卡内罗和赫克曼却认为，对年轻人和在人力资本上已经获得投资的人来说，人力资本投资收益率要高很多。他们一方面参考了有关智力发育的理论学说，另一方面声称《职业培训合作法》之类的职业培训项目对贫困青少年只有很低的收益率或者几乎没有，最终对上述观点给予了支持。他们没有提到由德高望重的神经系统科学家们［见布鲁尔（Bruer，1999）］所倡导的有关“早年神话”的重要意见。他们也没有对就业团队计划的研究提出强有力的反对意见，这份研究总结出就业团队计划的内部收益率为10.5%，与最成功的学前项目几乎一致。在我看来，尽管项目之间有差异，但大多数针对贫困青年的项目培训投资收益率都是大体相似的，不管是针对学前孩子，还是针对高中辍学生，或是青年人，这些项目的投资收益率都约为每年10%。这个无效的假设显然很难用目前的证据予以否定。

卡内罗和赫克曼质疑将《职业培训合作法》研究里的男性和女性的结果合并是否合适。相反，他们坚持美国会计总署根据性别划分样本的方法。然而，如果将数据合并，这些估算结果的影响力将会增加。将样本细分成更小的分样本往往不能产生重大的影响。没有证据能证明按性别划分会造成不同的影响，就算有不同的影响，合并的样本仍然可以为整个青年群体提供一个可解释的估计结果，而且这对于政策考量以及判断政府职业培训项目能否及时帮助贫困青年来说至关重要。

同时，卡内罗和赫克曼指责就业团队计划，因为参与这个计划的青年人主要是有大量收入盈余的十六七岁的白人。但是为什么一个实验需要记录每一个分组青年的收益，然后依此来判别就业团队计划能否为全体青少年带来正收益呢？智力发育关键期的学说是否有特定的种族、性别或年龄限制呢？对全体青少年的平均影响评估既关系项目的成本-收益研究，又关系如何判断就业团队计划这样的强化培训项目在提升贫困青少年的生活状况方面的及时性。

卡内罗和赫克曼承认，20岁至24岁的白人男性和黑人男性都可以从就业团队计划中获得可观的年收入。但这个观点似乎与一旦将学习机会之窗关上就将无法及时弥补贫困青年的观点背道而驰。为什么这个效应在 20 岁至 24 岁的青年人身上突然失效了呢？对此我更愿意做出的解释是，在就业团队计划中，16 岁至 17 岁黑人青年所获得的收入影响在统计学上是无关紧要的（是正数），而且被视为一个干扰项，在计算整个 16 岁至 17 岁青年样本的平均影响时，这个数值被减少了。

卡内罗和赫克曼进一步想要驳回就业团队计划的相关证据，因此他们提出了这是“一个一般教育发展考试工厂”的说法。这种说法忽视了就业团队计划所做的远比一个文凭生产者要多的事实。该计划的参与者要经历课堂学习及动手实践培训，以适应特定职业的需要。除此之外，他们也忽视了对一般教育发展考试的严肃批判，即一般教育发展考试是一纸无用的证明。泰勒、默南和威利特（Tyler，Murnane，Willett，2000）以及克拉克和耶格尔（Clark，Jaeger，2002）的研究就没有提及一般教育发展考试。即使一般教育发展考试是毫无价值的，这个事实也不会与我的中心思想相矛盾：完成学习任务的时间才是最重要的。事实上，这只会强化我的观点。持有一般教育发展考试证书并不能反映出人们在获取技能时投入的时间长短，所以，如果得到了一般教育发展考试证书却没有产生任何收益，那么我们更应该认为，与人力资本产出密切相关的是个体在学习过程中随着时间推移获得了认知能力和非认知能力，而不是他有一纸毕业证明。就业团队计划之所以会得到良好的评价，或许是因为它增加了学习有价值的基本技能和职业技能的时间。幸运的是，美国具有关于增加年限的很多长期记录，其中包括普遍公立高中教育、义务教育、延长的学年（直到 20 世纪 50 年代）、社区学院和扩大的大学入学率等措施，所以增加学习时间是人力资本政策力所能及的一个目标。

卡内罗和赫克曼正确地指出，在随机分配后的第四年，就业团队计划的参与者将会从中获得可观的未来收益增长，而这个项目的总贴现收益必须要用数学软件才能够估算出来。这样的推测是必要的，因为第四年之后的数据我们目前无法获得。这种限制造成了在成本-收益估计中固有的且不可避免的不确定性。可以肯定地说，我们都认为从长期来看，非常有必要对类似的实验进行后续研究。然而，我们更有理由认为，用数学软件推测结果是保守的。第一，没有证据能证明我们之前得到的教育收益是随时间折旧的。确实，如果在职培训是对人力资本的一种补偿，那么我们以往所获得的教育收益就会不断增加。从第四年以后，就业团队计划的参与者从中获得的收益并没有消失的迹象。所以，标准的人力资本学说以及可获取的证据都能说明这种教育收益会保持不变或增长。

第二，就业团队计划的研究是在劳动力市场十分紧张的时期进行的，所以我们有理由相信紧张的劳动力市场比项目的参与者更能有效地控制该项目的结果，在一个相对正常的劳动力市场下，这些收益会更大。

第三，卡内罗和赫克曼坚持库奇（Couch，1992）的观点，认为从职业培训中持续获得的收益时间不大可能超过 7 年，这与库奇的发现一致。通过核查来自国家工作支持实验的 8 年培训收入情况，库奇称“这些由 AFDC（对有未成年子女家庭给予帮助）实验组所提供的证据表明，在实验组人员退出项目后的 8 年里，以前在国家工作支持实验评估中观察到的积极影响仍在持续”（Couch，1992，384）。与训练后第 8 年所得到的积极且具有统计学意义的影响相反，前几年的影响并无明显差异。从而，库奇总结说，“表 1 的信息显示对有未成年子女家庭给予帮助的实验收益不是在前 8 年衰退的。”[①] 同时，卡内罗和赫克曼表示，在职业培训收入方面，“阿申费尔特估计的 25%的年折旧率”（Ashenfelter，1978，386）与其结论不一致，他的结论是针对男性的，职业培训收入在接受培训后的期间为每年 150 美元至 500 美元，但 5 年后会下降到这个数字的一半。对于女性，他发现增加的收益在培训后的时期为 300 美元至 600 美元，但在接下来几年似乎没有下降。[②] 此外，阿申费尔特认为，如果同时对男性和女性使用 10%的贴现率，那么他所研究的人力资源开发与培训项目可能会有一个正向的净收益。

即使有科学的证据表明，智力发育阶段所导致的收益率下降规律不适于人力资本投资，但对幼儿的投资需要更长的时间来完成，这是一个现实的不容回避的经济问题，因为在幼儿进入劳动力市场之前，或在他们达到能生产社会外部性的年龄前，还需要经历一个相当长的时间。在卡内罗和赫克曼所描述的模拟彩票的背景中，在赢家年轻的时候提供给他们资金的成本要大于在他们年纪大的时候给他们资金的成本，所以要通过比较不同的成本来分析收益的大小。因此，即使我们感觉对年龄较大的儿童或年轻人的投资所获得的收益会少一些，但也会有一个更快的收益能补偿这个赤字。

人力资本投资所产生的收益往往与家庭收入一同减少，这其中有两个原因值得我们思考。第一个原因是低收入家庭的低财富水平和信贷约

① 库奇发现新南威尔士州的青年人没有表现出明显的收入效应，这个效应发现持续了整整 8 年。

② 如果男性收益在 5 年后下降了 50%，贴现率则是每年 15%。女性的隐含贴现率为零。

束。第二个原因是许多来自低收入家庭的孩子往往觉得学校特别令人不愉快，这增加了为投入更多时间去投资人力资本的总边际成本（包括精神成本和财政成本）。卡内罗和赫克曼对戴维·卡德（David Card）及我的观点进行了批判，因为我们认为信贷约束只是部分影响因素。但他们对我们的工作和解释所采取的态度是非常狭隘的。我已明确指出，即使不考虑信贷约束这个因素，凸状的资金供给曲线也可以被解释为学生对学校日益增长的边际厌恶感的一种反映，这些变化与家庭收入是相反的。在卡德（Card，2001）的费希尔-舒尔茨（Fisher-Schultz）演讲中，他提出了一个学校教育的生命周期模型，其中教育对工作产生的相对负效用在不同个体之间体现为一个变化的凸函数。此外，考虑到行为经济学的相关证据，低学历的个体比受过良好教育的个体更有可能做出短视性的财务决策［见华纳和普莱特（Warner，Pleeter，2001)］，但如果贫困家庭在进行人力资本投资时非理性地使用了非常高的贴现率，那也不足为奇。事实上，卡内罗和赫克曼认为，儿童对教育的体验和他们对生活机遇的期望是由他们的父母塑造的。假设家庭的效用实现了最大化，且不是一个拐点解，这就意味着低收入家庭对其子女进行的人力资本投资的支出要大于高收入家庭，因为额外投资的总边际成本应等于边际收益。边际成本包括精神成本以及财务成本，即使信贷约束不重要，教育的边际成本对于来自低收入家庭的孩子来说也会更高，因为他们对学校的边际厌恶程度更高，因此边际收益也就会更高。

卡内罗和赫克曼认为，没有证据显示低收入家庭孩子的教育收益率要高于高收入家庭孩子的教育收益率，并且以阿尔坦吉和邓恩（Altonji，Dunn，1996）所研究的父母教育对兄弟姐妹收入的影响为例来支持自己的观点。然而，阿尔坦吉和邓恩对自己的结论相当谨慎。他们解释，如果将过多重心放在没有稳定效果或国家纵向调查合并样本（包括男性和女性）的说明上，则证据是不能令人信服的，尤其在考虑到估值可能会向上偏移的事实时（Altonji，Dunn，1996，702）。阿申费尔特和劳斯（Ashenfelter，Rouse，1998）的研究结果也有重要的相关性，他们为同卵双胞胎估计了类似的模型。阿申费尔特和劳斯的结论是，来自具有较高能力水平家庭的个体从学校教育投资所获得的收益偏低。此外，这种差异一般具有统计学意义（Asenfelter，Rouse，1998，269）。卡内罗和赫克曼还援引了梅格拉杰和帕尔梅（Meghir，Palme，2001）所得到的有关高能力人群的教育收益率高于低能力人群的教育收益率的证据，但他们忘了提及梅格拉杰和帕尔梅在研究中考虑到了干预措施会对义务教育水平产生不同的影响，并且在梅格拉杰和帕尔梅（Meghir，Palme，2001，1）的研究中，义务教育会导致来自较贫穷背景的个体的教育程度显著提高，同时由于更高的义务教育要求，来自贫困家庭的个体的教育和收入水平会提高。事实上，在来自贫困家庭的人当中，更有能力的人往往会获得更多的收益，这并不违背梅格拉杰和帕尔梅的研究发现，即针对贫困家庭孩子的教育改革会导致其收入和教育水平的大幅增长。

同样，卡内罗和赫克曼认为，对于分布在收入区间底层的人来说，《职业培训合作法》项目是没有效果的。但大部分《职业培训合作法》项目参与者的收入可能会在总收入分布的后半部分才开始显现出来。即使《职业培训合作法》项目中收入处于上半部分的个体更多受益于培训，但由于这些个体参与了项目，所以总收入的不平等程度仍然可能会降低。此外，阿巴迪、安格里斯特和因本斯（Abadie，Angrist，Imbens，2002）发现，《职业培训合作法》收入比例效应在成年男性的中间分位数参与者和在成年女性的较低分位数参与者中都是最大的（虽然不总是很明显）。

卡内罗和赫克曼虽然对自然实验著作中在确定教育收益率时所使用的方法提出质疑，但他们不加辨别地就接受了那些夸张的而且掩盖了确定性结果的假设条件，而这些假设条件往往为那些会产生异质性收益的教育动态模型提供基础。由确定性假设我们可以得到关于收益全分布的计量估算结果，以及边际入学者因完成更多教育内容所得到的收益，而卡德在调查报告中得出的教育收益评估是否比这些确定性假设的结果更为可信呢？这个问题我将留给读者自己去分析。

卡内罗和赫克曼认为过去 30 年里美国学生的学术表现有所下降，为了支持这一论点，他们引用了哈努谢克（Hanushek，2000）的研究内容。尽管有很多批评美国公共教育的声音，但是所谓的美国学生学术水平下降的结论与大多数有效证据不符。国务教育统计数据中心（National Center for Education Statistics，2000，26）通过现存的具有比较性和代表性的数据显示，从 20 世纪 70 年代早期开始，接受测试的前 5 个 6 岁年龄组成员的能力有很大程度的提升，而第 6 组的测试结果没有突出表现。[①] 伯利纳和比德尔（Berliner，Biddle，1995）总结了在加利

① 科学测验的分数趋势比其他测试的分数趋势更模糊，但自 20 世纪 70 年代初以来，美国科学课程中主修课的主题发生了巨大变化，因此，我们可以质疑这种测试是如何比较不同时间段的结果的。

福尼亚成果测试及斯坦福成果测试中的研究结果，附加证据表明，综合基础能力测试和其他20世纪80年代商业测试的结果都呈现上升趋势。如果卡内罗和赫克曼所提出的“在不好的家庭环境成长”的说法成立，那么由测试成绩来看这个进步则是一个非常显著的成就，并且很有可能反映出公立学校是有能力帮助学生解决越来越多的问题的。这就是我为什么不同意埃里克·哈努谢克所提出的有关过去增加的教育资源已经失效的观点。教育支出和国家教育进展评估的分数成正比，并且和在田纳西明星实验中的发现一致［见克鲁格（Krueger，1988）］。

卡内罗和赫克曼还忽略了田纳西明星实验中在研究班级规模影响后所得出的证据。该证据表明，起初在人数少的班级的学生会比人数多的班级的学生获得更高的测试成绩，但是在幼儿园之后，两者的测试成绩就没有什么区别了。这个结果并不精确。在8年级的时候，很早就参加小班教育的黑人学生的测试成绩提高了0.17个标准差，享有免费午餐的学生提高了0.13个标准差。在高中结束之前，参加小班教育的人中，黑人学生有20%以上的可能性参加美国大学入学考试或者学术能力评估测试，并且其单科成绩会比平均成绩高0.24个标准差；享用免费午餐的学生有11%以上的可能性参加美国大学入学考试，并且其大学入学考试的成绩会比没有享用免费午餐的学生高0.13个标准差。

卡内罗和赫克曼也习惯性地忽略了明星实验中所得出的结论：就像田纳西明星实验中的测试者一样，早教项目研究中的老师可能比周期长、人数多的项目中的老师受到更多激励。然而事实上，没有证据显示在明星实验中，被分配到小班的老师比在大班的老师受到更大程度的激励，或者在实验中老师和学生的随机安排有任何错误。事实上，有一点是可以令人确信的，即大班的老师更多地被激励去帮助其学生克服大班的不足之处。更重要的是，克鲁格（Krueger，1999）通过控制班级人数来测评班级规模所带来的影响，该测评结果说明，无论是霍桑（Hawthorne）效应还是约翰·亨利（John Henry）效应都没有在明星实验中得以体现。

卡内罗和赫克曼关于私立学校出勤率对学生成就的影响的观点比我所预料到的更为乐观，然而并没有有效的证据支持他们的观点。首先，在纽约、伦敦和华盛顿，进行私立学校研究的学者在实验中并没有发现，私立学校出勤率对低收入学生或者西班牙裔学生的考试表现有重要的影响［见豪厄尔和彼得森（Howell，Peterson，2002）］。其次，克鲁格和祝的报告（Krueger，Zhu，2002）显示，在纽约实验中，黑人学生（或者更为确切地说，学生的黑人妈妈不是西班牙裔的）身上所表现出来的显著统计学效应会因某些学生缺失基准测试数据而缺乏强有力的实证性。然而，我更喜欢关于择校的实验。

从技术上来说，萨默斯所提出的通过成本-收益现值而非内部收益率的计算方法来分析各种中间产品是非常正确的做法。从理论上来讲，这两种计算方法可以给出不同的项目排名。然而，实际上，我质疑这种评论的态度几乎就和萨默斯认同这一观点的态度一样坚决。

第一，人力资本投资的本质是投资在前、收益在后，这与几乎所有的卡内罗、赫克曼和我考虑到的项目表现是一样的。因此有多个内部收益率可以实现收益和成本持平的假设不太可能成立。此外，内部收益率和成本-收益现值的计算方法不太可能产生不同的项目排名，因为我怀疑在大多数教育和培训项目中，参与者离开项目后的收入增长是持久和恒定的。

因此，对于卡内罗和赫克曼在图 2A.1 中提出的假设我表示惊讶，该假设显示，与学前教育计划相比，他们这个培训项目的内部收益率虽然更高，但净收益现值更低。虽然他们的例子是极端的——假设在 7 年时间内，参与者所获得的培训收益会完全消失——我仍然惊讶地看到这种排名竟然是颠倒的。因此，为了检验这个结论，我在 Excel 电子表格中输入了尽可能相近的数字，这些数字对应他们的培训和学前班计划的相关数据。唯一可以得出与他们相近结果的方法是，将这两种情况中的贴现收益调整到 0 年，即使培训计划直到 18 岁才开始，而学龄前计划在 0 岁就已经开始了。也就是说，对于学前教育，他们在计划开始时贴现福利和成本，但对于培训计划，他们会在项目开始前的 18 年就贴现福利和成本。换句话说，在项目参与者出生时，我们就把钱留在床垫下，资助一个直到 18 年后才开始的培训计划。在这 18 年间，我们不会收到有关这笔钱的任何收益。如果计划贴现是从初始年就开始，我相信在这种假设下，内部收益率和净收益现值通常会给出完全相同的排名。[①]

第二，实际上，在已发表的研究成果中都使用了不同的贴现率来计算福利和成本的现值。一些研究者使用 3%的贴现率，而其他人使用

① 如上所述，我们并没有得到任何用来支持结论的确切数据，所以，我已尽力在 Excel 电子表格中通过输入图 2A.1 中的数据重建假设的例子。因此，大家一定会认为我的结论是与之近似的。但是在我看来，图 2A.1 足以说明，如果在两个项目开始时都对价值进行贴现，则在内部收益率和成本-收益现值两种方法下，我们得出的项目排名没有区别。

7%的贴现率，出现这种情况其实并不稀奇。比较以不同贴现率贴现的收益和成本，就像比较苹果和橘子。内部收益率将所有的比较放在同一个基础上。

第三，从人力资本市场失灵的角度，以及从卡内罗和赫克曼强调的智力培育的理论来看，内部收益率是有重要意义的。我强调，用内部收益率计算方法可以得到对不同年龄和不同家庭背景下的儿童进行人力资本投资的一般推论。可以引用罗伯特·萨默斯（Robert Summers）最喜欢的一句诗歌来加以说明：一个没有意义的差别不算差别。在这种情况下，我认为我们有理由相信差分立方原则是适用的。

我同意赫克曼和萨默斯的观点，他们认为，在计算人力资本投资的成本时应考虑税收收入的成本。这不是一个容易完成的任务，因为关于税收的扭曲效应目前还没有统一的观点。在我总结的收益率中并没有包含税收扭曲成本的计算，这是我需要检讨的。然而，我也需要提出我的辩解，即为了了解人力资本的私人市场是否失灵，人们可能试图忽视税收扭曲，因为他们可以私下对人力资本进行投资。但为了实现政策目标，我完全同意进行融资而产生的税收成本是非常关键的，应该予以考虑。

萨默斯也质疑说，我用过去的股票市场收益率与人力资本投资收益率相比较是不够精细的。他建议用利润率作为基准的想法是有趣的。但使用利润率就是潜在地假设公司税完全是因资本投资而产生的，而事实上这是不确定的。有人可能会认为，我使用股票市场的收益率是保守的，因为相比较而言，本来我可以使用一个收益更低的长期政府利率。不管怎样，我所使用的证据表明，人力资本投资收益率在10%左右，这接近萨默斯在计算利润率时使用的数据。

虽然在哈努谢克的评论中有很多我同意的观点，但对于他所采取的描述方法，我是不同意的。我并不完全赞成“维持现有的结构和激励”。我可能会看到有更多的实验研究被激励制度所替代。话虽这样说，但我会非常细致地来做这项研究，因为在教育过程中我们应该非常小心，这样才不会把“洗澡水里的婴儿”丢掉。因此，我喜欢暑期学校的教育券课程。通过教育券课程孩子们会得到从学前班到12年级的学习经历，并增加他们在校学习的时间。如果我们能够建立一套完备的问责制度和评价制度，那么我也赞成实行教师奖励制度。

如果哈努谢克认为我“刻意选择了几个现有的研究成果来调查当前制度”，那么我认为他是误会了。事实上，图1.7参考了哈努谢克汇编的全部文献，并且我正在通过检测来得出关于班级规模对学生成就影响的相关推论。我们之所以得出了不同的结论，是因为我给每个研究都配置了一个相同的权重，而不是像哈努谢克那样，当选用更大估计值时会配置更大的权重，毫无比例可言。我在整个文献以及明星实验中都设置了权重，它们并不矛盾。我还要补充的是，哈努谢克提出的关于明星实验的损耗问题已经在先前的工作中得到解决，并且已经不再是一个问题了（例如，通过查看美国大学入学考试和学术能力评估测试数据，它们没有受到磨损影响，并可通过估计来调整模型）。并且他认为只有在幼儿园时配备小班制才有好处是一个非常错误的观点，小学一年级或二年级的学生在成就方面也表现出巨大的进步。如果整个四年都没有缩小班级规模，那么这些学生的收益可能会随着时间的推移逐渐消失。明星实验根本不是用来回答在小班的学习时间是如何影响学生成绩这个问题的。我相信，我们都会认同进行更多随机实验才是回答这个问题的理想方式。事实上，我和哈努谢克、萨默斯一样，都希望对人力资本进行更多的科学研究，并认为对这一研究领域的投资可能具有最高的收益。

参考文献

Abadie，Alberto，Joshua Angrist，and Guido Imbens. 2002. “Instrumental Variables Estimates of the Effect of Subsidized Training on the Quantiles of Trainee Earnings.” *Econometrica* 70，no. 1 (March)：91 - 117.

Altonji，Joseph，and Thomas Dunn. 1996. “The Effects of Family Characteristics on the Return to Education.” *Review of Economics and Statistics* 78，no. 4：692 - 704.

Ashenfelter，Orley，and Cecilia Rouse. 1998. “Income，Schooling，and Ability：Evidence from a New Sample of Identical Twins.” *Quarterly Journal of Economics* 113，no. 1 (February)：253 - 284.

Autor，David，Lawrence F. Katz，and Alan B. Krueger. 1998. “Computing Inequality Have Computers Changed the Labor Market?” *Quarterly Journal of Economics* 113，no. 4 (November)：1169 - 1213.

Berliner，David C.，and Bruce J. Biddle. 1995. *The Manufactured Crisis：Myths，Fraud，and The Attack on America's Public Schools*. Reading,

Mass.：Addison-Wesley.

Bruer. John. 1999. *The Myth of the First Three Years*. New York: Free Press.

Card，David. 2001. "Estimating the Return to Schooling: Progress on Some Persistent Econometric Problems." *Econometrica* 69，no. 5 (September)：1127－1160.

Clark，Melissa，and David Jaeger. 2002. "Natives，the Foreign-Born and High School Equivalents: New Evidence on the Returns to the GED." IZA working paper no. 477.

Couch，K. 1992. "New Evidence on the Long-Term Effects of Employment Training Programs." *Journal of Labor Economics* 10，no. 4：380－388.

Dale，Stacy，and Alan Krueger. 2002. "Estimating the Payoff to Attending a More Selective College: An Application of Selection on Observables and Unobservables." *Quarterly Journal of Economics* 117，no. 4 (November)：1491－1527.

Ellwood，David. 2001. "The Sputtering Labor Force of the Twenty-First Century: Can Social Policy Help?" *The Roaring Nineties: Can Full Employment Be Sustained?* Alan B. Krueger and Robert Solow，eds. New York: Russell Sage.

Hanushek，Eric. 2000. "Further Evidence of the Effects of Catholic Secondary Schooling: Comment." *Brookings-Wharton Papers on Urban Affairs*，194－197.

Howell，William G.，and Paul E. Peterson. 2002. *The Education Gap: Vouchers and Urban Schools*. Washington，D. C.：Brookings institution Press.

Jaeger，David. 2002. "Estimating the Returns to Education Using the Newest Current Population Survey Education Questions." IZA working paper no. 500.

Krueger，Alan B. 1998. "Reassessing the View That American Schools Are Broken." *Economic Policy Review* (Federal Reserve Bank of New York) 4，no. 1 (March)：29－46.

Krueger，Alan B. 1999. "Experimental Estimates of Education Production Functions." *Quarterly Journal of Economics* 114，no. 2

(May)：497 – 532.

Krueger，Alan B.，and Pei Zhu. 2002. “Another Look at the New York City School Voucher Experiment.” Paper Presented at Conference on Randomized Experimentation in the Social Sciences，Yale University，August 20.

Meghir，Costas，and Marten Palme. 2001. “The Effect of a Social Experiment in Education.” Stockholm School of Economics，mimeo.

National Center for Education Statistics. *NAEP 1999：Trends in Academic Progress*. NCES 2000 – 469. Washington，D. C.：U. S. Department of Education，Office of Educational Research and Improvement.

Tyler，John H.，Richard J. Murnane，and John B. Willett. 2000. “Estimating the Labor Market Signaling Value of the GED.” *Quarterly Journal of Economics* 115，no. 2（May）：431 – 468.

Warner，John，and Saul Pleeter. 2001. “The Personal Discount Rate：Evidence from Military Downsizing.” *American Economic Review* 91（March）：33 – 53.

佩德罗·卡内罗和詹姆斯·J. 赫克曼的回复

我们和克鲁格都分别在自己的章节中提出了不同性质的论证，但大多数讨论者很少注意到这其中的区别，竟认为这两者是相同的，这不得不令我们感到惊讶。在我们的研究中，我们呈现了一系列全面的并具有实证记录分析的人力资本政策。通过了解政策需要解决的问题根源所在，我们在比较不同可供选择的政策时概述了一个提供基本依据的研究框架。我们报告了关于问题来源的详细依据，而不是提供相关证据来论证某些项目是否可行，设计项目的目的是努力解决这些问题，从而为人力资本政策奠定一个信息完备的基础。我们的内容和克鲁格的内容存在着不小的差别。克鲁格所采取的方法是，在还没有弄清楚正在解决的问题是什么的情况下就积极地采取措施来加以解决，并且评估项目时没有适当地考虑成本。

图 2.6（a）是我们论证的关键部分。整个第 2 章都贯穿着技能产生技能的证据：在童年之后所接受的学校教育与培训会为更具技能的人带来更高的收益率。

我们提出了以下被大多数讨论者和克鲁格所忽视的要点。

● 人力资本积累是一个动态的生命周期过程。技能以协同的方式产生技能。评估人力资本投资项目需要充分考虑到人力资本积累的动态性。

● 许多因素都促进了人力资本的形成。早期家庭因素起着至关重要的作用，而当前的人力资本政策讨论忽视了这一点。学校在此过程中发挥的作用与家庭是相同的。职业培训项目带给个体的收益与学校和家庭是相同的。我们需要了解这些多重影响渠道及其动态关系，这对于我们理解不同社会经济群体的人力资本形成的差异以及它们如何得到补救是相当重要的。当前的政策研究认为，职业培训、学校教育和早期儿童项目相互之间没有联系。这种短视的学术思维使得三个内阁机构无法在技能投资战略上相互协调，从而造成目前人力资本政策上的意见分歧。我们在倡导具体政策之前，通过对生命周期技能获得的基本原理进行更为深入的发展，打破了这种短视的传统。几十年来，我们对社会项目的处理效果分析产生了许多失败的政策。

● 我们的分析指出，个体的认知能力和非认知能力会规划出成功的人生，而家庭因素对这些能力的塑造是非常重要的。来自不同家庭的儿童在这些能力上有不同的表现，而且这种差异性会在很早就显现出来，并将一直持续下去。某些证据表明，随着年龄的增长，这些差异会日益扩大，认知能力在 8 岁后相当稳定，而非认知能力直到 20 多岁早期还能被改善。

● 虽然大多数人力资本政策的讨论重点是认知能力，但认知能力和非认知能力都很重要。克鲁格并没有对非认知能力的重要性提出证据，而我们提出了原创性的研究成果。我们的研究成果显示，早期干预对非认知能力的影响最大。我们需要从一个虽然重要却被忽视的视角来重新对技能的形成进行政策分析。克鲁格和其他人都会通过测试分数来评价教育政策的有效性，但测试分数仅能计量技能形成过程的小部分收益。

● 我们提出的对于非认知能力重要性的新证据，以及非认知能力可以得到改善的证据，都意味着有缺陷的早期环境可以部分地得到补救，但是成本很高。早期缺陷环境得到完全修复是有可能的，但没有证据证明这是可行的。

● 家庭收入影响学校教育的证据本质上是模糊的。家庭对学校教育的任何影响可能来自短期信贷约束或长期家庭因素。这个问题很重要。现行针对教育不足的政策受到了短期信贷约束的观点的引导，这种观点将教育短缺归结于儿童青少年晚期的家庭资源不足。

这个观点重点关注学费补贴和家庭收入补贴，它们都可以作为消除教育赤字的手段。我们的研究表明，大部分教育程度的不足是由于长期家庭因素的影响，这种影响不能通过儿童青少年时期的学费和家庭收入政策得以整改。为了明显消除教育差距，我们必须弥补个体早期在认知能力和非认知能力上的缺陷。也就是说，我们提供的原始证据表明，高达 8%的美国青年可能在短期内受到约束。黑人是受约束最小的群体之一。虽然有针对性的学费和帮扶政策是具有经济效益的，但它们不会大幅减少大学入学和毕业的差距。

● 公共部门的就业培训项目不都是有效的，尽管这些计划的一部分如课堂培训是有效的。公共部门的就业培训项目的收益很低，所以不能指望通过这种途径来转变家长和学校多年来对公共培训的忽视。克鲁格忽视了支持这种观点的大量实证证据［见赫克曼、拉隆德和史密斯（Heckman，LaLonde，Smith，1999）］。

● 税收政策不可能是提高技能的有效途径，尽管它可以提高工资。

我们现在要对讨论者提出的主要观点进行逐项回复。在我们总结的内容中也包括对克鲁格的其他评价。

对哈努谢克的回复

我们非常感谢哈努谢克仔细阅读了我们的章节，并注意到我们的章节和克鲁格的章节之间的差异。他认为，如果没有对教育或职业培训进行任何结构性的改革就来追求克鲁格所倡导的“每项事物都应更多”原则，是不可能卓有成效的。对他的这一观点我们表示赞同。

哈努谢克对学校教育质量的讨论是有见地的。这为我们的讨论提供了一个非常有用的框架。教育支出和教育质量会随着时间的推移而增加，但有助于创造成就的措施不是这样。表 2.5 支持了哈努谢克的论点，即克鲁格所倡导的用更多相同类型的政策来解决美国人的技能形成问题是不会奏效的。实际上，该表显示，克鲁格倡导的质量改进政策将无法通过成本-收益原则的验证。我们将修改哈努谢克的内容概要，其中将注明：美国家庭质量在最近几十年里下降，这可能导致公立学校的不良表现（见图 2.18）。

我们的证据表明，家庭质量对能否在学校成功地培育起儿童的认知能力和非认知能力具有很大的影响。家庭可以通过一种精确机制促进这些能力的形成，而我们需要对这个精确机制进行更多探索。我们强烈建议哈努谢克和其他研究者使用认知能力和非认知能力指标来评估公共教育的表现。

对博尔哈斯的回复

博尔哈斯指出，移民政策可以提升美国本地出生人口的工资。作为对他所发表评论的部分回应，我们认为移民在某种程度上降低了当代人教育程度的增长。图 2.2（c）表明移民是造成实际高中辍学率增长的主要因素。然而，不能将美国社会中的大学入学率增长速度放慢完全归因于移民［见图 2.2（a）］，因为这种放缓也发生在美国本地人身上。

博尔哈斯针对非技术移民所提出的限制建议是具有潜在发展前景的。如果能够得以实施，它会提高低技能的美国本地人的工资。然而，鉴于墨西哥人是美国非技术移民劳动力的主要来源，并且美国与墨西哥的边境管理是松懈的，我们质疑博尔哈斯建议的实用性。

对林奇的回复

林奇发现了前两章之间的许多共同点。然而，她所归纳的许多观点只有在我们的论述中才得以系统地发展。

我们并不赞同她提出的“浴缸式”比较分析。我们同时兼顾了存量与流量。我们评估各项政策，一方面提高所接受教育的质量，另一方面补救受到忽视的群体的技能。我们指出，在成本-收益方面，许多成人补救计划是无效的。对于那些针对年长工人和能力欠佳群体的项目来说尤其如此。

对于她尝试拓展人力资本政策分析的做法我们表示欢迎。一个母亲的部分工作成本可能是她无法在孩子的成长阶段陪伴在孩子身边。这表明，非技术男性劳动力的实际工资在 20 年间是下降的，在这其中被忽视掉的成本促使许多妇女成为劳动力，而这种情况可能会降低其后代的质量。然而，有关证据仍不清楚。

林奇认为，克鲁格关于公共培训有效性的证据是不可信以及不具普遍性的，对此我们是同意的。她系统性地忽略了大量表明公共培训无效的实证证据。公共培训项目不能补救个体在早期形成的技能不足。

我们还同意她的关于需要做更多的工作来评估私营部门计划的意见，尽管她对自己的贡献过于谦虚了。但是请注意，表 2.12 所示的证据表明，私人培训是一个不平等的机制：能力越强的人得到的越多——技能产生技能。

对卡茨的回复

他建立的图3.7很重要。它促使我们修正自己的研究。卡茨认为，大学入学率减缓是一个重要的但尚未得到解决的问题，我们同意他的这个观点。对于这一点，我们加入了有效辍学增长率的相关证据。

卡茨没有讨论我们关于短期信贷约束对学校教育差距造成的实质性影响。他选择解释卡德的证据，即工具变量估计的教育收益率超过普通最小二乘估计的教育收益率，以作为短期信贷约束起作用的证明。正如我们在前文中的总结以及卡内罗和赫克曼（Carneiro，Heckman，2002）所认为的，卡德的证据与这个问题没有关联性。卡德的论点将人们因接受教育所获得的教育收益率和收入两者间的普通最小二乘估计值混淆在一起。此外，即使没有信贷约束，文献中使用的方法在发现工具变量估计值大于普通最小二乘估计值时也存在着系统偏差，劳动力市场上存在比较优势的观点会导致这个结果，并且这个论证忽视了对学校质量的选择。克鲁格所提出的在劳动力市场上存在比较优势的解释是牵强的，这与萨廷格尔（Sattinger，1993）所总结的大量证据相反。我们不否认短期信贷约束的存在。尽管我们证明了有关真正信贷约束的政策可能是有效的，但在定量分析时我们认为这些解释是不重要的。

我们支持卡茨的观点，即刑事司法系统是一个造成教育差距的主要因素（特别是黑人和白人之间的差距），以及对教育的投资可以减少犯罪。我们指出的一个重点是，早期儿童和青年成人的辅导项目通过培养非认知能力对减少犯罪有很大的影响。多诺霍和西格尔曼（Donohue，Siegelman，1998）表明，针对弱势黑人男性实施高质量学前教育计划所获得的成果要多于用来减少他们犯罪的花费。洛克纳和莫雷蒂（Lochner，Moretti，2001）在报告分析中证明了教育在减少犯罪中的重要性。研究发现，他们没有充足的数据来研究认知能力和非认知能力对犯罪产生的重要影响。我们的研究显示，这些能力是由家庭培养的，并在很早期就已经出现。它们也可以通过高品质的干预而产生。

卡茨关于居住分异问题的讨论是有趣但不完全的。他没有详细阐明特定因果机制，邻里和同伴效应能够通过这种机制按我们的设想发生作用。他提出，除了将来自不良街区的儿童与更好的同伴放在更好的社区之外，没有其他具体干预措施。对于有多少弱势群体可以迁移到更好的邻里而不削减有益的同伴效应，卡茨对此没有过多讨论。我们没有进行相关的成本-收益或社会福利分析，所以很难衡量他的提案的整体利益。

35 年前所提出的融合方案使穷人能够受益于有更好的同龄人相伴成长。尽管社区因此遭受的破坏被一一记录下来，但这些方案所带来的实际利益没人记载。也许卡茨是对的，但在他倡导的社会工程得以实施之前，我们希望他能提供更强有力的证据。

对萨默斯的回复

萨默斯指责克鲁格在许多观点上都没有做出明确的阐释，我们完成了这样的任务却没有得到他的赞许。我们的研究表明，应该将评估职业培训项目所花费的资金当作社会机会成本的一部分，这是非常重要的（见表 2.13），但要阐明这个问题并不像他说的那么简单［见博芬贝格和雅各布（Bovenberg，Jacobs，2001）］。此外，我们展示了项目福利期限的替代方式是如何影响成本-收益计算的。

萨默斯认为一般均衡效应是非常重要的，对此我们表示赞同。赫克曼、洛克纳和泰伯（Heckman，Lochner，Taber，1998a；1998b；1998c；1999），以及赫克曼（Heckman，2001）的研究都论证了一般均衡效应是如何对各种政策的成本-收益计算产生极大影响的。正如我们所讨论的，局部均衡应对效应框架在评估国家级应用政策时可能具有很强的误导性，同一观点也出现在我们的引文中。

萨默斯承认，人力资本投资的协同性会从根本上影响我们思考人力资本政策的方式，对此我们也表示同意。对技能产生技能这个原理的认可，将促使我们将投资方向重新定位于年龄较小的，特别是来自弱势环境的儿童。我们进一步同意他的观点，即大学录取率增长速度的放缓（见图 2.1）将在未来几十年里对美国经济的生产力和产出增长产生非常重要的影响。

萨默斯让我们想起了一个众所周知并颇具价值的观点，即收益率可能是我们在评估人力资本时的一个误导性因素。正如我们在附录 2A 中所指出的，对于许多支出资金流只发生一次的人力资本项目，使用收益率来给项目排名是适当的。只要我们在对投资项目进行排序时不考虑期权价值，那么教育成果就会被列入这个附录中［见赫克曼、洛克纳和托德（Heckman，Lochner，Todd，2003）］。众所周知，如果支出资金流发生多次，那么内部收益率通常是一个不合适的标准。我们在附录中给出了一个例子，一个有 7%的内部收益率的学前教育项目和一个有 25%的内部收益率的职业培训项目相比，学前教育项目具有更高的净效益现值，因此应优先考虑。为了避免因使用收益率而产生问题，我们应尽可能使用现值来评估替代项目。

对克鲁格的回复

克鲁格提出的证据是非常不具有普遍性的。我们举两个例子。

美国会计总署（U.S. General Accounting Office，1996）记录了对《职业培训合作法》项目五年随访研究中的相关证据，而克鲁格在对该项目的研究中忽略了对这些证据的讨论。他声称，对《职业培训合作法》项目所进行的重新分析显示出，该项目对青年的工资和收入产生了实质性的积极影响。我们质疑他对基本《职业培训合作法》数据的使用。克鲁格依据美国会计总署的数据发现，《职业培训合作法》项目对整体青年会产生积极影响，但对参与该项目五年后的每一个分组（男性青年或女性青年）没有明显影响（见表 4.1）。从美国会计总署研究中得到的唯一积极信息就是，在针对男性青年所进行的早期研究中，项目会带来明显的负面影响，而在完成培训项目的五年后，这些负面影响似乎消失了。另外，长期随访告诉我们，在世界各地的职业培训文献中都有同样的普遍无效的故事发生。

表 4.1 在《职业培训合作法》项目之前和之后的年收入

时期	实验组（美元）	控制组（美元）	差距（美元）	数据有 5%及以上明显差距
成年男性				
三年前	5 883	5 924	−41	否
二年前	5 680	5 894	−214	否
一年前	5 106	5 246	−140	否
任务期间	4 439	4 242	197	否
一年后	6 901	6 410	491	是
二年后	7 792	7 254	538	是
三年后	7 936	7 363	573	是
四年后	8 282	7 725	557	否
五年后	8 651	8 326	325	否
成年女性				
三年前	3 262	3 020	242	否
二年前	3 377	3 215	162	否
一年前	3 230	3 048	182	否
任务期间	2 823	2 703	120	否
一年后	4 702	4 323	379	是

续表

时期	实验组（美元）	控制组（美元）	差距（美元）	数据有5%及以上明显差距
二年后	5 705	5 047	658	是
三年后	5 902	5 319	583	是
四年后	6 367	5 811	556	是
五年后	6 556	6 154	402	否
男性青年				
三年前	860	828	32	否
二年前	1 456	1 575	−119	否
一年前	2 179	2 303	−124	否
任务期间	2 894	3 014	−120	否
一年后	4 612	4 792	−180	否
二年后	5 620	5 963	−343	否
三年后	6 130	6 497	−367	否
四年后	6 687	6 425	262	否
五年后	7 554	6 778	776	否
女性青年				
三年前	629	663	−34	否
二年前	1 069	1 090	−21	否
一年前	1 529	1 707	−178	否
任务期间	1 974	2 098	−124	否
一年后	3 339	3 389	−50	否
二年后	4 045	4 125	−80	否
三年后	4 393	4 383	10	否
四年后	4 934	4 610	324	否
五年后	5 433	5 209	224	否

资料来源：美国会计总署（U. S. General Accounting Office，1996，22－23）。

克鲁格对就业团队计划的热情支持也是基于对证据的选择性研究。就业团队计划的核心是一般教育发展考试培训。正如我们在前文中所说的，针对就业团队计划的正式评价报告显示，四年中参与者的收益并没有获得统计学意义上的显著影响。由克鲁格所发现的所有显著效果都来自对四年影响所做出的不明确推断，在此过程中他忽略了在职业培训文献中报告的高贴现率。卡梅伦和赫克曼（Cameron，Heckman，1993）的研究显示，拥有一般教育发展考试证明并不能代表某个人完成了学校教育。如果认为一般教育发展考试证明就是接受学校教育的证明（没有贴现），那么这种想法忽略了一般教育发展考试对工资和就业不具备长期影响的相关证据。

参考文献

Bovenberg, Lans, and Basjacobs. 2001. "Redistribution and Education Subsidies Are Siamese Twins." Center for Economic Performance Discussion Paper 3099.

Cameron, Stephen, and James Heckman. 1993. "The Nonequivalence of High School Equivalents." *Journal of Labor Economics* 11, no. 1: 1-47.

Carneiro, Pedro, and James Heckman. 2002. "The Evidence on Credit Constraints in Post-Secondary Schooling." *Economic Journal* 112, no. 482: 705-734.

Donohue, John, and Peter Siegelman. 1998. "Allocating Resources among Prisons and Social Programs in the Battle against Crime." *Journal of Legal Studies* 27, no. 1: 1-43.

Heckman, James. 2001. "Micro Data, Heterogeneity, and the Evaluation of Public Policy: Nobel Lecture." *Journal of Political Economy* 109, no. 4: 673-748.

Heckman, James, Robert LaLonde, and Jeffrey Smith. 1999. "The Economics and Econometrics of Active Labor Market Programs." In *Handbook of Labor Economics*, vol. 3, Orley Ashenfelter and David Card, eds. Amsterdam: Elsevier.

Heckman, James, Lance Lochner, and Christopher Taber. 1998a. "Explaining Rising Wage Inequality: Explorations With a Dynamic General Equilibrium Model of Earnings with Heterogeneous Agents." *Review of Economic Dynamics* 1, no. 1: 1-58.

Heckman, James, Lance Lochner, and Christopher Taber. 1998b. "General Equilibrium Treatment Effects: A Study of Tuition Policy." *American Economic Review* 88, no. 2: 381-386.

Heckman, James, Lance Lochner, and Christopher Taber. 1998c. "Tax Policy and Human Capital Formation." *American Economic Review* 88, no. 2: 293-297.

Heckman, James, Lance Lochner, and Christopher Taber. 1999.

"Human Capital Formation and General Equilibrium Treatment Effects: A Study of Tax and Tuition Policy." *Fiscal Studies* 20, no. 1: 25–40.

Heckman, James, Lance Lochner, and Petra Todd. 2003. "Fifty Years of Mincer Earnings Regressions." NBER working paper W9732.

Lochner, Lance, and Enrico Moretti. 2001. "The Effect of Education on Crime: Evidence from Prison Inmates, Arrests, and Self-Reports." NBER working paper no. 8605, revised December, 2001.

Sattinger, Michael. 1993. "Assignment Models of the Distribution of Earnings." *Journal of Economic Literature* 31, no. 2: 831–880.

United States General Accounting Office. 1996. *Job Training Partnership Act: Long-Term Earnings and Employment Outcomes*. Report No. GAO/HEHE 96–40. Washington, D.C.: General Accounting office.

5 反 驳

艾伦·B. 克鲁格的反驳

卡内罗和赫克曼失望于讨论者们看不到他们的论点与我的论点有什么不同。他们重申了自己的研究主题，即对于学龄前的弱势儿童来说，教育和培训的收益是最高的，但实际上这部分群体根本得不到这种收益。卡内罗和赫克曼提出，当贫困儿童离开幼儿园后再改善其人力资本前景是不可能或非常昂贵的，对于这一观点，讨论者们认为是有说服力或者至少是禁得起推测的，我怀疑这正是讨论者们之所以看不出卡内罗和赫克曼的论点与我的论点有什么不同的根本原因。我所提出的理论框架建议，如果从婴儿期到成年早期一直对贫困儿童进行教育和培训投资，那么从中获得的社会回报至少与在普通公众身上的教育和培训投资所带来的社会回报一样多，这个理论框架要更简单，并且与非常多的证据一致。如果修改一下图 2.6（a），将其中横轴上的年龄替换为家庭收入，那么我们的研究将会有更多的共同之处。

卡内罗和赫克曼进一步指责我所提出的对选择性证据的界定。他们为支持这一指责提出了两个观点，我下面将要针对这两个观点逐个进行阐述。

第一，他们声称我在讨论《职业培训合作法》项目的相关证据时忽略了美国会计总署（U. S. General Accounting office，1996）对该项目所进行的五年追踪记录报告。这种说法具有误导性。我在第 1 章中清楚地指出：美国会计总署所报告的存在于实验组与控制组之间的平均收入差异分别是针对男青年、女青年及成年人的。如果按性别来划分样本，则会降低估计值的精确度，因此，美国会计总署发现项目对男青年和女青年的影响每年都不大。

卡内罗和赫克曼在其论述中还是按性别对数据进行分类，这种重复其实毫无新意。至于为什么不把男性与女性样本合并起来，他们并未提供任何证据。确实，美国会计总署发现，从每一类单独的性别样本来看，其影响是微不足道的。但是为什么要将性别分开来看呢？把样本按性别划分只是避免增加标准误差。对于划分样本，卡内罗和赫克曼没有提供任何经济比率或统计论点。如果将所有青年样本汇集在一起，其影响将具有统计学意义。从这些数据中，我们不能否认男性和女性会获得同样的福利。为了对培训收益进行政策分析——正如卡内罗和赫克曼所指出的，增加弱势青年的人力资本实际上是不可能的——应该搜集整个青年样本，而不是按性别划分的样本。

无论如何，我的论点并不是随访时间越长，就证明针对青年人的《职业培训合作法》项目越成功，而是改进弱势青年就业前景是不可能的。这样的论点如果是过度依赖于《职业培训合作法》的实验结果而得到的，那么这个论点不可靠。的确，在另一部会议卷宗中也有针对我的一篇论文的评论，对此赫克曼（Heckman，2000，336）主张，关于《职业培训合作法》对青年无效的相关证据是缺乏说服力的，因为赫克曼、霍曼和史密斯（Heckman，Hohmann，Smith，2000）证明了试图通过一项社会实验（即《职业培训合作法》）来获得其他方法以便更好地评估某项计划的做法会造成这个计划的终结，即使这是一项有效的计划。对实验组和控制组都采用同样的培训会使得该项实验的评价不具备处理效果，与根本不培训相比，要得到更有效的实验结果必须进行更仔细的审查。正因为此类替换有着很大的可能性，所以我重点研究就业团队计划，该计划更具有力度，同时也没有更多的替代方法。

为了避免选择性地使用相关证据，我们应该考虑到，《职业培训合作法》项目——许多人都相信该项目（包括我自己）为青年带来的培训收益是最低的——可能不会支持我的理论观点，反例会成为相反观点的实际例证。此外，有许多证据都表明，低能力群体会从培训中获得可观的收益，对于这一点我并不认同。例如，邦泽（Bangser，1985）发现，对于智力迟钝的18岁～24岁的年轻人进行结构化培训和就业过渡服务等类型的干预措施会产生积极的收益，这一观点是对卡内罗和赫克曼的一种挑战，因为这两位学者认为投资于低能力年轻人的培训是不划算的。事实上，邦泽（Bangser，1985）所发现的就业效应在智力缺陷非常严重的群体身上体现得更为充分。此外，德克尔和松顿（Decker，Thornton，1995）发现，过渡性就业服务会为低智商人士带来显著的就业及收入收益，而且在对后续行动进行的为期 6 年的检验过程中，这种收益会一直持续。

第二，卡内罗和赫克曼声称，我对就业团队计划的热心资助也源于对证据的选择性应用。就业团队计划是一个有关一般教育发展考试的研究项目。尽管就业团队计划事实上确实提高了项目参与者获得一般教育发展考试文凭的可能性，但这也给其他培训项目带来了巨大的收益。此外，还有大量的文献［例如，泰勒、默南和威利特（Tyler，Murnane，Willett，2000）；克拉克和耶格（Clark，Jaeger，2002）］认为，一般教育发展考试文凭的获得者会在未来的职业发展中受到持久的有益影响，而卡内罗和赫克曼忽视了这一点。但是没有必要就以下问题表明立场，即将许多项目参与者是否获得一般教育发展考试文凭作为衡量就业团队计划是否起作用的依据，人们可以直接查看劳动力市场的结果。在这里，卡内罗和赫克曼同意，该项目会在培训结束后的 3 年～4 年内提高项目参与者的收入，但他们质疑这种收益是否会持续，并由此认为我忽视了在有关职业培训的文献中所报道的高贴现率。不过，我的回复是，他们所假设的贴现率过高，并且坦率地说，他们引用的相关贴现率的证据也不能解释这一情况。例如，卡内罗和赫克曼声称，库奇（Couch，1992）发现培训后的收益只能持续 7 年，但库奇并没有获得超过 8 年以上的数据，并且他总结说，经过处理后的收入效应不会延续到培训结束后的前 8 年。人力资源理论以及有关教育收益的证据表明，培训收益将随着时间的推移不断增加，所以我猜想通过数学软件估算得到的收益结果是保守的，因为这种方法参考的是恒定不变的货币收益率（收益按比例递减，因为收入会随着年龄增长而提高）。

不过我认为，我们都会同意对就业团队计划进行更长时间的定期跟进，这样会取得令人满意的效果。而且，考虑到已经投入在最初短期随机评价中的那些费用和努力，搜集长期随访数据相对来说会更容易或更具效益，尤其是在可以获得官方记录的情况下更是如此。我非常支持对项目进行更长周期的跟踪研究，即使是那些目前已经停滞的项目也应如此。但是，我认为社会不应该再等上 20 年，直至获得长期数据才来解决青少年技能差距问题。

卡内罗和赫克曼批评我过于强调内部收益率的计算。我之所以关注这部分内容是因为卡内罗和赫克曼在图 2.6（a）中强调年龄对收益率的影响，他们把这一观点作为其核心。如果他们以培训收益率低为由认为不值得对贫穷且能力差的儿童进行投资，那么他们凭什么说内部收益率是一个错误的概念呢？不过，为了对政策进行优劣排序，我同意萨默斯提出的建议，他认为，哪怕政府能采纳少量的政策建议，通过培训得到的现值也会大得多。然而，不管卡内罗和赫克曼提出的事例多么具有典型性，实际上，我仍然怀疑事实绝非如此。

我并不反对卡内罗和赫克曼所提出的"非认知能力很重要"的观点。事实上，这也正是我关注劳动力市场结果的原因，我把这项内容作为我的主要研究兴趣及调查工作的成果［例如，卡德和克鲁格关于教育质量的研究（Card，Krueger，1992）］。同时，这也是我不能把就业团队计划看作一个一般教育发展考试工厂而简单地否定其证据的原因，任何人都应该愿意看到真实的劳动力市场结果。

我怀疑，卡内罗和赫克曼与我的最大不同点在于，我们各自坚持的方法论是不同的。我更喜欢采用简单的模型，不仅理论模型要简单，而且计量经济模型也要简单，这样用以确定关键参数的假设条件才能清晰、合理及可测试。奥卡姆（Occam）提出的证据是关键性的以及可借鉴的，它们使我更倾向于建立一个经济模型，通过这一模型得到的结论为，针对弱势青年开展的大多数教育及培训项目每年会产生约10%的投资收益率，不论这些项目是针对学龄前儿童、高中辍学者，还是年轻人。任何人都不需要像卡内罗和赫克曼断言的那样，用信贷约束或不可补救的长期家庭影响因素来解释这一结果。如果贫穷儿童和他们的家庭发现人力资本获取的过程是不愉快或陌生的，从而选择了很高的贴现率，那么旨在增加这些贫穷儿童在校时间或其他人力资本获取形式的项目将为社会带来高回报。当然，目前已有的证据很难拒绝这种假设。我相信，卡内罗和赫克曼会提出非常复杂的方法来支持"技能创造技能"的观点，而采取这么复杂的方法其实是完全没有必要的，而且更糟糕的是，我认为目前的经济学或神经学等证据是不足以支持这种复杂研究的。[①] 我不想忽视整个青年一代的潜能，因为人们认为，如果要等到这些来自弱势家庭的儿童在完成学前教育后才来补救他们技能上的不足，那就为时太晚了。

---

① 我怀疑对复杂性的偏好也会使他们更倾向于按照性别来分别评估《职业培训合作法》青年项目的影响，其中掩盖了可能产生的巨大长期影响。

参考文献

Bangser, Michael. 1985. *Lessons on Transitional Employment: The STETS Demonstration for Mentally Retarded Workers*. New York: Manpower Demon-stration Research Corporation.

Card, David, and Alan Krueger. 1992. "Does School Quality Matter? Returns to Education and the Characteristics of Public Schools in the United States." *Journal of Political Economy* 100, no. 1 (February): 1-40.

Clark, Melissa, and David Jaeger. 2002. "Natives, the Foreign-Born and High School Equivalents: New Evidence on the Returns to the GED." IZA working paper no. 477.

Couch, K. 1992. "New Evidence on the Long Term Effects of Employment Training Programs." *Journal of Labor Economics* 10, no. 4: 380-388.

Decker, Paul, and Craig V. Thornton. 1995. "The Long-Term Effects of Transitional Employment Services." *Social Security Bulletin* 58, no. 4 (winter): 71-81.

Heckman, James. 2000. "Comment." In *Economic Events, Ideas, and Policies: The 1960s and After*, George Perry and James Tobin, eds. Washington, D. C.: Brookings Institution Press.

Heckman, James, Neil Hohmann, and Jeffrey Smith. 2000. "Substitution and Dropout Bias in Social Experiments: A Study of an Influential Social Experiment." *Quarterly Journal of Economics* 116, no. 2 (May): 651-694.

Tyler, John H., Richard J. Murnane, and John B. Willett. 2000. "Estimating the Labor Market Signaling Value of the GED." *Quarterly Journal of Economics* 115, no. 2 (May): 431-468.

佩德罗·卡内罗和詹姆斯·J. 赫克曼的反驳[①]

从风格和内容上对比，我们的研究与克鲁格是迥然不同的。他为读者提供了一套“事实依据”和“处理效果”，试图证明对于所有处于不同年龄阶段及拥有不同能力和背景阶层的人们，教育干预会带来同等的效果，他们所获得的教育收益率都是10%。在克鲁格的论述中，他突破了这一指标，并试图证明对弱势群体进行的人力资本干预会带来更高的收益率。我们用的经济理论都有经验证据加以支撑，以提升有关学习生命周期的经验和政策影响。在技能形成的经济学（以及一般经济学）领域，还有许多问题悬而未决，其中只借助于经验方法的途径是行不通的。有些政策建议从未尝试过要实施，而要预测它们可能带来的影响，就必须用理论来解释和验证现实情况。例如，在克鲁格提出的反驳意见中，他正确地阐明，在几个城市通过随机试验所得到的有关学校选择影响的相关证据是不合理的。然而，他的言外之意是，在没有更多实证证据之前，我们不应该实施竞争和选择等新政策，但他的观点过于保守了，因为他忽略了在现实经济生活中，有相当多的工作主体可以表明竞争和激励会改进其工作业绩。一项有效的政策分析需要借助于所有可用的数据和理论。仅凭纯粹的经验方法来评估政策建议从来都不是有效的途径，因为我们得到的数据几乎与提议的政策没有吻合过。我们的论述将理论和证据综合起来，在已经了解到需要用政策解决什么问题的前提下，来评价所提出的政策建议。对于克鲁格提出的反驳意见，我们做出以下回应。

互补性以及收益递减

我们的研究所借助的人力资本理论阐释了不同类型技巧和能力之间的相互协同或互补关系。人力资本投资的互补性最初是由明瑟（Mincer，1974）提出的，他揭示出学校教育投资与后学校教育投资之间的协同性。技能产生技能。我们揭示出在儿童早期所显现或习得的技巧与能力将会产生积极的学习和成就影响，这一结论丰富了明瑟

---

① 我们感谢罗伯特·拉隆德（Robert LaLonde）、迪米特里·V. 马斯特罗夫（Dimitriy V. Masterov）、彼得·肖切特（Peter Schochet）、杰弗里·史密斯（Jeffrey Smith）以及加里·梭伦（Gary Solon）对这一反驳意见做出的有益评论。

的研究成果。我们确定这些能力和技巧很早就已显现出来，并且与父母的收入、能力及社会经济地位呈现正相关，而由家庭状况导致的差异性会在个体生命周期早期就开始出现，并将逐渐扩大。认知能力和非认知能力都很重要，条件优越的家庭会同时为其子女建立和培养这两方面的能力。

大量实证证据都支持互补性这一假设。默南、威利特和利维（Murnane，Willett，Levy，1995）、布莱克本和南尤马克（Blackburn，Neumark，1993）、考利等（Cawley 等，2000）、泰伯（Taber，2001）、赫克曼和维特拉西尔（Heckman，Vytlacil，2001）、卡内罗、赫克曼和维特拉西尔（Carneiro，Heckman，Vytlacil，2003）、卡内罗（Carneiro，2002）、梅吉尔和帕姆（Meghir，Palme，1999）的研究都表明，最有能力的个体所获得的教育收益将最大。正如我们在前文中所指出的，能力在很早就已经形成，而且（更有可能的是）优势个体与弱势个体之间的能力差异会在其生命周期中逐渐地扩大。赫克曼、拉隆德和史密斯（Heckman，LaLonde，Smith，1999）总结了大量有关就业培训的经验文献，它们表明，在所有参与这类培训的人当中，优势个体所获得的培训收益是最高的，这种情况就总体人口而言是非常不利的。赫克曼等（Heckman 等，1997）、赫克曼和史密斯（Heckman，Smith，1998）、赫克曼（Heckman，2001a）的研究都表明，在《职业培训合作法》项目中成绩名列前茅的人获得的培训收益是最大的。布伦德尔、迪尔登和梅吉尔（Blundell，Dearden，Meghir，1996）主持了英国培训项目，从中获得的证据表明，培训项目参加者中能力最强的人往往获得的培训收益最大。阿尔坦吉和邓恩（Altonji，Dunn，1996）针对普遍存在的互补性提出了现有的佐证：来自较好家庭背景的人会获得较高的教育收益。[①] 大量的实证证据都支持这一结论［参见鲍尔斯和金迪斯（Bowles，Gintis，2001），该研究对父母背景与经济收益之间的关系进行了全新的解释］。针对这一证据有着多样化的诠释，这表明，普遍存在的互补性远非一种定义能够涵盖的。针对这种互补性，只有一种例外情况是可以相信的，即如果

① 我们使用了阿尔坦吉和邓恩从固定效应规范中划分统计人口样本的相关证据，这些证据更可能有力地反驳了虚假的因果关系，他们将这些证据称为“首选”估计值。他们在汇集估计值时会产生模糊的证据，并且他们解释了不能使用这类模糊证据的原因。他们声称具有固定效应的估计值往往存在高估的倾向，但是这一论点关系到一个关键的未经检验的假设，通过这一假设可以得到不可观测变量之间的协方差。

在弱势群体年龄非常小的时候就对其进行教育投资，那么他们获得的教育收益也会非常高。①

克鲁格用三种答案来应对这个证据：第一，他借助于收益递减来加以解释。第二，他公布了极少数不恰当研究所获得的证据，以进行反向论证。第三，他将我们与极端的“脑科学”观点联系在一起，试图反驳我们的论点，他所描述的“脑科学”主张在儿童 0～3 岁之间对其进行技能投资才是唯一有利可图的。

克鲁格一再强调的收益递减忽略了人力资本积累过程中的动态互补性。收益递减本质上是静态的概念，而技能积累的过程其实是动态的。假设我们有一个简单的本-波拉斯（Ben-Porath，1967）模型，其中，产出 Y（收益）是能力 A 的函数，人力资本为 H。

$$Y=AH^{a}$$

其中，$0<a<1$。H 有递减的收益，但具有更高能力 A 的个体在每一单位的人力资本 H 上都会获得更高收益。在这个函数中，A 和 H 是产出 Y 的互补性投入要素。A 可以解释为在个体生命周期早期形成的能力，其主要受到来自家庭因素的影响。在本-波拉斯模型中还有第二个公式，它是有关 H 的生产函数。将人力资本存量的变化率设为 $\dot{H}$，它是随着生命周期的变化而变化的。本-波拉斯模型将技能获取的过程建模为

$$\dot{H} = B(HI)^{\beta} - \delta H$$

其中，$0<\beta<1$。$\dot{H}$ 是生产率参数 B 的函数，在不同个体（如能力）之间，$\dot{H}$ 变化很大，而且会受到家庭、人力资本积累存量 H、投入学习中的小部分时间 I，以及折旧率 δ 等因素的影响。有充分的证据表明，这个函数可以用来解释男性和女性的收入问题［参见布朗宁、汉森和赫克曼（Browning，Hansen，Heckman，1999）］。再次强调一下，在生产额外 H 的过程中，现有 H 是收益递减的，但是 H 积累水平较高的个体会比 H 积累水平较低的个体在学习时间投入上产生更高的生产率。这一动态互补性在人力资本积累的过程中起到了决定性的作用。克鲁格忽视了这种互补性，单纯强调递减收益的静态概念。他没有认识到，家庭或人力资本积累在促进学习生产率中均会产生 A 和 B 之间的互补性投入。

---

① 因而，在带有 $\gamma=AH_1^{\alpha}H_2^{\beta}$ 的柯布-道格拉斯模型中（其中，γ 是某一项测试成绩或者某一项成就），H_1 是早期的人力资本，H_2 是后期的人力资本。当 $H_1=0$ 时，其边际产品 $H_2=0$。因此，在弱势群体年龄很小的时候就进行人力资本干预可能会有很高的生产率［参见邓肯和马格努森（Duncan，Magnuson，2002）］。

克鲁格有选择性地公布了那些表明弱势群体获得更大教育收益的少数研究证据，而忽视了有力支持表 2.4 相关结论的大量实证证据。在戴尔和克鲁格（Dale，Krueger，2002）共同完成的研究中，他本人负责的部分是以精心挑选的样本为基础的，这使得他的研究结果看起来不堪一击。由阿申费尔特和劳斯（Ashenfelter，Rouse，1998）负责的双胞胎研究项目回避了一个最关键的问题，即双胞胎所受的教育程度为什么会不一样？一旦家庭影响因素被考虑在内，那么教育就会被视为一个随机分配的变量。大量的文献［参见邦德和梭仑（Bound，Solon，1999）］都质疑这样的假设。阿申费尔特和劳斯的研究是脆弱的，而且是不值得借鉴的。[①] 甚至从表面来看，他们的研究也不能提供非常有力的证据来支持弱势群体会比其他群体更多地获得教育收益。[②]

克鲁格试图把我们描述成狂热的信仰者，认为我们坚信所有的基本技能都是在儿童 0～3 岁时决定的，而超过这个年龄再进行投资的代价就太高了，从而会放弃投资。我们从来没这样说过。事实上，我们证实了针对青少年的追踪项目会促进其非认知能力的培养，以及他们在高中及大学期间所获得的教育收益才是高的，对于能力强的个体更是如此。我们也表明，某些类型的职业培训估计会产生更高的收益。尤其是对能力最强的个体而言。

克鲁格呼吁要支持一部政策辩论著作——约翰·布鲁尔（John Bruer，1999）的《头三年的神话》（*The Myth of the First Three Years*），而克鲁格错误地把这位作者当成一名神经学家。通过培训他所领导的一家小型基金会，布鲁尔成为一名哲学家。他没有在神经科学或儿童发展领域进行过培训，而且没有致力于相关主题的权威学术文献研究。他的工作就是针对“莫扎特效应”这类脑科学极端应用的情况展开攻击，“莫扎特效应”是由佐治亚州州长提出的，目的是通过让婴儿接触到莫扎特的音乐以提高他们的智商。他和克鲁格都认为，人类在生命周期的各个阶段都是高度可塑的，对技能进行投资是有利可图的。布鲁尔的研究几

① 阿申费尔特和劳斯的整个研究是以任意函数形式的假设为基础的，这些假设将教育与能力，以及能力与收益率联系在一起。

② 在所有阿申费尔特和劳斯的规范化研究中，有一项不包括在内，它以任意函数形式为基础将能力与收益率联系在一起，家庭背景对教育收益率没有任何影响。

乎是没有文字记载的，而且是以选择有利的证据作为基础的。[①] 我们实在是无处申诉布鲁尔和克鲁格用这种极端的“稻草人”观点对我们进行的攻击与评判。

针对这场辩论还有一个更大的核心问题：人们的可塑性如何？在对人们的技巧和动机很难施加影响之前，我们究竟可以在他们的生命周期中等待多久？克鲁格描绘了一幅乐观的图景，即在个体生命周期中进行教育和技能投资的时机是无关紧要的。他声称，在个体 1 岁、2 岁或 3 岁时进行教育和技能干预，其收益完全等同于在其 20 岁、40 岁或 60 岁时进行干预的水平。这种乐观估计完全没有任何确凿的证据。针对低技能青年而开展的一般教育发展考试认证及公共就业培训的收益是非常低的［参见卡梅伦和赫克曼（Cameron，Heckman，1993）；赫克曼和鲁宾斯坦（Heckman，Rubinstein，2001）；赫克曼、拉隆德和史密斯（Heckman，LaLonde，Smith，1999）；马丁和格拉布（Martin，Grubb，2001）］。如果延缓了对个体教育和技能的干预，其代价是非常大的。克鲁格试图否认这一点。虽然我们对延迟代价如此昂贵深感遗憾，但这正是学习过程的一个重要特性。

克鲁格认为在任何年龄阶段进行的所有投资都会获得相同的收益率，与上述情况相同，他的这一观点也是有缺陷的。首先，为了解释我们在附录 2A 中所提出的理由，我们认为，当评估许多人力资本项目时，收益率并不是一个准确的评价指标，尤其是对幼儿早期项目而言，更是如此，我们会在下面的论述中详细介绍这一观点。其次，大量证据显示，在世界范围内公共职业培训的收益率都极低，而克鲁格忽略了这一点［参见赫克曼、拉隆德和史密斯（Heckman，LaLonde，Smith，1999）；马丁和格拉布（Martin，Grubb，2001）］。或许就收益率指标而言，我们会认为某项针对弱势群体的职业培训计划取得了成功，但迄今还没有证据显示绝大多数参加培训的人员可以通过职业培训来摆脱贫困。

职业培训

克鲁格在他的反驳意见中一再强调就业团队计划显示出很高的培训

① 例如，布鲁尔支持施蒂希特等（Sticht 等，1987）关于低能力士兵在军队中表现的分析。他声称，这些低能力士兵会取得与更有能力士兵同等的成绩，这一观点与珍妮丝·劳伦斯和彼得·拉姆斯伯格（Janice Laurence，Peter Ramsberger，1991）的研究结论相反。参见弗罗斯特（Frost，2000）为布鲁尔的著作撰写的回顾。胡滕洛赫尔（Huttenlocher，2002）针对可塑性证据提出了一种更具测试性的说明。

收益率。我们在自己的研究中引用了由数学软件（Mathematica）发布的官方报告，对此他并没有给予充分的描述。该报告显示，在为期 4 年的研究周期中，就业团队计划参加者的每周收入会比他们参加该计划之前多出 3 美元（或总共 624 美元）。

除了课堂培训和求职协助以外，公共职业培训的成果记录令人非常失望。培训收益率不仅没有达到 10%，反而近乎 0，某些时候甚至为负。赫克曼、拉隆德和史密斯（Heckman，LaLonde，Smith，1999）综合了来自世界各国众多培训项目的情况调查。并没有一份严肃的学术文献来证明公共职业培训（除了课堂教学或求职协助以外）是有效的，即使这些项目的收益率显示它们是起了作用的。这些项目往往有适度的绝对收益（例如，每年在求职援助上投入 50 美元），如前所述，这些项目也几乎不可能将受训者提高到贫困线以上。

克鲁格从几百个研究项目中挑选了其中的两个来公布其研究结果：《职业培训合作法》项目和就业团队计划，他对就业团队计划中职业培训的成功描述与有关的官方报告是不一致的。他用外推法计算得到长期影响的年化收益率为 10.5%或 18%，这是不合理的。

用以支持就业团队计划的样本证据是经不起推敲的。唯一的实质性影响来自最后一年对某些人口群体测量得到的结果，而对其他组别来说，这些影响是不存在的。我们评价一个项目成功与否的关键是，我们如何假设还没有计量到的折旧与未来影响。就业团队计划研究具有争议性的特征表现在其对折旧率的假设上。在官方报告中是假设没有折旧的。克鲁格说的没错，阿申费尔特（Ashenfelter，1978）并没有发现接受培训的男性群体的培训年折旧率为 25%。他发现接受培训的成年男性的培训年折旧率为 13%，而接受培训的成年女性的培训年折旧率为 0。有关培训折旧率的证据可以在世界各个国家找到，而阿申费尔特已经取得的研究基于的是不一致的估计量，所以它是错误的［见赫克曼、拉隆德和史密斯（Heckman，LaLonde，Smith，1999）］。

库奇在 1992 年得到的估计数字有所不同。图 5.1 和图 5.2 显示了他所研究的在职培训项目的估计效果。针对成年女性而言，该项目自 1978 年结束后的 4 年间，只有在 1982 年以美元计算的年度培训收益具有统计意义。培训效果持续了 4 年，然后就消失了（见图 5.1）。从表面上看，年度培训收益先升值后贬值，而且最后一年的处理结果在统计上几乎为0。对青年人而言，图5.2更能体现出就业团队计划的评估结果。它显示出文献中提到的一种常规模式：培训项目产生不了任何影响。青年人的隐性折旧率从峰值（157）到最低正值（17）的每年变化率超过了35%。克鲁格提出折旧率为0是毫无根据的。

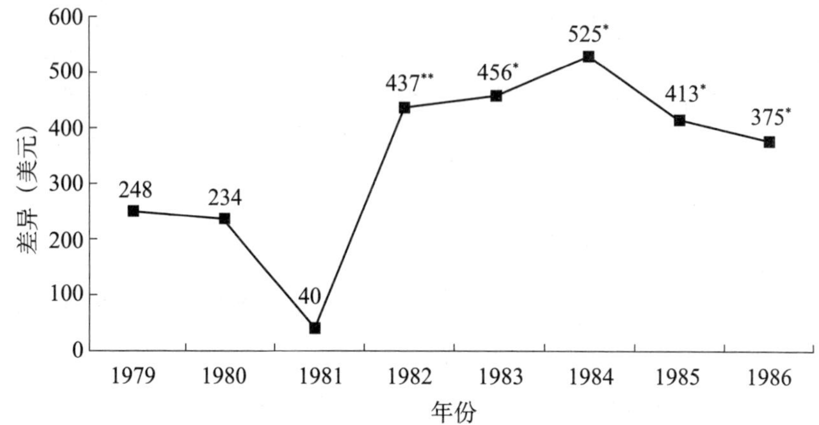

图5.1　对有子女家庭给予补助计划中的女性与控制组在年收入上的差异（处理后）

资料来源：库奇（Couch，1992）。

注：* 表示在5%水平上表现显著；* * 表示在10%水平上表现显著。

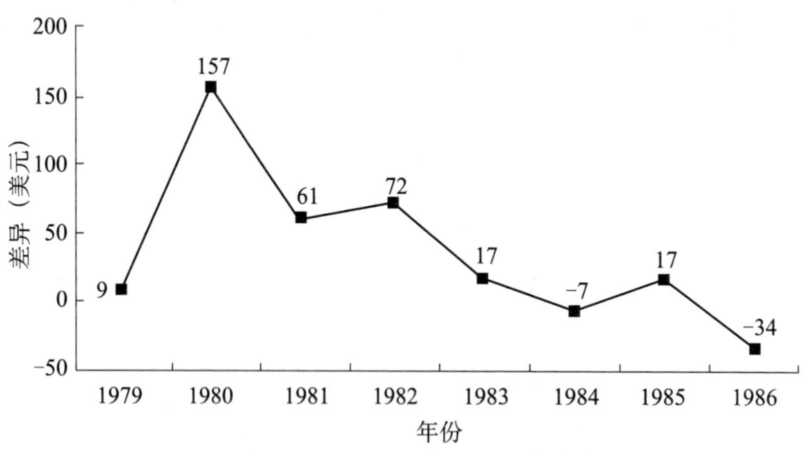

图5.2　青年人与控制组在年收入上的差异（处理后）

资料来源：库奇（Couch，1992）。

注：该图结果在10%水平上均不具有显著的统计学意义。

正如我们在自己的研究中所辩论过的，就业团队计划其实就是一个一般教育发展考试工厂。为了支持就业团队计划，克鲁格现在借助于一般教育发展考试方案，列举了由泰勒、默南和威利特（Tyler，Murnane，Willett，2000）、克拉克和耶格（Clark，Jaeger，2002）所进行的两项有关一般教育发展考试方案的“周密”研究，而忽视了全部文献所显示出的证据，即一般教育发展考试方案对大多数人口统计组的收入或就业都没有影响［参见卡梅伦和赫克曼（Cameron，Heckman，1993）；赫克曼、奚恺元和鲁宾斯坦（Heckman，Hsee，Rubinstein，2001）；贝泽尔、阿尔萨拉姆和史密斯的综合性调查（Boesel，Alsalam，Smith，1998）］。克拉克和耶格的论文存在着严重的缺陷。它没有对认知能力的差异性进行控制，而之前的文献都非常重视这一点。克拉克和耶格所估计出的一般教育发展考试效应只是虚假的能力效应。它们是基于错误的数据［见赫克曼（Heckman，2003)］。默南等的论文显示，一般教育发展考试效应只出现在某些组别上，而在其他组别不具有这种效应。鲁宾斯坦（Rubinstein，2003）以及赫克曼等（Heckman等，2003）都对这一结论进行了批评，指出默南、克拉克和耶格的研究存在着方法上的严重缺陷。克鲁格借助的是两篇经过挑选却有缺陷的论文，并没有公布出整个文献界都公认的观点。①

克鲁格对《职业培训合作法》数据的重新分析也具有误导性。赫克曼、市村真一和托德（Heckman，Ichimura，Todd，1997）曾广泛地分析过这些数据。在背景研究中，他们对克鲁格所搜集到的青年样本组进行了测试，并剔除了相同的结果。克鲁格提出，美国会计总署（U. S. General Accounting Office，1996）和我们所采取的策略其实是“分而治之”的，将完整样本按性别和年龄划分不可能获得成效。鉴于每个年龄层的样本容量是巨大的，我们认为这一提议是没有根据的。研究中涉及 1 736 个青年男性样本（1 177 个处理样本，以及 559 个控制样本）和 2 300 个青年女性样本（1 593 个处理样本，以及 707 个控制样本）。事实上，在将这些不同的样本集中在一起的过程中，克鲁格的确冒了犯林德利（Lindley）悖论的风险［参见利默（Leamer，1978)］。为了保持稳定的显著性水平以及样本容量的不断增加，实际上必须确保

① 鉴于就业团队计划参加者要在课堂上花费很长的时间（大约一年的学术和职业教育），我们认为就业团队计划的培训效果可能是真实的。如前所述，研究发现，课堂培训对参加者的收入及就业会产生实质性的影响［参见赫克曼、邱和史密斯（Heckman，Khoo，Smith，2000)］。我们迫切地等待着 5 年～6 年后能看到就业团队计划的后续研究成果。

那些无效的假设会被剔除。模型上的微小误差都将导致我们的研究工作功亏一篑。更好的做法是当样本容量不断增加时，将测试样本的数量和功效调整至平衡状态。

克鲁格汇集数据的方式是没有根据的。克鲁格所使用的假设检验序列是无效的。H_0：$A=0$ 和 $B=0$ 这样的无效假设并没有被剔除，其中，A 和 B 是对两个组别的处理方法。在这个分析过程中，H_0：$A=B$ 的假设没有被剔除。但在测试中，为了保持不同样本在汇集过程中其容量的稳定和功效的绝对提高，H_0：$A=B=0$ 的假设是应该被剔除的。

然而，更重要的一个事实是，克鲁格在他的样本汇集过程中只选择了美国会计总署数据中第五年的资料，以展示经过几年的推动项目取得了如此大的改进，而这些资料并不能够包含所有的实验内容。在美国劳工部的信件中，关于这一点的讨论被附在了美国会计总署的报告之后。在研究的第五年最有可能包含具有高度影响的实验内容。在这些研究内容中，很早就结束了随机配置，这也是有更多的后续数据被提供给它们的原因。这也可以用来解释青年控制组的效果为什么会随着时间的推移不断明显增加（见表 4.1）。但是，即使存在着这种偏颇，我们也不能否认这样一个处理失效的无效结果，在这个过程中，每一个统计人口组都会用到大约 2 000 个样本。

在这场辩论中有一个关键性的问题：目前针对青年人实施的第二次机会方案是否有效？大部分的证据都表明这类方案是无效的。从补救方案的相关文献中得到的结论是，这些补救方案是无效的。对于年轻成年人，尤其是弱势群体，图 2.6（a）和图 2.6（b）中的实验基础数据是稳定的。

信贷约束

克鲁格错误地描述了我们对信贷约束的相关讨论。在我们的研究中，我们将短期信贷约束与长期信贷约束区分开来，短期信贷约束作用于儿童青少年及完成大学学业期间，而长期信贷约束作用于儿童的整个生命周期。我们提出了某些支持短期信贷约束观点的证据，并讨论了为什么有针对性的补贴政策可能会有成本效应。我们的研究还表明，消除短期信贷约束并不能拉近优势群体与弱势群体在大学录取率上的差距。

我们同意克鲁格的解释，即在评估教育效果时，如果工具变量估计值超过一般最小二乘法估计值，将可能导致弱势儿童面临较高的贴现率，并对教育产生厌烦心理。这些参数和其他优先参数是早就形成了的（见我们关于反社会行为的证据）。这一解释支持了我们的论点，即早期针对动机和能力进行的干预是非常重要的。① 它不能支持由凯恩（Kane，2001）和其他学者所倡导的学费-青少年家庭收入政策，这类政策将大大消除优势群体与弱势群体在大学录取率上的差距。

学校教育质量和明星实验

根据哈努谢克（Hanushek，1998）的研究文献，针对 17 岁少年的全国教育进展评估（NAEP）测试成绩在过去的 30 年间几乎没有发生大的变化。有关测试成绩出现大幅提升或下降的说法都缺乏数据基础。我们不能指望通过全国教育进展评估的测试成绩来支持"传统教育支出政策实质上改变了考试成绩"［参见格里斯默尔等（Grissmer 等，2000）］这一观点。

田纳西州开展的明星实验绝非完美［参见哈努谢克（Hanushek，1998；1999）］，它所提出的估计效果还不够确凿。此前，我们在自己的研究中错误地认为，早期干预的效果不会持久。然而，克鲁格和惠特莫尔（Krueger，Whitmore，2001）提出，当实验结束后，处理组与控制组之间的成就差距会有惊人的缩小。处理组与控制组之间 5%～6%的差距会在实验后降至 1%～1.5%（尽管依据于不同的测试）。克鲁格和惠特莫尔（Krueger，Whitmore，2001）的成本-收益分析可谓是异想天开。他们利用来自文献中的收入测试估计结果来评估另一项测试对收入的影响。他们所获得的 5.5%的收益率远远低于克鲁格所声称的 10%这一最普遍的人力资本投资收益率。

贴现和收益率

克鲁格关于贴现率和收益率的讨论是令人困惑的。在可获资金有限的情况下，最明智的做法就是选择现值最高的项目建议进行融资，即使这些项目会迟迟无法兑现［参见赫希莱弗（Hirschleifer，1970）］。在

① 克鲁格声称，工具变量相关文献比结构计量经济学的文献更具透明度。我们发现这一说法令人费解。工具变量相关文献从未明确界定过它试图识别的影响，也不解释它所使用的工具方法，而结构计量经济学的文献做到了这两点，并且提出了明确的讨论［参见卡内罗、赫克曼和维特拉奇尔（Carneiro，Heckman，Vytlacil，2003）；卡内罗（Carneiro，2002）；卡内罗、汉森和赫克曼（Carneiro，Hansen，Heckman，2003）；卡德（Card，1999；2001）］。

评价中使用的贴现率是资金的社会机会成本。在比较快速兑现与缓慢兑现两类项目时，兑现慢的资金并没有“放在床垫上”，而是间接地重复投资在社会机会成本或贴现率上了。我们在附录 2A 中阐述的例子是有效的，它显示出错误的收益率是如何作为一项标准来对儿童早期方案这类投资项目进行选择的。克鲁格似乎没有认识到，假设一个二选一的规则要求我们只能选择在 3 岁或 18 岁这两类孩子中进行投资，对于 3 岁孩子投资所带来的现值高于对 18 岁孩子投资所带来的现值，每当一批年满 3 岁及 18 岁的孩子符合投资条件的时候，就需要进行一次选择，而投资于 3 岁孩子所实现的社会财富会达到最大化，那么，这个方案将得到一个最高的现值。在我们的附录 2A 中，能够实现现值最大化的方案就是逐期对年满 3 岁的孩子进行投资，即便由此得到的收益率比职业培训带来的收益率要低。对每一期年满 3 岁的孩子进行投资的做法要比推迟这一投资，直到 15 年后他们年满 18 岁时再进行投资的效果要好得多，同时这种做法也要优于对每一期年满 18 岁的孩子进行投资的方案。即便事实上对年满 18 岁的孩子进行在职培训所获得的收益率要高于对年满 3 岁的孩子进行投资所获得的收益率。

当然，我们的世界并不是如此割裂的。如果两项投资活动的收益都是递减的，那么我们可能会发现同时对这两个项目进行投资是最划算的。但是投资的数量将要遵循图 2.6（b）的要求：年龄越大，投资就越少；而年龄越小，投资就越多。要在投资方案之间准确地权衡投资规模还是一个有待明确的问题，但是以资质表现作为筛选导向是毋庸置疑的。[①] 而且，即使收益率也可以成为一项有效的措施，它也仅仅是告知我们边际价值将向何处去而已，并不能告诉我们最佳的投资额是多少。因此，将 50 美元年收益投资于求职培训将会产生一个很高的收益率。这种投资活动会带来收益的急剧递减，所以成倍增加求职援助将不可能产生成本效应。人们只有通过改变收益率和“处理效果”，才能确定最佳人力资本投资水平。

摘要

在这场辩论中讨论的都不是小问题。克鲁格提供了一种颇具影响力

① 我们不理解克鲁格的说法，他把大脑开发的理论发展归咎于我们，以辩解内部收益率的使用问题。我们同样认为选择适当贴现率的做法是存在争议的［参见波特尼和韦扬特(Portney, Weyant, 1999)］。此外，仅仅因为内部收益率是可以计算出来的，就用它来代替理论上的正确现值计算，这是没有说服力的。

的观点，即对任何年龄阶段进行人力资本投资时，10%的收益率都是一个良好的指导性指标。我们提出了大量的实证依据以驳斥他的观点。他还断言，与大量文献相反，投资于最弱势群体或最低能人群的收益率将是最高的。而我们提供的证据表明，投资于最具能力的年轻人所带来的收益率才是最高的。他的研究显示，他并没有意识到需要对人力资本方案支付的全部费用进行优化或筹划，其中也包括资金的社会机会成本。他提倡对人力资本政策一律进行"散弹枪式"分析，而这种做法几十年来一直受到美国政府的诟病。

我们分析问题的基础是从广泛的学术研究中所了解到的有关跨越生命周期的学习历程。技能产生技能。学习会引发更深入的学习。能力呈现出多样性的特征，并在个体生命早期就已经形成了。如果能够在家庭收入与教育之间建立起良好的实证关系，那么相对于克服短期信贷约束而言，其在促进个体动机与能力的形成方面将会起到更大的作用。为了促进这些能力的培养，进行干预是非常有效的。通过总结有关弱势儿童的相关研究，我们了解了这一点，这些研究表明，对贫困家庭施以干预措施会获得更高的收益。这些研究可以说是最低限度地估计了条件优越的家庭在培养孩子动机和能力方面的重要性，因为实验对象最初都来自贫困环境，贫困儿童的学习机会非常匮乏，并且只能在很小范围内获得互补性投入，我们认为这些发现都是非常重要的。公共职业培训及一般教育发展考试等二次机会项目其实是无效的，并不能够弥补在儿童时期忽略的那些时间。

这些并不是高明的辩论要点，而是严肃的规范政策的问题。有必要对人力资本政策进行一次严肃的整治。也有必要重新制定一套公共政策的研究方法。传统方法关注的是对现有方案的评价，从而忽视了那些可能被采纳的，但以往从来没有经过实践验证的其他途径。针对这些问题的传统处理方法只会在剔除不良方案时起作用，而在设计新方案及政策方面是毫无建树的。

一个更好的方法是了解问题产生的根源是什么，而这类问题往往是提出公共政策方案的前提，有关内容在第 2 章中有所阐述。当理解并评判出基本的行为过程后，就可以开始讨论相关的可行政策了，即使许多方案尚未得以尝试。将公共政策分析所采取的处理方法与结构型方法对比是一个有待深入研究的问题［见赫克曼（Heckman，2001b）］。这是我们与克鲁格在研究方法上的不同。

参考文献

Altonji，Joseph，and Thomas Dunn. 1996. “The Effects of Family Characteristics on the Return to Education.” *Review of Economics and Statistics* 78，no. 4：692 - 704.

Ashenfelter，Orley. 1978. “Estimating the Effect of Training Programs on Earnings.” *Review of Economics and Statistics* 6，no. 1：47 - 57.

Ashenfelter，Orley，and Cecilia Rouse. 1998. “Income，Schooling，and Ability：Evidence from a New Sample of Identical Twins.” *Quarterly Journal of Economics* 113，no. 1：253 - 284.

Ben-Porath，Yoram. 1967. “The Production of Human Capital and Life Cycle Earnings.” *Journal of Political Economy* 75，no. 4 (part 1)：352 - 365.

Blackburn，Mckinley L.，and David Neumark. 1993. “Omitted-Ability Bias and the Increase in the Return to Schooling.” *Journal of Labor Economics* 11，no. 3：521 - 544.

Blundell，Richard，Lorraine Dearden，and Costas Meghir. 1996. “The Determinants and Effects of Work Related Training in Britain.” IFS working paper no. R50.

Boesel，David，Nabeel Alsalam，and Thomas M. Smith. 1998. *Educational and Labor Market Performance of GED Recipients*. Washington，D. C：U. S. Department of Education.

Bound，John，and Gary Solon. 1999. “Double Trouble：On the Value of Twins-Based Estimation of the Return to Schooling.” *Economics of Education Revie*w 18，no. 2：69 - 182.

Bowles，Samuel，and Herbert Gintis. 2001. “The Inheritance of Inequality.” *Journal of Economic Perspectives* 16，no. 3：3 - 30.

Browning，Martin，Lars Hansen，and James Heckman. 1999. “Micro Data and General Equilibrium Models.” In *Handbook of Macroeconomics*，J. Taylor and M. Woodford，eds. Amsterdam：Elsevier.

Bruer，John. 1999. *The Myth of the First Three Years：A New*

Understanding of Early Brain Development and Lifelong Learning. New York: Free Press.

Cameron, Stephen, and J. Heckman. 1993. "The Nonequivalence of High School Equivalents." *Journal of Labor Economics* 11, no. 1, part 1: 1-47.

Card, David. 1999. "The Causal Effect of Education on Earnings." In *Handbook of Labor Economics*, vol. 3A, O. Ashenfelter and D. Card, eds. Amsterdam: Elsevier Science/North-Holland.

Card, David. 2001. "Estimating the Return to Schooling: Progress on Some Persistent Econometric Problems." *Econometrica* 69, no. 5: 1127-1160.

Carneiro, Pedro. 2002. "Heterogeneity in the Returns to Schooling: Implications for Policy Evaluation." Ph. D. diss., University of Chicago.

Carneiro, Pedro, Karsten Hansen, and James J. Heckman. 2003. "Estimating Distributions of Treatment Effects with an Application to the Returns to Schooling." *International Economic Review*, 44, no. 2: 361-422.

Carneiro, Pedro, James J. Heckman, and Edward Vytlacil. 2001. "Estimating the Return to Education When it Varies among Individuals." working paper, University of Chicago.

Cawley, John, James J. Heckman, Lance Lochner, and Edward Vytlacil. 2000. "Understanding the Role of Cognitive Ability in Accounting for the Recent Rise in the Return to Education." In *Meritocracy and Economic Inequality*, K. Arrow, S. Bowles, and S. Durlauf, eds. Princeton: Princeton University Press.

Clark, Melissa, and David Jaeger. 2002. "Natives, the Foreign-Born and High School Equivalents: New Evidence on the Returns to the GED." IZA discussion paper no. 477.

Couch, Kenneth. 1992. "New Evidence on the Long-Term Effects of Employment Training Programs." *Journal of Labor Economics* 10, no. 4: 380-388.

Dale, Stacy Berg, and Alan B. Krueger. 2002. "Estimating the

Payoff to Attending a More Selective College：An Application of Selection on Observables and Unobservables.” *Quarterly Journal of Economics*，117，no. 4：1491－1527.

Duncan，Greg，and Katherine Magnuson. 2002. “Individual and Parent-Based Intervention Strategies for Promoting Human Capital and Positive Behavior.” Northwestern University working paper.

Frost，Barrie. 2000. “A Review of *The Myth of the First Three Years*.” *Canadian Journal of Policy Research* 1，no. 2：131－132.

Grissmer，David，Ann Flanagan，Jennifer Kawata，and Stephani Williamson. 2000. *Improving Student Achievement：What NAEP Test Scores Tell Us*. MR-924-EDU. Santa Monica，Calif.：RAND.

Hanushek，Eric. 1998. “The Evidence on Class Size.” In *Earning and Learning：How Schools Matter*，Susan E. Mayer and Paul Peterson，eds. Washington，D. C.：Brookings Institution.

Hanushek，Eric. 1999. “Some Findings from an Independent Investing of the Tennessee STAR Experiment and from Other Investigations of Class Size Effects.” *Educational Evaluation and Policy Analysis* 21，no. 2：143－163.

Heckman，James J. 2001a. “Accounting for Heterogeneity，Diversity and General Equilibrium in Evaluating Social Programmes.” *Economic Journal* 111，no. 475：F654－F699.

Heckman，James J. 2001b. “Micro Data，Heterogeneity，and the Evaluation of Public Policy：Nobel Lecture.” *Journal of Political Economy* 109，no. 4：673－748.

Heckman，James J.，Neil Hohmann，Michael Khoo，and Jeffrey Smith. 2000. “Substitution and Dropout Bias in Social Experiments：A Study of an Influential Social Experiment.” *Quarterly Journal of Economics* 115，no. 2：651－694.

Heckman，James J.，Jingjing Hsee，and Yona Rubinstein. 2001. “The GED Is a ‘Mixed Signal’：The Effect of Cognitive and Noncognitive Skills on Human Capital and Labor Market Outcomes.” University of Chicago working paper.

Heckman，James J.，Hidehiko Ichimura，and Petra Todd. 1997.

"Matching as an Econometric Evaluation Estimator: Evidence from Evaluating a Job Training Programme." *Review of Economic Studies* 64, no. 4: 605 - 654.

Heckman, James J., Lisa Kahn, Jacob Katz, and Paul LaFontaine. 2003. "Imputation Biases and the Impact of the GED on Immigrants." In *The GED*, James J. Heckman, ed. Unpublished manuscript, University of Chicago.

Heckman, James J., Robert Lalonde, and Jeffrey Smith. 1999. "The Economics and Econometrics of Active Labor Market Programs." In *Handbook of Labor Economics*, vol. 3A, O. Ashenfelter and D. Card, eds. Amsterdam: Elsevier.

Heckman, James J., and Yona Rubinstein. 2001. "The Importance of Noncognitive Skills: Lessons from the GED Testing Program." *American Economic Review* 91, no. 2: 145 - 149.

Heckman, James J., and Jeffrey Smith. 1998. "Evaluating the Welfare State." In *Econometrics and Economic Theory in the 20th Century: The Ragnar Frisch Centennial Symposium*, S. Strøm, ed. Cambridge: Cambridge University Press.

Heckman, James J., and Edward Vytlacil. 2001. "Identifying the Role of Cognitive Ability in Explaining the Level of and Change in the Return to Schooling." *Review of Economics and Statistics* 83, no. 1: 1 - 12.

Hirshleifer, Jack. 1970. *Investment, Interest and Capital*. Englewood Cliffs, N.J.: Prentice Hall.

Huttenlocher, Peter R. 2002. Neural Plasticity: *The Effects of Environment on the Development of the Cerebral Cortex*. Cambridge: Harvard University Press.

Kane, Thomas J. 2001. "College Going and Inequality: A Literature Review." Russell Sage Foundation working paper.

Krueger, Alan, and Diane Whitmore. 2001. "The Effect of Attending a Small Class in the Early Grades on College-Test Taking and Middle School Test Results: Evidence from Project STAR." *Economic Journal* 111, no. 1: 1 - 28.

Laurence, Janice, and Peter Ramsberger. 1991. *Low -Aptitude*

Men in the Military：*Who Profits*，*Who Pays*? New York：Praeger.

Leamer，Edward. 1978. *Specification Searches*：*Ad Hoc Inferences with Nonexperimental Data*. New York：Wiley.

Martin，John P.，and David Grubb. 2001. "What Works and for Whom：A Review of OECD Countries' Experience with Active Labour Market Policies." *Swedish Economic Policy Review* 8，no. 2：9–56.

Meghir，Costas，and Marten Palme. 1999. "Assessing the Effect of Schooling on Earnings Using a Social Experiment." IFS working paper no. W99/10.

Mincer，Jacob. 1974. *Schooling*，*Experience*，*and Earnings*. Cambridge，MA：NBER，distributed by Columbia University Press，New York.

Murnane，Richard J.，John B. Willett，and Frank Levy. 1995. "The Growing Importance of Cognitive Skills in Wage Determination." *Review of Economics and Statistics* 77，no. 2：251–266.

Murnane，Richard J.，John B. Willett，and J. Tyler. 2000. "Estimating the Labor Market Signaling Value of the GED." *Quarterly Journal of Economics* 115，no. 2：431–468.

Portney，Paul，and John Weyant. 1999. *Discounting and Intergenerational Equity*. Washington，D. C.：Resources for the Future.

Rubinstein，Yona. 2003. "The Use of Interstate Variation in GED Passing Rates for Estimating the Effect of the GED on Labor Market Outcomes：A Critique." Unpublished manuscript. University of Tel Aviv.

Sticht，Thomas G.，William B. Armstrong，Daniel T. Hickey，and John S. Caylor. 1987. *Cast-Off Youth*：*Policy and Training Methods from the Military Experience*. New York：Praeger.

United States General Accounting Office. 1996. *Job Training Partnership Act*：*Long-Term Earnings and Employment Outcomes*. Report HEHS-96-40. Washington，D. C.：U. S. Government Accounting Office.

图书在版编目（CIP）数据

美国的不平等：人力资本政策的角色 /（美）詹姆斯·J. 赫克曼，（美）艾伦·B. 克鲁格著；奚秀岩译. --北京：中国人民大学出版社，2020.4
（诺贝尔经济学奖获得者丛书）
ISBN 978-7-300-27905-3

Ⅰ.①美…　Ⅱ.①詹…　②艾…　③奚…　Ⅲ.①人力资本—研究—美国　Ⅳ.①F249.712.1

中国版本图书馆 CIP 数据核字（2020）第 028764 号

“十三五”国家重点出版物出版规划项目
诺贝尔经济学奖获得者丛书
美国的不平等：人力资本政策的角色
詹姆斯·J. 赫克曼
艾伦·B. 克鲁格　著
本杰明·M. 弗里德曼　作序
奚秀岩　译
Meiguo de Bupingdeng：Renli Ziben Zhengce de Juese

出版发行	中国人民大学出版社		
社　　址	北京中关村大街 31 号	**邮政编码**	100080
电　　话	010－62511242（总编室）		010－62511770（质管部）
	010－82501766（邮购部）		010－62514148（门市部）
	010－62515195（发行公司）		010－62515275（盗版举报）
网　　址	http://www.crup.com.cn		
经　　销	新华书店		
印　　刷	北京联兴盛业印刷股份有限公司		
规　　格	160 mm×235 mm　16 开本	**版　　次**	2020 年 4 月第 1 版
印　　张	16 插页 2	**印　　次**	2020 年 4 月第 1 次印刷
字　　数	263 000	**定　　价**	68.00 元